市场调查与统计分析

MARKET SURVEY AND STATISTICAL ANALYSIS

主　编／王凤羽

副主编／冉陆荣

经济管理出版社

ECONOMY & MANAGEMENT PUBLISHING HOUSE

图书在版编目（CIP）数据

市场调查与统计分析／王凤羽主编. —北京：经济管理出版社，2018.8
（2025.8 重印）
　　ISBN 978-7-5096-5806-2

　　Ⅰ.①市…　Ⅱ.①王…　Ⅲ.①市场调查—统计分析—高等学校—教材
Ⅳ.①F713.52

中国版本图书馆 CIP 数据核字（2018）第 091860 号

组稿编辑：王格格
责任编辑：王格格
责任印制：黄章平
责任校对：王淑卿

出版发行：经济管理出版社
　　　　　（北京市海淀区北蜂窝 8 号中雅大厦 A 座 11 层　　100038）
网　　　址：www. E-mp. com. cn
电　　　话：（010）51915602
印　　　刷：北京虎彩文化传播有限公司
经　　　销：新华书店
开　　　本：720mm×1000mm/16
印　　　张：21.75
字　　　数：301 千字
版　　　次：2018 年 8 月第 1 版　　2025 年 8 月第 4 次印刷
书　　　号：ISBN 978-7-5096-5806-2
定　　　价：59.00 元

前言 Preface

　　《市场调查与统计分析》以行为学、社会学、心理学、市场营销学等相关学科理论为基础，在保留市场调查、统计分析的基本理论和方法的基础上，紧密围绕高校工商管理类专业人才培养的知识、能力和素质目标，坚持创新、改革思路，运用新的课程体系、教学内容和能力培养，对市场调查与统计分析的相关内容进行重新梳理，力图突出系统性、严谨性、实用性、科学性、前瞻性等特征。教材分为市场调查篇和统计分析篇两部分，并分别设置不同知识模块，系统讲解并科学把握市场调查、统计分析、市场调查与统计分析二者之间的理论框架与应用技巧，符合人才的成长规律和教育的培养规律，在知识逻辑上更为清晰，为应用型人才培养拓展途径，更为广大读者提供了一本较为全面、系统地学习市场调查类课程与统计分析类课程的应用教材。

　　本书编者在总结多年教学经验的基础上，结合近年教学改革的有益尝试和实践成果，根据市场调查与统计分析课程特点，结合人才培养目标，构建起本书框架内容。

　　本书具有如下特征：

　　1. 知识逻辑结构清晰，系统性强

　　本书分为上、下两篇，共十六章内容。书中分别对市场调查、统计分析的基本理论和方法进行了深入、全面的讲解。上篇为市场调查篇，共八章，具体包括市场调查概述、市场调查的流程、调查方案设计、市场调查方法、调研样本设计、调研问卷设计、市场调查资料的整理、描述性统计分析。下篇为统计分析篇，共八章，具体包括参数估计、假设检验、平均数的差异检验：T检验、平均数的方差分析、线性关系分析：相关与回归分析、时间序列分析、统计指数、市场调查报告的写作。

2. 章节设计严谨，注重理论学习和技能提升相结合

本书结构严谨，各章均由学习目的、导入案例、本章小结、练习与思考组成，读者通过学习，能够系统地掌握市场调查与统计分析的基础理论、方法，系统讲解与科学把握市场调查、统计分析、市场调查与统计分析二者之间的理论框架与应用技巧。

3. 实用性强，注重培养学生解决问题的能力

本书在编写过程中，注重提升实用性，主要体现在两个方面：一方面通过导入案例引入了大量中外市场营销案例，有效地把营销实战展现在读者面前，并结合理论，对案例进行分析，注重理论与实践相结合。另一方面通过本章小结、练习与思考的加入，使读者在学习之后，能够及时检验和巩固学习内容，提升读者理论联系实践、解决实际问题的能力。

4. 科学性强，注重研究方法的学习

以往市场调查的相关研究以定性研究为主，定量研究方法较少。近年来，随着对定量方法的科学认知，本书在统计分析部分，结合市场调查的特点与营销数据分析的重点，选择主要采用的研究方法，使读者在学习过程中并不是停留在介绍了解层次，而是上升到技能提升层面。定性研究和定量研究相结合的研究方法更具有科学性。

5. 前瞻性强，注重前沿理论和能力培养

本书结合国内外相关市场的营销实战案例，结合科学的定量方法进行分析，以期提高读者理论联系实践的能力。

本书在编写过程中得到了长江师范学院多位同仁和经济管理出版社多

位领导和编辑的关心、帮助与指导，在此表示感谢！

书中参考和引用了众多专家和学者的珍贵资料，在此向相关作者表示感谢！

由于编者水平有限，书中难免出现错误与疏漏之处，恳请广大读者和专家批评指正。

王凤羽

2018 年 1 月

目录 Contents

下篇　统计分析篇

上篇　市场调查篇

第一章　市场调查概述

 本章学习目的

- 明确市场、市场调查的含义
- 掌握市场调查的内容
- 掌握市场调查的程序
- 了解市场调查的产生和发展

　　男人长胡子，因而要刮胡子；女人不长胡子，自然也就不必刮胡子。然而，美国的吉利公司却把"刮胡刀"推销给女人，居然大获成功。

　　吉利公司创建于 1901 年，其产品因使男人刮胡子变得方便、舒适、安全而大受欢迎。进入 20 世纪 70 年代，吉利公司的销售额已达 20 亿美元，成为世界著名的跨国公司。然而吉利公司的领导者并不满足，而是想方设法继续拓展市场，争取更多客户。就在 1974 年，公司提出了面向妇女的专用"刮毛刀"。

这一决策看似荒谬，却是建立在坚实可靠的市场调查的基础之上的。

吉利公司先用一年的时间进行了周密的市场调查，发现在美国30岁以上的妇女中，有65%的人为保持美好形象，要定期刮除腿毛和腋毛。这些妇女之中，除使用电动刮胡刀和脱毛剂之外，主要靠购买各种男用刮胡刀来满足此项需要，美国妇女一年在这方面的花费高达7500万美元。相比之下，美国妇女一年花在眉笔和眼影上的钱仅有6300万美元，染发剂仅5500万美元。毫无疑问，这是一个极有潜力的市场。

根据市场调查结果，吉利公司精心设计了新产品，它的刀头部分和男用刮胡刀并无两样，采用一次性使用的双层刀片，但是刀架则选用了色彩鲜艳的塑料，并将握柄改为弧形以利于妇女使用，握柄上还印压了一朵雏菊图案。这样一来，新产品立即显示了女性的特点。

为了使雏菊刮毛刀迅速占领市场，吉利公司还拟定几种不同的"定位观念"到消费者之中征求意见。这些定位观念包括：突出刮毛刀的"双刀刮毛"；突出其创造性的"完全适合女性需求"；强调价格的"不到50美分"；表明产品使用安全的"不伤玉腿"；等等。

最后，公司根据多数妇女的意见，选择了"不伤玉腿"作为推销时突出的重点，刊登广告进行刻意宣传。结果，雏菊刮毛刀一炮打响，迅速畅销全球。

（资料来源：（节选）戴维·阿克，库马，乔治·戴. 营销调研 [M]. 魏立原译. 北京：中国财政经济出版社，2004.）

市场调查研究是经营决策的前提，只有充分认识市场，了解市场需求，对市场做出科学的分析判断，决策才具有针对性，从而拓展市场，使企业兴旺发达。

第一节　市场调查的含义

一、市场的内涵

（一）市场的含义

在市场经济条件下，企业的生产和经营必须重视市场的需求，企业家都是按照自己对市场的理解来组织经营活动的。随着商品经济的发展，市场这个概念的内涵也不断充实和发展。目前对市场较为普遍的理解主要有以下几点：

1. 市场是商品交换的场所

商品交换活动一般都要在一定的空间范围内进行，市场首先表现为买卖双方聚在一起进行商品交换的地点或场所。这是人们对市场最初的认识，虽不全面但仍有现实意义。

2. 市场是商品的需求量

从市场营销者的立场来看，市场是指具有特定需要和欲望、愿意并能够通过交换来满足这种需要或欲望的全部顾客。顾客是市场的中心，而供给者都是同行的竞争者，只能形成行业，而不能构成市场。

人口、购买能力和购买欲望这三个相互制约的因素，结合起来才能构成现实的市场，并决定着市场的规模与容量。人们常说的"××市场很大"，并不都是指交易场所的面积宽大，而是指某某商品的现实需求和潜在需求的数量很大。这样理解市场，对开展市场调研有直接的指导意义。

3. 市场是商品供求双方相互作用的总和

人们经常使用的"买方市场"或"卖方市场"的说法，就是反映商品供求双方交易力量的不同状况。在买方市场条件下，市场调研的重点应放在买方；反之，则应放在卖方。

4. 市场是商品交换关系的总和

在市场上，一切商品都要经历商品—货币—商品的循环过程。一种形态是由商品转化为货币，另一种则是由货币转化为商品。这种互相联系、不可分割的商品买卖过程，就形成了社会整体市场。

（二）市场的功能

市场的功能一般表现为市场在运动过程中存在的客观职能。主要有交换功能、价值实现功能、反馈功能、调节功能和服务功能。

1. 交换功能

商品交换是市场功能的核心。通过市场进行商品的购销，能实现商品所有权与货币持有权的互相转移，使买卖双方都得到满足。

2. 价值实现功能

商品的价值是在劳动过程中创造的，但其价值的实现则是在市场上通过交换来完成的。

3. 反馈功能

市场是洞察商品供求变化的窗口，以它特有的信息反馈功能把供求正常或供求失调的信息反馈给生产经营者，以利于商品生产和流通的正常进行。

4. 调节功能

市场的调节功能是通过价值规律和竞争规律来体现的。

5. 服务功能

市场的服务功能是指为保证交换能顺利实现，能对商品流通提供种种便利的各种服务机构和服务手段。

（三）市场类型

市场的种类繁多，按照不同的分类方式，市场可以分为不同的种类。

按流通环节划分，分为批发市场、零售市场；按消费者的年龄划分，分为婴儿市场、儿童市场、青少年市场及中老年市场等；按地域划分，分为国际市场、国内市场、城市市场、农村市场、沿海市场和内地市场等；按产品种类划分，分为钢材市场、木材市场、蔬菜市场、服装市场及书报市场等；按经济用途划分，分为商品市场、房地产市场、金融市场、技术市场和劳动市场等。本书中主要介绍按经济用途对市场的划分类型。

1. 商品市场

商品市场的含义有广义和狭义之分。广义的商品市场包括消费品市场、生产资料市场、服务市场、房地产市场、技术与信息市场等。狭义的商品市场只包括消费品市场、生产资料市场和服务市场等。

消费品市场是为了满足个人和家庭生活需要的商品市场。它一般可分为吃、穿、用三种市场。吃的市场主要有粮食市场、副食品市场和水果市场等；穿的市场主要有纺织品市场和服装市场等；用的市场主要指百货、五金及家电市场等。生产资料包括直接取自大自然的原料、从上一加工环节购得并用来进一步加工的半成品（即中间产品）以及机器。服务市场仅指为居民服务的市场，包括饮食服务市场，旅游观光的公园、旅店、宾馆等旅游业市场，还包括便民服务的修理业、理发业、洗染业、钟点工或保姆市场等。

2. 房地产市场

房地产是土地和地上建筑物的统称。狭义的房地产市场，是指房地产的买卖、租赁、抵押等交易活动的场所；广义的房地产市场，是指整个社会房地产交易关系的总和，即由市场主体、客体、价格、资金及运行机制等因素构成的一个大系统。

房地产的不可移动性，决定了房地产市场是区域性市场。人们经常称呼的中国房地产市场、亚洲房地产市场、世界房地产市场或者北京房地产市场、上海房地产市场及重庆房地产市场等，都说明了房地产市场有明显的区域特性。

开展房地产市场的调查和预测，应熟悉影响房地产市场的各种因素。从房地产供应来看，价格因素、投资来源及数量、交易条件、开发成本和税收等都有很明显的影响作用。

3. 金融市场

金融市场是实现货币借贷和资金融通、办理各种票据和有价证券交易等的总称，包括金融机构与客户之间、各金融机构之间、各客户之间所有以资金商品为对象的交易。它包括个人、企业、政府机构、商业银行、中央银行、证券公司、保险公司以及各种基金会等，参与者身份可以分为资金需求者、资金供给者、中介人和管理者四种。对金融市场的调查和预测，就是了解和掌握不同的参与者在各种情况下可能采取的对策，为自己能正确决策提供依据。

4. 技术市场

技术市场既是进行技术商品交换的场所，如技术成果转让、技术咨询、技术服务、技术承包等，又是技术商品交换中供需之间各种经济关系的总和。它包括研究机构、大专院校、工矿企业、国防科技和国防工业部门、民办科研单位和个人及技术经营机构等。对其进行调查时，要注意技术成果是否配套，是否易于掌握、消化、吸收以至创新，是否有较长的生命周期，价格是否适宜，见效是否快捷等。总之，技术市场的发展主要取决于对技术商品的需求。

5. 劳动市场

劳动市场是劳动交换的场所及其劳动供求双方交换关系的总和。劳动市场中的交换，是等价的自由交易行为，供求双方互相选择，互相叫价，达成共同认定的价格后，才进行劳动交换活动。劳动市场中的劳动供给是由人的行为所决定的，与人的生理特征、心理特征以及人的价值观念有密切的联系。人的行为目标具有多样性，人在自主择业方面也有明显的差异。劳动市场中的劳动需求，是社会和企业对劳动商品的需要。人们的消费需求使提供消费品的企业存在。企业根据社会消费组织生产，就形成了对劳动商品的需求。

二、市场调查的内涵

（一）市场调查的含义

市场调查是指以提高营销效益为目的，运用科学的方法，有计划地收集、整理和分析市场的信息资料，为市场预测和营销决策提供客观的、正确的资料，提出解决问题的建议的一种科学方法。市场调查也是一种以顾客为中心的研究活动，包括市场环境调查、市场状况调查、销售可能性调查，还可对消费者及消费需求、企业产品、产品价格、影响销售的社会和自然因素、销售渠道等开展调查。目前，除传统方法外，专业机构已经采用专业的在线调查系统，大大降低了市场调查成本费用，并被越来越多的客户所接受。

市场是企业经营的起点，是商品流通的桥梁。竞争不仅表现在价格上，而且更多地转向开发新产品、提高产品质量、提供完备的服务、改进促销方式和完善销售渠道等方面。此外，随着人民生活水平的提高，消费心理也在变化，企业产品不仅要满足消费者的量感，而且更要满足消费者的质感。哪个企业信息掌握得迅速、准确、可靠，产品更新换代快，生产计划安排得当，适销对路，哪个企业才能在竞争中取胜。因此，企业不得不投入人力物力进行专门的市场调查。

（二）市场调查的特点

1. 系统性

市场调查作为一个系统，首先调查活动是一个系统，包括编制调查计划、设计调查、抽取样本、访问、收集资料、整理资料、分析资料和撰写分析报告等。影响市场调查的因素也是一个系统，诸多因素互联构成一个整体。

2. 目的性

任何一种调查都应有明确的目的，并围绕目的进行具体的调查，提高预测和决策的科学性。

3. 社会性

调查主体与对象具有社会性。调查的主体是具有丰富知识的专业人员，调查的对象是具有丰富内涵的社会人，市场调查内容具有社会性。

4. 科学性

市场调查通过科学的方法，采取科学的技术手段，经过一系列详细的调查和分析，最后得出科学的分析结论。

5. 不稳定性

市场调查受多种因素影响，其中很多影响因素本身都是具有不确定性的。

（三）市场调查的作用

1. 市场调查为企业经营决策提供依据

"没有调查就没有发言权"，同样，对于一个真正意义上的企业来讲，要占领市场并获得预期效果，必须依赖行之有效的经营决策。而行之有效的经营决策要以科学的市场预测为前提条件，就必须以搞好市场调查、及时掌握市场信息为基础。因而，从一定意义上讲，市场调查是市场预测、经营决策过程中必不可少的一部分，是企业经营决策的前提。

经营决策决定了企业的经营方向和目标，它的正确与否，直接关系到企业的成功与失败，因此，瞄准市场，使生产或经营的产品符合消费者的需要是经营决策中需要首先解决的问题。

2. 市场调查有助于企业开拓市场，开发新产品

任何产品不会在现有的市场中永远保持销售旺势，要想扩大影响，继续盈利，就不能把希望只寄托在一个有限的地区范围内：当一种产品在某

个特定市场中未达到饱和状态时，企业就应开始着眼于更远的地区，辐射就成为非常迫切的问题了。通过市场调研活动，企业不仅可以了解其他地区对产品的需求，甚至可以了解到国外市场的需求状况，使企业掌握该向哪些地区发展，有无发展余地等有用信息，从而决定下一步的经营战略。

3. 市场调查有利于企业在竞争中占据有利地位

"人无我有，人有我专"的经营策略是每一个企业对付市场竞争的有效方法。知己知彼，才能与竞争对手进行较量，这样就要借助于市场调查，通过调查摸清竞争对手占有市场的情况以及竞争对手之所以受欢迎的原因。

要达到在竞争中取胜的目的，就必须掌握对手的经营策略、产品优势、经营力量、促销手段及未来的发展意图等。企业面对的可能是一个竞争对手，也可能是多个对手，是采取以实力相拼的策略还是避开竞争、另觅新径的策略，要根据调查结果并结合企业实际做出决策。在竞争中占据有利地位，并不一定非要进行面对面的竞争，因为直接竞争的损耗将会很大，因此，通过市场调查，了解对手的情况，就可以在竞争中统计对手的优势，发挥自己的长处，或针对竞争对手的弱点，突出自身的特色，以吸引消费者选择本企业的产品。一旦竞争决策有误，经营的失败不仅表现为市场占有率的减少，也意味着对手的进一步强大，显然，市场调查对竞争中的取胜意义重大。

三、市场调查的分类

划分市场调查的类型和提出市场调查的基本要求，有助于企业选择最好的调查途径。按照不同的分类方法，市场调查分为不同的类型。

（一）按市场调查的要求划分

根据市场调查的要求和需达到的目的不同，市场调查有探测性调查、描述性调查和因果性调查。

1. 探测性调查

探测性调查又称初步调查。它是调查者对所出现的问题的症结所在不明确，无法确定要调查哪些内容而进行的简单调查。如市场产品销路不畅通，问题可能出在产品质量和功能上，也可能是价格、渠道、促销措施、竞争、需求变化等方面。但究竟是什么问题，无法确定，这时，应该采用走访、座谈来收集相关的资料。初步了解情况，发现问题所在，能为正式深入调查扫清障碍，做好准备。这种初步调查，方法要尽量简单，时间要短，着重发现问题是关键。

2. 描述性调查

描述性调查是市场调查的主要形式。在对问题已有初步了解的情况下，采用询问、观察、实验等方法，了解问题的详细情况，通过对市场客观资料的收集、整理、分析，认识市场问题的特征，为解决问题提供依据。这种调查主要是对市场信息资料，如企业生产经营记录、会计资料、统计报表、外部环境资料、客户资料等进行系统收集，全面分析，如实反映、描述市场变化过程，为决策提供依据。

3. 因果性调查

因果性调查是为了挖掘市场某一问题的原因与结果之间的变数关系而进行的专题调查。市场不断变化，直接影响着企业经营成果。有结果就有原因，因果性调查就是侧重了解市场变化莫测原因的调查。市场各种现象是互相联系的，但这种联系并不一定都是确定性的因果关系。因果性调查旨在发现、寻找经济现象之间的因果联系，清晰了解解决问题从何处着手，做出科学的经营决策。因果性调查强调调查方法的科学性，有关市场变量的选择要考虑它们的相关性、出现时间的先后顺序，以及量化的因果关系模式。

（二）按调查时间划分

按调查的时间划分，有经常性市场调查、定期市场调查和临时性市场调查。

1. 经常性市场调查

经常性市场调查又称不定期市场调查。企业在市场营销活动中，需要随时根据市场变化，不断地做出经营管理决策。为了科学决策的要求，需要掌握必要的市场信息，由此也就要经常开展市场调查活动。按照企业管理、经营决策的要求，每次调查的时间、内容一般都是不固定的。

2. 定期市场调查

定期市场调查是指企业针对市场情况和经营决策的要求，按时间定期所做的市场调查。它的形式有月末调查、季末调查、年终调查等。通过定期调查以分析研究一定时间内企业经营活动的内外部情况，以便科学地认识市场环境，定期按计划指导经营活动。

3. 临时性市场调查

临时性市场调查又称一次性调查。它是企业投资开发新产品、开拓新的市场、建立新的经营机构或者根据市场某些特殊情况而开展的临时性的市场调查活动。这种调查是了解市场的基本情况，如市场范围、规模、交通条件和竞争对手等。一般来说，这类信息变化不十分频繁，在一定时间内有某种相对稳定性。而这些情况又是开展经营活动的前提，所以，针对这些问题做一次性调查，将市场基本情况信息存入"管理档案"是十分必要的。

（三）按照资料收集的方式划分

按市场资料、市场情报收集的方法不同进行分类，可分为直接调查和间接调查。

1. 直接调查

直接调查即调查者直接在现实的市场环境中收集、获取第一手市场情报资料的方法。直接调查的具体方法主要有询问调查法、观察调查法与实验调查法。这些调查方法与现实市场密切相连，较能获得真实的市场信息。但这类调查方法的实施与操作难度较大，要求也比较高。

2. 间接调查

间接调查即调查者通过搜集与分析一些记录所反映市场情报的载体，间接了解和掌握市场信息的调查方法。间接调查的具体方法主要有文献法和痕迹法。文献法顾名思义就是利用书籍、报纸、杂志、年鉴年报等文献资料所记录和反映的市场情报进行调查分析的方法。采用文献法进行市场调查具有简单、快捷、节省调查经费和不受时间空间限制等特点，该方法尤其适用于对市场历史情况的了解。痕迹法是通过观察周围环境中特殊的痕迹了解、研究与推断过去和当前情况的一种调查法。痕迹法在公安部门的刑侦调查工作中应用较广泛。该方法在市场调查中同样有适用性。例如，图书经销商通过在图书馆观察各种图书的磨损程度，了解哪些图书较受欢迎，哪些较不受欢迎。

（四）按产品层次、空间层次等划分

按产品层次可以分为不同商品市场的调查，例如，可以分为日用工业品市场调查、食品副食品市场调查等。每类商品还可以分为不同的小类，如日用工业品市场调查中可分为服装、鞋帽、交电、钟表、百货、纺织等商品市场的调查。每种商品市场调查又能够细分为不同消费档次、商品品种的市场调查，如服装市场，可分为高档时装、中档服装、大众服装市场的调查。围绕服装市场调查又可分为女装、男装、童装市场的调查。另外，还有不同季节不同品种的商品市场调查等。

按空间层次可以分为全国性市场调查、区际性市场调查和地区性市场调查。推而广之，还可以有国际商品市场调查。按地区性将其进行划分，市场调查又可以分为农村市场调查、城市市场调查。按空间地域层次划分市场调查，除了考虑到现有行政区划以外，更多地要认识经济区划的关系。经济区是商品的流通范围，地区之间有密切的经济贸易联系，形成传统市场关系。因此，在以空间层次划分的市场调查中应重视经济区划市场调查。

各种类型的市场调查，有些单独在市场营销管理、科学决策中发挥作用。许多不同类型的市场调查往往与同类型的市场预测结合起来，共同完成市场研究工作，探索市场未来发展方向，为科学的经营决策提供依据。

第二节　市场调查的产生和发展

一、市场调查的产生与发展

（一）市场调查的产生

1. 市场调查的起源

市场调查起源于 20 世纪 30 年代末，当时欧洲正处于经济危机之后，短期经济信息受到了前所未有的关注，人们对短期经济信息的需求迅速增大。然而，在时间上，当时的常规统计满足不了这种需求；在内容上，还是空白。在这种条件下，一些经济学者和统计学者就开始寻求与探索一种新的收集短期经济信息的方法，试图从时间上满足这种需求，从内容上填补这一空白。

2. 市场调查的产生

市场调查产生于 20 世纪 40 年代末、50 年代初的企业景气调查。企业景气调查是由德国的伊费经济研究所创立的。1949 年，德国伊费经济研究所在德国首次采用了世界上常规统计所没有的一种全新的调查方法和内容，来收集一种全新的短期经济信息，即通过进行企业景气调查来收集企业家对经济运行的定性判断和预期信息。随后法国国家统计局在 1951 年实施了法国的第一次企业景气调查，不久，欧洲其他国家也相继开始采用这种新的收集短期经济信息的方法来收集全新的短期经济信息。

（二）市场调查的整体发展

自企业的市场调查产生以来，由于它的科学性、实用性、必要性，使得这一科学的调查和分析方法在世界各国得到了广泛的应用和迅速的发展，丰富了市场调查的内容，扩大了市场调查的范围，完善了市场调查的技术。

1. 开展企业市场调查的国家

自问世以来，企业的市场调查已在美国、德国、法国、意大利、中国、日本等60多个国家得到充分发展。其中，欧盟各成员国均根据《欧盟各成员国联合进行的景气调查协调方案》，进行基本统一调查时间、调查内容等的企业景气调查。

2. 市场调查的范围

目前，企业市场调查的范围不仅在工业领域，而且扩大到各行各业如批发业、零售业、金融业、保险业、租赁业、服务业等方面。

3. 企业调查应用的深化

随着市场调查的广泛应用，市场调查的方法由简单到复杂。例如，早期的市场调查主要是利用调查得到的经济指标直接判断未来的经济发展趋势，了解企业生产经营的状态等。目前，市场调查的应用已深化到进行短期市场预测、估计和判断一个国家或地区的经济结构和经济发展、预测国内生产总值、预测市场需求的变化、判断宏观经济变量在经济发展周期中的速度变化和转折点等。

4. 市场调查技术日趋完善

目前，市场调查技术和应用日趋完善，已基本形成了一整套比较全面的市场调查体系和应用体系。具体有抽样调查技术、市场调查问卷设计、市场调查的方式、分析方法和应用方法。

二、我国市场调查的产生和发展

我国市场调查的产生是社会经济发展到一定程度的必然结果。它的产生和发展，是具有一定的经济背景、统计背景和决策背景的。

1. 经济背景

在市场经济条件下，经济周期和经济波动是客观存在的、不以人的意志为转移的。市场调查就是正确地判断经济运行的态势和科学地预测经济周期性波动的频率和被动幅度，以适时制定企业的各种经营决策，适应环境的变化。

2. 统计背景

常规统计只是对已经发生过的市场情况进行描述，不能对现在正在发生和未来将要发生的市场情况进行描述。如何对现在发生的和未来将要发生的市场环境进行描述，既是了解市场经济状况的需要，也是市场经济对统计的要求和其自身发展、完善的需要。正是统计自身的发展和完善，产生了了解市场发展动态和企业生产经营状况、科学地预测未来发展动态和趋势的需要。

3. 决策背景

在市场经济条件下，企业只有通过对市场的宏观经济环境的调查以及对企业生产经营状况的调查，才能对经济运行及其走势进行综合判断和预测，从而指导企业生产经营活动。这是企业决策的自身需要。

第三节 市场调查的内容

一、市场宏观环境调查

（一）政治环境调查

政治环境调查，主要是了解对市场造成影响和制约的国内外政治形势以及国家管理市场的有关方针政策。对于国际市场，由于国别不同，情况就复杂得多，主要可以从以下几个方面进行调查：

1. 国家制度和政策

主要包括政治制度、对外政策、对不同国家和地区的政策等。鉴于有些国家政权不够稳定，因此，只有了解并掌握这些国家的政权更迭和政治趋势，才能尽可能避免承担经济上的风险和损失。

2. 国家或地区之间的政治关系

随着国际政治关系的变化，对外贸易关系也会发生变化，如设立或取消关税壁垒，采取或撤销一些惩罚性措施、增加或减少一些优惠性待遇等。

3. 政治和社会动乱

由于罢工、暴乱、战争等引起社会动乱，会影响国际商品流通和交货期，给对外贸易带来一定的风险，但同时也可能产生某种机遇，通过调查，有助于企业随机应变，把握市场成交机会。

4. 国有化政策

国有化政策是指了解各国对外国投资的政策，如外国人的投资是否要收归国有，什么情况下要收归国有等。

（二）法律环境调查

世界许多发达国家都十分重视经济立法并严格遵照执行。我国作为发展中国家，也正在加速向法制化方向迈进，先后制定了经济合同法、商标法、专利法、广告法、环境保护法等多种经济法规和条例，这些都对企业营销活动产生了重要的影响。随着外向型经济的发展，我国与世界各国的交往愈来愈密切，由于许多国家都制定有各种适合本国经济的对外贸易法律，其中规定了对某些出口国家所施加的进口限制、税收管制及有关外汇的管理制度等。这些都是企业进入国际市场时所必须了解的。

（三）经济环境调查

经济环境对市场活动有着直接的影响，对经济环境的调查，主要可以从生产和消费两个方面进行：

1. 生产方面

生产决定消费，市场供应、居民消费都有赖于生产。生产方面的调查主要包括这样几项内容：能源和资源状况，交通运输条件，经济增长速度及趋势产业结构，国民生产总值，通货膨胀率，失业率以及农、轻、重比例关系等。

2. 消费方面

消费对生产具有反作用，消费规模决定市场的容量，也是经济环境调查不可忽视的重要因素。消费方面的调查主要是了解某一国家（或地区）的国民收入、消费水平、消费结构、物价水平、物价指数等。

（四）社会文化环境调查

社会文化环境在很大程度上决定着人们的价值观念和购买行为，它影响着消费者购买产品的动机、种类、时间、方式以至地点。经营活动必须适应所涉及国家（或地区）的文化和传统习惯，才能为当地消费者所接受。

（五）科技环境调查

科学技术是生产力。及时了解新技术、新材料、新产品、新能源的状况，国内外科技总的发展水平和发展趋势，本企业所涉及的技术领域的发展情况，专业渗透范围，产品技术质量检验指标和技术标准等。这些都是科技环境调查的主要内容。

（六）地理和气候环境调查

各个国家和地区由于地理位置不同，气候和其他自然环境也有很大的差异，它们不是人为造成的，也很难通过人的作用去加以控制，只能在了解的基础上去适应这种环境。应注意对地区条件、气候条件、季节因素、使用条件等方面进行调查。气候对人们的消费行为有很大的影响，从而制约着许多产品的生产和经营，如衣服、食品、住房等。例如，我国的藤制家具在南方十分畅销，但在北方则销路不畅，受到冷落，其主要原因是北方气候干燥，这种家具到北方后往往发生断裂，影响了产品的声誉和销路。由此可见，地理和气候环境与社会环境一样，也是市场调查不可忽视的一个重要内容。

二、市场微观环境调查

（一）市场需求调查

需求通常是指人们对外界事物的欲望和要求，人们的需求是多方面、多层次的。多方面表现在：有维持机体生存的生理需求，如衣、食、住、行等；也有精神文化生活的需求，如读书看报、文娱活动、旅游等；还有社会活动的需求，如参加政治、社会集团及各种社交活动等。按照标志不同，还可分为物质需求（包括生产资料和生活资料）、精神文化需求和社会活动需求；商品需求和劳务需求；欲望需求及有支付能力的需求等。

在市场经济条件下，市场需求是指以货币为媒介，表现为有支付能力的需求，即通常所称的购买力，购买力是决定市场容量的主要因素，是市场需求调查的核心。此外，由于市场是由消费者所构成的，因此，只有对消费者人口状况进行研究，对消费者各种不同的消费动机和行为进行把握，才能更好地为消费者服务，开拓市场的新领域。

（二）消费者人口状况调查

某一国家（或地区）购买力总量及人均购买力水平的高低决定了该国（或地区）市场需求的大小。在购买力总量一定的情况下，人均购买力的大小直接受消费者人口总数的影响，为研究人口状况对市场需求的影响，便于进行市场细分化，就应对人口情况进行调查。主要包括总人口、家庭及家庭平均人口、人口地理分布、年龄及性别构成、教育程度及民族传统习惯等。

（三）消费者购买动机和行为调查

1. 消费者购买动机调查

所谓购买动机，就是为满足一定的需要，而引起人们购买行为的愿望和意念。人们的购买动机常常是由那些最紧迫的需要决定的，但购买动机又是可以运用一些相应的手段诱发的。消费者购买动机调查的目的主要是弄清购买动机产生的各种原因，以便采取相应的诱发措施。

2. 消费者购买行为调查

消费者购买行为是消费者购买动机在实际购买过程中的具体表现，消费者购买行为调查，就是对消费者购买模式和习惯的调查，即通常所讲的

"三 W""一 H"调查，亦即了解消费者在何时购买（When）、何处购买（Where）、由谁购买（Who）和如何购买（How）等情况。

（四）市场供给调查

市场供给是指全社会在一定时期内对市场提供的可交换商品和服务的总量。它与购买力相对应，由三部分组成，即居民供应量、社会集团供应量和生产资料供应量。它们是市场需求得以实现的物质保证。

（五）市场营销活动调查

市场营销活动调查围绕营销组合活动展开。其内容主要包括：竞争对手状况调查、商品实体和包装调查、价格调查、销售渠道调查、产品寿命周期调查和广告调查等。

 本章小结

市场调查是根据市场预测的目的与要求，运用各种市场调查的方法，有计划、有组织地搜集市场信息资料的过程。市场调查是市场预测必不可少的步骤。一方面，从现代经济管理的角度看，搞好市场调查，对于加强宏观管理，提高宏观经济管理水平具有重要意义。另一方面，从微观经济管理的角度看，搞好市场调查，对于改善企业生产经营，改善服务质量，提高企业管理水平，增加经济效益都具有十分重要的意义。

市场调查的内容十分广泛，主要包括环境调查、技术发展调查、消费者及其消费行为调查、商品调查、价格调查、销售方式和服务调查、销售渠道调查及竞争对手调查等。市场调查从不同的角度有不同的分类方法。

练习与思考

1. 市场宏观环境调查包括哪些内容？宏观环境对企业的营销活动有哪些影响？

2. 市场微观环境调查包括哪些内容？微观环境对企业的营销活动有哪些影响？

3. 案例分析。

可口可乐颜色调查

在软饮料行业里，可口可乐带来了樱桃味可乐等新口味可乐。如果口味能对饮料销售发挥作用的话，那么颜色是不是对汽车也有同样的效果呢？调查专家和颜色专家表示同意。对于购买新车的人，颜色和外观几乎与价格一样重要。汽车制造商们需要预测未来哪些颜色会变得炙手可热，并根据销售趋势和颜色专家的观点改变30%的汽车颜色。既然颜色是一个主观问题，那么消费者就不能在做出购买决策之前很早就预先知道他们会买哪种颜色的汽车，而且他们往往会关注潮流的变化。

库柏营销集团（Cooper Marketing Group）每年都要在全美进行一次消费者色彩偏好调查，并设计了一个"色彩生活方式"细分法，找出色彩趋势变化中的先行者和追随者。他们设计了一系列心理描绘图，供被调查者从中做出选择。要测试的主要问题是颜色对购买决策的影响。最后，他们得出了以下三类定义明确的色彩性格：

"色彩前卫"型消费者喜欢做第一个尝试"新"色彩的人，而且乐于为购买一个色彩时髦的产品支付更高的价格。他（她）们往往是30岁以下或50岁以上的女性，或者30岁以下的男性，居住在城市里，是冲动型购买者，每年收入低于3.5万美元。

"色彩谨慎"型消费者只有看见朋友们尝试过某种"新"颜色后才会

购买。在选择产品时，他们往往把质量放在色彩之前考虑。这类消费者很多是 30~50 岁的男性和女性，居住在郊区，购物比较谨慎，年收入在 5.5 万美元以上。

"色彩忠实"型消费者用同一种颜色的产品替换另一件产品，并且偏好安全的颜色，如蓝色、灰色，而不是时髦的颜色。这类消费者大多是年龄在 60 岁以上的男性，居住在郊区或农村，不喜欢购物，年收入是多少都有可能。

色彩前卫型消费者群是一个很小却非常有影响力的细分市场，色彩谨慎型消费者构成了市场的主体，而色彩忠实型消费者则是一个很小且易于预测的市场，因为他们总是重复购买同一色彩商品。这些人口统计特征数据使汽车制造商们能够仔细研究色彩背后的原因，对于广告和产品定位都很有用。

汽车制造商们设法利用色彩来建立品牌个性，使其能与同一公司的其他产品或竞争者的产品区别开来。在设计色彩时不仅要把消费者的偏好时刻放在心中，而且要考虑每种汽车的细分市场和该类消费者的身体特点。例如，20 世纪 60 年代 "肌肉型" 车的颜色是克雷奥拉牌彩色铅笔都没有的——"血性橘红" "男儿香蕉黄" 和 "疯狂梅红"。这些车型的例子有力地说明了颜色能给汽车个性化营销带来多大的价值。

根据杜邦汽车公司 (Dupont Automotive Company) 的调查结果，消费者把绿色评为最火爆的颜色 (19.4%)，随后是白色 (18.1%)、浅棕色 (11.8%)、棕红色 (10%) 和黑色 (5.7%)。库柏营销集团认为，在决定哪种颜色是火爆颜色之前向消费者咨询他们的色彩偏好就好比让 5000 个消费者一起参加一个董事会议。当经理们对某个推荐的颜色提出反对时，这项调查能够有效地反驳这些有影响力的人。

（资料来源：(节选) 戴维·阿克，库马，乔治·戴. 营销调研 [M]. 魏立原译. 北京：中国财政经济出版社，2004.)

思考：

库柏营销集团每年一次的全国消费者色彩偏好调查对你有何启示？

第二章　市场调查的流程

 本章学习目的

- 掌握市场调查的一般流程
- 了解每个步骤在调查过程中的作用
- 了解每个步骤的相关细节

"色拉米斯"的成功推出

荷兰某食品工业企业每推出一个新产品均受到消费者的普遍欢迎，产品供不应求，而成功主要依赖于该企业不同寻常的征求意见的市场调查。以"色拉米斯"产品为例，在推出"色拉米斯"前，企业选择 700 名消费者作为调查对象，询问是喜欢企业的色拉色斯（一种老产品名称），还是喜欢新的色拉调料。消费者对新产品提出了各种期望，企业综合消费者的期望，几个月后研制出了一种新的色拉调料。当向被调查者征求新产品名称时，有人提出一个短语：混合色拉调料。企业拿出预先选好的名字"色拉米斯"和"斯匹克杰色斯"供大家挑选。80%的人认为"色拉米斯"是个很好的名字。这样"色拉米斯"便被选定为这种产品的名字。不久,企业在解决了"色拉米斯"变色问题后准确销售这项产品时,又进行了最后一次消费者试验。企业将白色和粉色提供给被调查者,根据调查者的反应,确定颜色,同时还调查消费者花多少钱来购买它,以此确定产品的销售价格。经过反复调查征求意见,并根据消费者的意见,做了改进,"色拉米斯"一举成功。

（资料来源：（节选）范云峰 . 营销调研策划［M］. 北京：机械工业出版社，2004.）

从案例中可以看出,"色拉米斯"的成功离不开市场调研的成功运用。必须充分了解市场调查的流程才能充分保证市场调研的顺利进行。

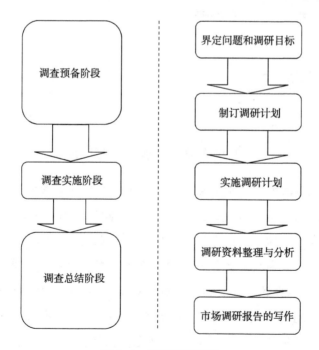

图 2-1 市场调研流程

　　调研过程通常分为调查预备阶段、调查实施阶段、调查总结阶段三个阶段。调查预备阶段包括界定问题和调研目标及制订调研计划，其中制订调研计划包括市场调研类型、调查方案设计、调查资料来源与接触方式、调研样本设计、调查问卷设计、调研费用；调查实施阶段主要是指实施调研计划，其中最重要的是调查访问人员选择及培训；调查总结阶段包括调研资料整理与分析及市场调研报告的写作。

第一节　界定问题和调研目标

　　市场调研，首先要解决调研什么问题，这是市场调研策划者面临的首要问题。市场调研基本问题的界定的过程称为市场诊断，其主要功能是为后期的市场研究导航，是整个市场调研活动开展的关键。

　　作为市场调研的第一步，也是最关键的一步，它要解决三个问题：

　　第一，为什么我们要进行这次市场调研（目的）？

　　这是管理层对调研目的的看法，这就要求我们了解要制定的决策和要诊断的问题或机会。

　　第二，应该进行什么样的调研，要了解什么问题（主题）？

　　在这里管理层的调研目的被转述成了一些目标，这些目标能够明确哪些问题必须通过调研项目来找到答案。

　　第三，调研值得吗（效率）？

　　必须评估能从调研中得到的信息的价值是否大于收集这些信息的成本。

一、遵循的原则

（一）必要性原则

对展开某项调查的必要性进行论证，这是基于资源有效运用的观点，将资源用在轻重缓急分析后优先需要解决的问题或问题集上。

（二）可行性原则

可行性原则一方面是指研究选题具有可操作性。另一方面是指通过努力可以达成相应的预期结果或结论，并且是有益的。

（三）创新性原则

调查研究具有一定的创新性，可以表现在调查方案的设计和应用，调查内容的设计和分析方法是否具有前沿性、创新性和时代感上。

二、确定研究目标

（一）前期准备工作

1. 与决策者的沟通

必须深入了解以下几方面的情况：

（1）问题的起因；

（2）决策者的目的；

（3）决策者的个性与处境；

（4）可供选择的行动方案及其后果；

（5）正确决策所需的信息及其成本；

（6）技术上的可行性。

2. 专家咨询

在进行专家咨询时，应注意以下问题：

（1）选择合适的人选；

（2）寻找有效的接触渠道；

（3）提供必要的背景资料；

（4）合理的报酬与要求。

3. 了解问题的背景

（1）公司的基本情况；

（2）所涉及的产品与服务；

（3）目标市场及主要竞争者；

（4）宏观营销环境。

（二）问题的确认

1. 满足信息需求

营销研究是为了满足企业进行重要决策的信息需求而进行的，而这些决策主要涉及下列情况：

（1）未预料到的变化；

（2）有计划的变动；

（3）一时的构想。

研究者应当根据决策者所面临的问题"需要做什么？"来定义营销研究问题"需要什么信息和如何获得这些信息？"

2. 决策问题与调研问题的差异与联系

（1）决策问题。

第一，面对管理中出现的症状，决策者应该做什么？怎么做？

第二，决策问题可形成行动导向。

（2）调研问题。

调研问题，又称为研究问题，包括：

第一，要做出管理决策，需要什么信息？如何获得这些信息？

第二，调研问题可形成信息导向。

例：

表 2-1　决策问题与研究问题对比（1）

决策问题	研究问题
为新产品设计包装	对不同包装设计有效性的测试
增加商店的客流量	（1）目前商店形象的测评 （2）影响顾客选择商店的因素分析
通过开设新店进行市场渗透	备选店址的评估
是否应引入新产品	决定消费者对新产品的偏好与购买意向
是否改变现有广告宣传	评估目前广告的效果
是否提高某一品牌的价格	决定产品的需求价格弹性以及提高价格的影响

（3）决策问题可以变为研究问题。

例：

表 2-2　决策问题与研究问题对比（2）

决策问题	研究问题
为某个新产品制订一个推广计划	评价不同推广计划的效果
在报纸上为不同的题目分配空间	调查与衡量读者对这些题目的兴趣
为厂商制定增值服务	研究目标细分市场如何评价几种服务的价值

3. 确定研究问题注意事项

（1）能提供足够信息帮助解决管理决策问题；

（2）为下一步的调研指明方向。

4. 常犯的两种错误

（1）研究问题定得过宽，难为下一步指明方向；

（2）研究问题定得过窄，会限制今后要采取的决策行动。

例如，过宽：改善产品竞争地位。过窄：如要应对竞争对手的降价行为，一是降低价格，幅度与竞争对手相当；二是保持价格，但大幅增加广告；三是较小幅度降低价格，同时增加一些广告。

（三）初步调查

在正式调查之前有必要开展初步调查。如企业在经营活动中，遇到产品销量锐减问题，是产品质量问题还是市场商品量饱和？是消费者有了新的商品选择还是企业促销不力？是商品价格发生变化还是商品流通受阻？调查者对上述具体原因拿不准时，就需要进行初步调查来明确这些问题。

1. 确定信息是否已经存在

如果现有的数据可以回答调研问题，能节约很多时间和资金，这个时候可以选择利用现有数据，否则通过预调研可以查看可获得的信息中是否包含需要的信息。

2. 确定问题是否可以真正回答

避免因取悦被调查者，或迫于调研管理层的压力，而做出的无所谓调研，是十分重要的。在多数情况下，可以从三个方面进行识别和了解成功的可能性：一是肯定所需要的信息已经存在或确实能够获得；二是基于以往的经验，有相当把握收集到信息；三是明确探索的是新问题，避免劳而无获的风险。

（四）确定调研目标

1. 调研目标具体化

调研目标应根据回答市场调研问题所需要的具体信息加以表述，经过精心分析生成，可以作为调研项目进展的计划表，也可以作为管理者评价调研质量和价值的尺度。

2. 调研目标具体且可行

目标的设定必须有一定的要求，尽可能具体和切实可行。整个市场调研项目中所有的投入都是为了实现既定的调研目标，对于具体项目的调研目标相对灵活，但从经验来看，调研人员在进行市场调研时，应准备好书面的调研目标清单，若是出于专业调研机构的角度，双方对调研目标达成一致意见后，应要求管理者签字，把已同意的目标确定下来，避免日后麻烦。

3. 避免大而全

调研目标避免"了解一切"，调研结果能够提供制定决策所需要的信息，但并不要求调研目标大而全，适当地选择调研目标，可以在一定程度上保证调研过程的顺利执行，保证根据调研结果能够做出很好的决策。

例如，某电脑企业的营销主管组织调研人员进行市场调查，这时必须首先把握住调查问题的范围。如果营销主管告诉调研人员"去了解你所能发现的客户需要的一切"，这肯定会使调研人员感到无所适从，虽然他们也能调查出客户对企业的一些要求，但通过这种调查往往得到的是更多的无用信息。为了保证调查结果的正确性和实用性，必须先将调查目标确定下来。例如经过讨论，营销人员最后将问题定在"企业送货上门是否能引起客户的兴趣？"最后，营销主管认为这项调查的目标应该包括以下几方面：一是客户需要企业送货上门的主要原因是什么；二是哪些客户最有可能需要提供送货服务；三是这一服务能使企业的客户增加多少；四是这一举措能对企业的形象产生多少有长期意义的影响；五是与其他工作相比，送货服务的重要性如何。

第二节 制订调研计划

市场调查需要进行详尽的安排与严密的计划，才能够保证调查研究的顺利实施。调查方案的设计是整个市场调查过程的开始。而正确把握调查方案设计需要从调查方案的认知入手。一个好的研究设计能够保证调研项目的高效执行。

一、市场调研类型

根据调研的目的和功能，把市场调研分为探索性调研、描述性调研、因果性调研三种基本类型。

1. 探索性调研

是在对研究对象缺乏了解的情况下，为了界定调研问题的性质以及更好地理解问题的环境而进行的小规模的调查活动。当调研者对问题理解不够深或难以准确定义问题的时候，或者在正式调研之前，通常运用探索性调研确定调研的问题。

例如，某品牌的一次性尿布市场份额上年下降了，为什么？公司方面也不能确定。是经济衰退、广告支出减少、销售代理效率低，还是消费者的习惯改变了？

2. 描述性调研

是在对研究对象有一定了解的情况下，对调研对象进行更为深入的研究所进行的调研活动。描述性调研一般是有计划、有目的、有方向、有较详细提纲的研究。

例如，某商店经常使用描述性调研以确定他们的顾客在收入、性别、年龄、教育水平等方面的特征。从描述性调研中了解到该店的顾客 67% 是年龄在 18~44 岁的妇女，并经常带着家人、朋友一起来购物，这种描述性调研提供了一个重要信息，它使商店直接面向妇女开展促销活动。

3. 因果性调研

变量是反映一组数值的简化符号或概念。在因果性研究中，调研人员要考察一个变量是否会导致或决定另一个变量的值。可以用实验法来检测因果关系。因变量是指能被预测或解释的变量。自变量是指在实验中市场调研人员可以操纵、改变或修正的变量。在调研项目中，自变量是导致因变量（假定的结果）变化的原因。例如要研究广告投入的增加与品牌知名度提高之间是否存在因果关系等。

二、调查方案设计

调查方案是为调查工作制定基本格式和具体计划，在进行市场调查之前，必须进行调查方案的设计，以统一认识、统一内容、统一方法和统一步调，使调查工作有条不紊地进行，取得范围、口径、方法等统一资料，获得预期的调查效果，是开展某一项市场调研项目时所要遵循的一个框架或计划。

一般而言，调查方案包括 8 个方面的内容，即调查目标、调查内容、调查时间、调查对象、调查方法、调查人员的组织、调查经费的计划、调查工作的安排。

三、调查资料来源与接触方式

（一）调查资料来源

1. 案头调查

案头调查法又称为间接调查法、资料查阅寻找法、资料分析法或室内研究法，是指市场调研人员充分了解调研目的之后，通过查找、阅读、收集历史和现实的各种资料，并经过甄别、整理、融合及分析，提供相关市场调查报告及市场营销建议的一种调查方法。

2. 实地调查

实地调查方式又称直接调查方式，是指在周密的设计和组织下，由调研人员依照调研方案直接向被调查者收集原始资料的调研方式。例如，直接向产地的最终消费者或购买者进行消费感受的询问；化妆品制造商向人们展示广告，并测量观众眼睛转动、脉搏跳动和其他机能反应等。由于实地调研方式是从调研对象那里获得的第一手资料，故又称为原始资料收集方式。

市场研究者在选择实地调研的具体方法时，应该考虑实现当前研究课题必须搜集哪些信息，再确定这些信息的特点，为选择最佳调查方法做准备。实地调研中经常采用的方法主要有调查法、观察法、实验法。

（1）调查法。

调查法又称访问法，是指调研员（除邮寄问卷调查外）通过与被调查者的交互过程获得事实、观点和态度等方面的信息。问卷是获取数据的一种有序的、结构化的方法。面对面的访谈可以在被访者家中、购物中心或企业进行。

（2）观察法。

观察法是指在不直接干预的条件下监视被调查者的行为。观察或调研中发展最快的形式是使用交款处的扫描仪。扫描仪可以通过条形码识别所购商品。观察式调研的未来无可限量。例如，远程调查公司多年来使用安装在电视机上的黑盒子检测家庭收视习惯。但是，如果电视机开着而屋里没人看该怎么办呢？为克服这个问题，人们发明了远红外被动"人体测量仪"，它能识别看电视节目的家庭成员的面孔。这样，如果电视开着而没人观看，这个数据将被及时记录下来。

(3) 实验法。

实验法是调查人员用来收集数据的第三种方法。在实验中，调研人员可以改变一个或多个变量，如价格、包装、设计、广告主题或广告费用，然后观测这些变化对另外一个变量（通常为销售额）的影响。实验的目的是检测因果关系。最好的实验是，除那些被控制的变量外，其他所有因素保持不变。这样，调研人员可以相当肯定地进行推断。例如，销售额的变化是由于广告投入改变引起的。在外部环境中，即使可能，要保持所有其他因素不变是非常艰巨和花费高昂的任务。诸如各市场中竞争者的行动、气候和经济状况这些因素均超出了调研人员所能控制的范围。

一种控制可能影响因变量的因素的方法是实验室实验。也就是说，在实验设施内而不是在自然环境中进行实验。有时，调研人员创造出模拟超市环境，给消费者一些便条（即代金券），然后请他们像平常那样来购物。例如，通过几次改变包装设计或颜色，调研人员可以确定哪一种包装最可能刺激销售额。尽管实验室技术能提供有价值的信息，但是必须认识到，这时消费者不是在自然环境中。人们在实验室中的行为与实际购物情形可能是不同的。

3. 网络调查

网络调查是指利用互联网技术进行营销信息的收集、整理、分析和研究的过程。由于互联网的特殊性，企业在网络上进行的调研活动有别于传统意义上的市场调研。它包括在网络上搜索二手资料间接调研和网络上的直接调研。

（二）接触方式

人们通常通过邮寄、电话、人员访谈或在线调研的方式收集信息。不同的接触方式具有不同的优点和缺点。

邮寄问卷能以很低的人均访问成本收集大量的信息。相对于一个陌生的访谈人员或电话访谈者，受访者对邮寄问卷中较私人性问题的回答可能更为真实。此外，受访者的答案还不会受到访谈者的影响。然而，邮寄问卷很不灵活，所有的被访者以相同的顺序回答相同的项目。邮寄问卷通常需要较长时间才能完成，因此响应率（完整地寄回问卷的人数）通常很低。调研人员通常无法控制调查问卷的样本。即使拥有一份良好的邮寄目录，仍很难回答是由谁在邮寄地址完成的问卷。

电话访谈是快速收集信息的最好方法之一，其灵活性也大大高于邮寄问卷。访谈者可以解释复杂的问题，并根据所得到的回答，跳过某些问题或调查其他问题。响应率高于邮寄问卷，且访谈者可以要求只与具备期望特征的受访者通话，甚至按姓名访问。电话访谈的人均访问成本比邮寄问卷高。人们可能不愿与访谈者讨论私人问题。该方法会引入访谈者的偏见，会影响受访者的回答。不同访谈者对回答的解释和记录也不同。

人员访谈可以分为单人访谈和群体访谈。单人访谈指访谈者在人们家里、办公室、大街上、购物商场等地点与询问对象交谈。这种访谈具有灵活性。训练有素的访谈者可以对访问加以控制，解释复杂的问题，并根据情况发现新问题。单人访谈的成本可能会比较高。

在线调研有多种形式，企业可以将网页作为调查媒介，将问卷放在其网站上，并提供完成问卷的诱因。可以采用电子邮件、网站链接或弹出式广告等方式邀请人们回答问题，并可能赢得奖品。它还可以建立在线固定样本组，以提供定期的反馈，或实施现场讨论及在线焦点小组。在线调研相对于传统的电话和邮寄方法，基于网络的调查具有某些现实优势。最显著的优势是高速度和低成本。在互联网上，调研人员通过电子邮件同时向成千上万的调查对象发放网络调查，或将它们贴在所选的网站上。回答几乎是即时的，因为应答者自己输入信息，调研者可在他们输入的同时将调研数据加以整理、检查和分享。网络调查的费用通常大大低于邮寄、电话或人员访谈式调研。

表 2-3   不同接触方式的优点和缺点

项目	邮寄问卷	电话访问	人员访谈	在线调研
灵活性	差	好	优秀	好
可收集的数据量	好	一般	优秀	好
访问者影响的控制	优秀	一般	差	一般
样本的控制	一般	优秀	好	优秀
数据收集速度	差	优秀	好	优秀
响应率	差	差	好	好
成本	好	一般	差	优秀

资料来源：（节选）加里·阿姆斯特朗，菲利普·科特勒. 市场营销学 ［M］. 北京：中国人民大学出版社，2010：98.

四、调研样本设计

选取调查样本（即抽样）是指从调查对象的总体中选择部分对象进行调查，借以认识调查对象整体的一套程序和方法。

（一）抽样设计需要明确的问题

1. 调查谁

回答调查谁的问题就是要明确抽样单位是什么，这个问题的答案并非总是显而易见。例如，在对家用汽车购买决策制定过程的研究中，调研者应采访丈夫、妻子、其他家庭成员、经销商的销售员，还是他们所有人？调研人员须确定所需的信息以及谁最有可能拥有该信息。

2. 调查多少人

回答调查多少人的问题就是要明确样本规模有多大，大规模样本比小规模样本的结果更可靠。但样本规模越大成本越高，而且也没必要为取得可靠的结果将整个或大部分目标顾客作为样本。

3. 如何选取样本

回答调查如何选取样本的问题就是要明确抽样程序是什么，不同的抽样方式其成本和时间约束不同，也有不同的准确性和统计特征，哪种方法最好要依调研项目的需要而定。所有的抽样方法最终可以归纳为两类：概率抽样和非概率抽样。

（二）抽样方法

1. 概率抽样

概率抽样又称随机抽样，概率抽样以概率理论为依据，通过随机化的机械操作程序取得样本，所以能避免抽样过程中的人为因素的影响，保证样本的客观性。虽然随机样本一般不会与总体完全一致，但它所依据的是大数定律，而且能计算和控制抽样误差，因此可以正确地说明样本的统计值在多大程度上适合于总体，根据样本调查的结果可以从数量上推断总体，也可在一定程度上说明总体的性质、特征。

概率抽样包括简单随机抽样、系统抽样（等距抽样）、整群抽样和分层抽样（类型抽样）等方法。

2. 非概率抽样

非概率抽样又称为不等概率抽样或非随机抽样，就是调查者根据自己的方便或主观判断抽取样本的方法。它不是严格按随机抽样原则来抽取样本，所以失去了大数定律的存在基础，也就无法确定抽样误差，无法正确地说明样本的统计值在多大程度上适合总体。虽然根据样本调查的结果也可在一定程度上说明总体的性质、特征，但不能从数量上推断总体。

非概率抽样包括方便抽样法、判断抽样法、配额抽样法和滚雪球抽样法等方法。

五、调研问卷设计

问卷，即通常为人们熟知的采访目录或资料表，它包含了一系列问题，用来获取与研究目标有关的信息。但问卷并不是用来收集答案的一张问题表，而是一种以书面形式了解被调查对象的反应和看法，并以此获得资料和信息的载体。采用问卷收集信息资料是国际上通行的调查方式，也是我国近几年来推行最快、应用最广的调查方式。

六、调研费用

每次进行市场调查活动都需要支出一定的费用。因此在制定调研计划时，应编制调研费用预算，估计调查的各项开支。编制费用预算的基本原则是：在坚持调研费用有限的条件下，力求取得最好的调查效果。或者是在保证实现调查目标的前提下，力求使调研费用支出最少。

在进行经费预算时，一般需要考虑以下几个方面：

第一，调查方案的策划费与设计费；

第二，抽样设计费；

第三，问卷设计费（包括测试费）；

第四，问卷印刷、装订费；

第五，调查实施费用（包括预调研费、培训费、交通费、调查员和督导员劳务费、资料收集复印费、礼品费和其他费用等）；

第六，数据编码和录入费用；

第七，计算机数据处理费用和数据统计分析费用；

第八，调查报告撰写费用；

第九，组织管理费用和办公费用；

第十，其他费用等。

第三节　实施调研计划

市场调查与预测通常是一种参与人员多、活动空间分布广、持续时间长、过程控制要求严格的群体活动。为保证市场调查与预测活动有计划、有组织、有效率地进行，需要由具备专业能力的机构和人员去承担与实施。

一、市场调查机构的选择

（一）企业内部的市场调查机构

根据管理学的组织理论，企业内部是否需要设立某个部门，必须以企业的整体利益与目标为依归，进行系统、科学、慎重的考虑与规划。这是因为，任何一个部门都会消耗企业组织的部分资源，只有对企业有边际贡献的部门，才有存在的价值与意义。同样，企业内部是否需要内设调查与预测部门，要从企业的整体利益与条件出发，企业人力资源部门会同有关人士经充分论证而决定。

一般来说，规模较大的企业内部自设市场调查与预测部门较有优势，尤其在竞争日益激烈、产品快速更新、消费者需求变化无常的市场环境中，越来越多的企业重视市场调查与预测部门的建设与投入。有关资料反映，目前美国有77%以上的大公司内部都设有市场调查与预测部门，专门负责市场调查与预测的工作。从企业行业性质来看，从事消费品生产制造的企业自设市场调查与预测部门的比例要比从事生产资料制造的企业更高。

企业内部自设的调查与预测部门可分为临时性机构和常设的固定性机构两种。

1. 临时性机构

为企业因应某种需要临时成立的负责组织某项市场调查与预测活动的机构。这类机构的长处是较具灵活性，机构在需要时组建，活动完成后撤除，节省了日常开支；短处是人员也是临时性从内部或外部选聘，相关工作经验与业务专业能力都可能存在不足，而且由于工作的临时性质，人员的工作责任感与积极性会受影响。

2. 常设的固定性机构

为有一定的固定人员、稳定的经费投入、专职负责市场调查与预测活动的职能机构。这类机构的特点是由具备专业能力，且在工作中不断积累经验的人员承担市场调查与预测工作，能提高市场调查与预测活动的质量。

（二）企业外部的市场调查机构

1. 各级政府部门组织的调查机构

我国最大的市场调查机构为国家统计部门，国家统计局、各级主管部门和地方统计机构负责管理和分布统一的市场调查资料，便于企业了解市场环境变化及发展，指导企业微观经营活动。此外，为适应经济形势发展的需要，统计部门还相继成立了城市社会经济调查队、农村社会经济调查队、企业调查队和人口调查队等调查队伍。除统计机构外，中央和地方的各级财政、计划、银行、工商、税务等职能部门也都设有各种形式的市场调查机构。

2. 新闻单位、大学和研究机关的调查机构

这些机构也都开展独立的市场调查活动，定期或不定期地公布一些市场信息。

3. 专业性市场调查机构

这类调查机构在国外的数量是很多的，它们的产生是社会分工日益专业化的表现，也是当今信息社会的必然产物。主要包括以下三种类型：

（1）综合性市场调查公司。

这类公司专门搜集各种市场信息，当有关单位和企业需要时，只需交纳一定费用，就可随时获得所需资料。同时，它们也承接各种调查委托，具有涉及面广、综合性强的特点。如日本的中央调查服务公司、美国的AC尼尔森公司等在世界上都极为有名。

（2）咨询公司。

这类公司一般是由资深的专家、学者和有丰富实践经验的人员组成，为企业和单位进行诊断，充当顾问。这类公司在为委托方进行咨询时，也要进行市场调查，对企业的咨询目标进行可行性分析。当然，它们也可接受企业或单位的委托，代理或参与调查设计和具体调查工作。如闻名世界的美国兰德顾问公司在美国社会的政治、经济、企业经营管理等领域都有广泛的影响力。

（3）广告公司的调查部门。

广告公司为了制作出打动人心的广告，取得良好的广告效果，就要对市场环境和消费者进行调查。广告公司大都设立有调查部门，经常大量承接广告制作和市场调查。

近年来，我国也出现了许多专门从事经济信息调查、咨询服务公司，它们既有国营公司，也有集体、私营公司（集体和私营公司的不断发展趋势尤为引人注目），它们承接市场调查任务，提供商品信息，指导企业生产经营活动，在为社会服务的同时，自身也取得了很好的经济效益。

二、市场调查人员的选择与培训

业务的专业技巧性、活动过程的个体分散性及调查与预测结果的团体合作性，市场调查与预测活动的这些特点决定了从事该项工作的人员必须具备一定的素质和条件。为保证市场调查工作的质量，市场调查实施阶段必须重视对有关人员的选择和培训。

（一）市场调查人员的选择

市场调查人员是调查工作的主体，其数量和质量直接影响市场调查的结果，因此，市场调查机构必须根据调查工作量的大小及调查工作的难易程度，配备一定数量并有较高素质的工作人员。

1. 调查人员具备的基本素质

按市场调查的客观要求，调查人员应具备以下三方面的基本素质：

（1）思想品德素质。

具有强烈的社会责任感和事业心；具有较高的职业道德修养，工作中能实事求是、公正无私；工作认真细致；具有创新精神；谦虚谨慎、平易近人。

（2）业务素质。

具有较广博的理论知识，较强的业务能力；具有利用各种情报资料的能力；具有对调查环境较强的适应能力；具有能够分析、鉴别、综合信息资料的能力；具有较强的语言和文字表达能力。

（3）身体素质。

身体素质，通常指的是人体肌肉活动的基本能力，是人体各器官系统的机能在肌肉工作中的综合反映。身体素质经常潜在地表现在人们的生活、学习和劳动中，自然也表现在体育锻炼方面。一是体力，二是性格。

2. 应该注意的问题

一个合格的市场调查人员应是勤学好问、有思想、有知识并具有创造性的，他们必须善于倾听、善于思考、善于提出问题、善于分析问题和解决问题。选择市场调查人员时，应注意以下几方面的问题。

（1）性格、仪表特征。

主要体现在三个方面：一是为人和蔼可亲，性格外向开朗；二是仪表端正；三是态度客观中立，判断力强，有警觉性，有主动性。

（2）学识能力。

主要体现在五个方面：一是受过高等教育（如大专以上程度）；二是有组织策划能力，有采访能力；三是口齿伶俐，善于沟通与表达；四是有忍耐力，用心研究；五是有一定的社会工作经验。

（3）社会关系。

即应该了解当地一般情况，熟悉当地文化习惯及地理环境，且社会关系较为广泛。

（4）个人品格。

即要有工作责任感和事业心，重视社会公德，尊重他人人格，乐于为他人服务。

（二）市场调查人员的培训

1. 培训的基本内容

市场调查人员的重要作用以及对调查人员的客观要求，都提出了对人员进行培训的问题。培训的内容应根据调查目的和受训人员的具体情况而有所不同。通常包括以下三个内容：

（1）思想道德方面的教育。

组织调查人员学习市场经济的一般理论，国家有关政策、法规，充分认识市场调查的重要意义，使他们有强烈的事业心和责任感，端正工作态度和工作作风，激发调查的积极性。

（2）性格修养方面的培养。

对调查人员在热情、坦率、谦虚、礼貌等方面进行培训。

（3）市场调查业务方面的训练。

不仅需要讲授市场调查原理、统计学、市场学、心理学等知识，还需要加强问卷设计、提问技巧、信息处理技术、分析技术及报告写作技巧等技能方面的训练，以及有关规章制度的教育。规章制度也应列入培训的内容，调查人员必须遵守组织内部和外部的各种规章制度，这是调查得以顺利进行的保证。

2. 培训途径

培训有两条基本途径：一是业余培训，二是离职培训。业余培训是提高调查人员素质的有效途径，是调动调查人员学习积极性的重要方法，它具有投资少、见效快的特点。离职培训则是一种比较系统的训练方法，它可以使调查人员集中精力和时间进行学习。离职培训可以采取两种方式：一种是举办各种类型的调查人员培训班；另一种是根据调查人员的工作特点和本部门的需要，送他们到各类经济管理院校进行相应专业的学习，系统学习一些专业基础知识、调查业务知识、现代调查工具的使用知识等。这种方法能使调查人员有较扎实的基础，但投资较大。

3. 培训方法

培训方法主要有以下几种，培训时可根据培训目的和受训人员情况加以选用。

（1）集中讲授方法。

这是目前培训中采用的主要方法。就是请有关专家、调查方案的设计者，对调查课题的意义、目的、要求、内容、方法及调查工作的具体安排等进行讲解，在必要的情况下，还可讲授一些调查基本知识，介绍一些背景材料等，采用这种培训方法，应注意突出重点、针对性强、讲求实效。

（2）以会代训方法。

以会代训方法是指由主管市场调查的部门召集会议。有两种形式的会议：一是开研讨会。主要就需要调查的主题进行研究，从拟定调查题目到调查的设计，资料的搜集、整理和分析，调查的组织等各项内容逐一研究确定。二是开经验交流会。在会上，大家可以互相介绍各自的调查经验、先进的调查方法和手段及成功的调查案例等，以集思广益，博采众长，共同提高。采取以会代训方法，一般要求参加者有一定的知识水平和业务水平。

（3）以老带新方法。

这是一种传统的培训方法，以老带新方法是由有一定理论和实践经验的人员，对新接触调查工作的人员进行传、帮、带，使新手能尽快熟悉调查业务，得到锻炼和提高。这种方法能否取得成效，取决于带者是否无保留地传授，学者是否虚心求教。

（4）模拟训练方法。

模拟训练方法是指人为地制造一种调查环境，由培训者和受训者或受训者之间相互分别装扮成调查者和被调查者，进行二对一的模拟调查，练习某一具体的调查过程。模拟时，要将在实际调查中可能遇到的各种问题和困难表现出来，让受训者做出判断、解答和处理，以增加受训者的经验。采用这种方法，应事先做好充分准备，模拟时才能真实地反映调查过程中可能出现的情况。

（5）实习锻炼方法。

实习锻炼方法是指在培训者的策划下，让受训者到自然的调查环境中去实习和锻炼，这样，能将理论和实践有机地结合，在实践中发现各种问题，在实践中培养处理问题的能力。采用这种方法，应注意掌握实习的时间和次数，并对实习中出现的问题和经验及时进行总结。

第四节　调研资料整理与分析

由于调查人员多，工作分散，所收集的资料更是头绪纷繁，所以，必须进行加工管理，使之系统化、条理化，并符合客观逻辑性。资料整理是指运用科学的方法，对调查取得的原始资料信息进行审核、编码、分组、汇总等初步加工，形成系统化和条理化的信息，在此基础上进行分析，以集中、简明的方式来反映调查对象的总体特征的过程。调查资料整理的内容主要包括资料数据处理与资料数据管理两个方面。其中，数据处理包括对资料的审核、整理、制表和绘图等一系列工作，调研数据的整理是处理环节的重要步骤，包括编码、分组和汇总等一系列工作。数据管理是利用计算机硬件和软件技术对数据进行有效的收集、存储、处理和应用的过程。

1. 调查资料的审核

较大规模的调研项目回收调查表量大，需要 1 名以上的审核员进行集中审核。审核员之间的配合关系是在分份的基础上"一卷到底"，而不该是分段交叉作业。审核员通常具有较为丰富的审核经验和各方面的阅历。为了慎重起见，在审核工作开始之前，调研项目主持人要向审核人员交代清楚本项目的调查内容、调查表设计格式和特点、样本选择方式、访问员背景和工作进展状况。

2. 调查资料的编码、分组与汇总

编码就是将问卷或调查表中的文字信息转化为计算机能识别的数字符号，即给每一个问答题的每一个可能答案分配一个代号，通常是一个数字。

资料分组是资料整理的关键，为资料的统计分析做准备。资料分组是指根据社会调查的目的和要求，按照一定的原则或标志将收集的资料进行分类，将调查总体按照性质相同的或本质上有联系的同类信息资料分为若干组的一种资料整理方法。通过分组，调查者能直观地对整个调查的情况进行总体把握。

调查资料的汇总就是将分组后的资料数据按组别进行累加或分析，从总体上把握事物的性质和特征。分组资料的汇总技术有手工汇总和电子计算机汇总两种。

3. 调查资料分析

市场调查资料的分析是指将收集到的各类信息资料，按照一定的程序和方法，进行分类计算、分析和选择等，使之成为适用的信息资料的过程。对市场调研资料的分析，既是具体的工作过程，又是市场调研人员的思维活动过程。在这一过程中，不仅要分析各种原始的信息资料，还要采用科学的方法和耗费大量的脑力劳动，使原始信息成为加工信息。

　　大量的实践证明，为保证最终形成的信息资料的高质量，必须在资料分析的过程中遵循准确性原则、系统性原则、预测性原则、及时性原则、适用性原则、经济性原则等基本原则。

　　资料分析必须遵循准确性原则。准确是信息资料工作的生命。这是因为市场调研预测、资料分析能为有关部门人员认识市场、做出决策、实施行动提供依据。只有提供的资料是准确的，才会有正确的认识、正确的决策和正确的行动。不准确的信息资料不但无益，而且十分有害。系统性原则是在准确性的基础上的进一步要求。分析不能只针对问卷上的那些资料单独地进行，要全面考察各相关因素的现状及趋势，综合地分析。市场调查的目的不仅是了解现在的情况，更要通过现在的情况预测未来，以做出合理的决策。因此，在资料分析时，要注意考察各相关因素的变化趋势，用发展的眼光、动态的观点来把握事物的纵向发展轨迹，从而准确地引导有关部门做出决策。在资料分析过程中要强调时间性，尽量提高其速度。从整个市场信息工作来看，遵循及时性原则应包括及时收集信息、及时加工处理信息、及时反馈信息和及时传输信息等方面。资料分析方法有很多，它们各自具有优缺点和适用性，必须选择合适的方法才能使处理和分析形成后的信息符合实际需要。任何经济工作都要考虑经济效益，实行经济核算，资料分析也必须遵循经济性原则。对市场信息的处理与分析，需要花费和投入一定的人力、物力和财力。遵循经济性原则，就是在保证一定信息数量和质量的前提下，尽可能节约费用开支，或者在一定的耗费下，形成尽可能多的有用信息。

　　4. 调查资料展示

　　市场调查的原始资料和次级资料加工整理的最终结果，通常需要借助一定的形式陈示或表现出来，以供调研者和用户阅读、分析和使用。市场调研数据陈示的方式主要有统计表和统计图。统计表是以纵横交叉的线条所绘制的表格来陈示数据的一种形式。统计图是根据统计数字，用几何图形、事物形象和地图等绘制的各种图形。调查资料的有效展示需要恰当地运用统计表与统计图。

第五节　市场调查报告的写作

资料分析是编写报告的前提，而编写报告是市场调查的必要过程与必然结果。调查报告是对某项工作、某个事件、某个问题，经过深入细致的调查后，将调查中收集到的材料加以系统整理，分析研究，以书面形式向组织和领导汇报调查情况的一种文书。调查报告的写作者必须自觉以研究为目的，根据社会或工作的需要，制定出切实可行的调查计划。调查报告通过调查得来的事实材料说明问题，用事实材料阐明观点，揭示出规律性的东西，引出符合客观实际的结论。调查报告的基础是客观事实，一切分析研究都必须建立在事实基础之上，确凿的事实是调查报告的价值所在。调查报告要观点鲜明，占有大量材料不一定就能写好调查报告，还需要把调查的东西加以分析综合，进而提炼出观点。调查报告的语言简洁明快，这种文体是充足的材料加少量议论的，不要求细腻的描述，只要有简明朴素的语言报告客观情况。

1. 调查报告的内容

不管市场调查报告的格式或外观如何，每个调查报告都应该有一些特定的议题。即报告本身在结构安排和写作手法上必须能够及时、准确和简洁地把信息传递给决策者。在撰写报告时一方面必须考虑到企业的中高层决策者工作的繁忙性，这就要求所撰写的报告应该尽量的简洁，特别应该避免使用晦涩的文字。另一方面要恰当地安排汇报资料的结构。市场调查报告的结构一般是由题目、目录、摘要、正文、结论和建议、附录等几个部分组成。报告的结构不是固定不变的，不同的调查项目、不同的调研者或调查公司、不同的用户以及调查项目自身性质不同的调查报告，都可能会有不同的结构和风格。

2. 市场调查报告的撰写程序

市场调查报告一般包括选题、资料整理、拟定提纲、撰写成文和修改定稿五个阶段。

选题即确定市场调查报告的主题。主题是调查者对全部调查资料价值（意义）的准确概括，它是报告的核心问题。选题通常表现为市场调查报告的题目，选择一个好的题目是报告成功的一半。资料整理即对市场调查与预测取得的资料进行取告。市场调查与预测报告的特点是用大量的调查与预测资料来说明观点，确定选题后，报告撰写者就必须围绕主题有针对性地筛选资料。拟定提纲即报告撰写者根据市场调查与预测报告的内容要求对其框架进行设计，也是对调查资料进一步分析研究的过程。撰写成文即按照拟定好的提纲撰写市场调查报告。在撰写的过程中，除按照提纲要求认真提炼观点、选择例证之外，还要注意一些细节问题。修改定稿即对撰写好的市场调查报告进行修改和审定。将市场调查报告撰写成文，只是完成了撰写的初稿，并非大功告成。要能最后定稿，还须先对初稿的内容、结构、用词等进行多次审核和修改，确认报告言之有理，持之有据，观点明确，表达准确，逻辑合理。

3. 市场调查报告的常见问题

市场调查报告常见的问题包括质量与篇幅不相关、解释不充分和不清楚、偏离目标和脱离现实、过度使用定量技术、准确性的错觉、单一的调研数据、炫耀的图表等。

撰写调研报告时，撰写人应该明确，调研报告的质量和分量与报告本身的篇幅长短没有什么关系，相反如果报告冗长，结构层次不清反而会降低调研报告的质量。在调研报告中使用图与表来表达信息往往更直观形象，但如果只是简单地重复一些图表中的数字，而不进行任何解释性工作，读者就会对报告中的统计数字和图表产生疑惑。这也是许多调研报告常犯的低级错误。在调研报告中堆满与调研目标无关的资料是报告写作中的另一常见毛病。广泛使用多样化的统计技术往往是由于错误的目标与方法导致的。过度使用统计资料却常会引发对调研报告质量合理性的怀疑。在一个相对小的样本中，把引用的统计数字保留到两位小数以上常会造成对准确性的错觉。过度依赖调研数据有时会错失良机，在某些情况下会导致营销错误的产品。"一图抵千言"的说法不错，但一张糟糕的图不仅毫无用处，而且还会产生误导。

4. 调查结论的追踪反馈

编写调查报告不是调查过程的终结，而是为下一次市场调查做铺垫。追踪反馈就是要根据实践检验调查报告反映的问题，检验建议是否可行、实用，效果如何，要不断地总结经验教训，不断地提高市场调查人员的工作能力和认识水平。

 **本章小结**

市场调研的流程通常分为调查预备阶段、调查实施阶段、调查总结阶段三个阶段。

调查预备阶段包括界定问题和调研目标及制订调查计划，这是市场调研策划者面临的首要问题。市场调研基本问题的界定过程称为市场诊断，其主要功能是为后期的市场研究导航，是整个市场调研活动开展的关键。制定调研计划包括市场调研的类型、调查方案设计与调查机构选择、调查资料来源与接触方式、调研样本设计、调查问卷设计。市场调研需要进行详尽的安排与严密的计划，才能够保证调查研究的顺利实施。调查方案的设计是整个市场调查过程的开始。而正确把握调查方案设计需要从调查方案的认知入手。一个好的研究设计能够保证调研项目的高效执行。

调查实施阶段主要是指实施调研计划，其中最重要的是调查访问人员选择及培训。业务的专业技巧性、活动过程的个体分散性及调查与预测结果的团体合作性，市场调查与预测活动的这些特点决定了从事该项工作的人员必须具备一定的素质和条件。为保证市场调查工作的质量，市场调查实施阶段必须重视对有关人员的选择和培训。

调查总结阶段包括调研资料整理与分析及市场调研报告的写作。由于调查人员多，工作分散，所收集的资料更是头绪纷繁，所以，必须进行加工管理，使之系统化、条理化，并符合客观逻辑性。资料分析是编写报告的前提，而编写报告是市场调查的必要过程与必然结果。调查报告通过调查得来的事实材料说明问题，用事实材料阐明观点，揭示出规律性的东西，引出符合客观实际的结论。

 练习与思考

1. 简述市场调查的一般步骤。
2. 如何确定市场调研的目标。
3. 案例分析。

美国航空公司飞行电话服务调查分析

美国航空公司是美国最大的航空公司之一。公司注意探索为旅客服务的好方法。为了达到这个目的，几位经理组织了一个头脑风暴式小组会，产生了一些构思。其中一位经理曾提出在30000英尺的高空上为乘客提供电话通信服务项目的建议，大家一致认为这是一个激动人心的想法，统一为此做进一步的研究。

经过与美国电话电报公司联系，以波音747飞机从东海岸到西海岸的飞行来说，电话服务在技术上是可行的。这种系统的每航次成本约合1000美元，如果每次电话服务费为25美元的话，则每航次至少要有40人通话才能保本。根据这一情况，市场调研经理必须明确此次调研要解决什么问题，需要掌握哪些信息，对问题的定义既不要太宽也不要太窄。如果营销经理要求营销调研人员去"探索凡是你能够发现的空中旅客需要的一切"，营销经理将得到许多不需要的信息，而实际需要的信息却有可能得不到。如果营销经理要求调研人员去"探索是否有足够多的乘客在从东海岸到西海岸的波音747航班飞行中，愿意付足电话费，从而使美国航空公司能够保本提供这种服务"，提出的问题又过于狭窄。

最后，营销经理和营销研究人员确定要解决的问题是："提供飞行电话服务是一项会使美国航空公司创造日益增加的偏好和利润的更好投资吗？"然后，就此提出下列特定研究目标：

第一，飞机上的乘客在航行期间通话的主要原因是什么？

第二，哪些类型的乘客最有可能打电话？

第三，在各种层次的价格情况下，有多少乘客可能会打电话？

第四，有多少新乘客会因为这项服务而乘坐美国航空公司的班机？

第五，这一服务对美国航空公司的形象，将会产生多少有长远意义的影响？

第六，与诸如航班时间表、食物质量和行李托运等其他因素相比，机上电话服务的重要性如何？

就美国航空公司的目标而言，调研人员将会发现许多关于航空旅行市场的第二手资料。例如，美国民用航空署的出版物提供了各类运输公司关于规模、成长和市场份额的资料；美国空中运输协会在它的图书馆中有关于运输公司的偏好和空中旅行者行为的资料；各种旅游公司为空中旅客选择航空公司提供指南的资料等。

第二手资料为调研提供了一个起点，并具有成本较低和得之迅速的优点。但是，调研人员所需要的资料可能不存在，或现有资料可能过时、不正确、不完全或不可靠。在这种情况下，调研人员就必须花费较多的费用和较长的时间，去搜集可能更恰当和更正确的第一手资料。例如，美国航空公司的调研人员可以逗留在飞机场、航空办事处和旅行社内，听取旅客对不同航空公司和代理机构如何安排飞行的谈论，调研人员还可以乘坐美国航空公司和竞争者的飞机，观察航班服务质量和听取乘客反映；调研人员可以在某次航行中，宣布每次通话服务的收费是25美元，而在以后的同一航次上，又宣布每次通话收费为15美元。

在美国航空公司的调查中，抽样单元应该是从事商业的旅客，还是享受旅游乐趣的旅客？还是两者兼有？应该是访问21岁以下的旅行者，还是应该对丈夫和妻子都访问？当抽样的基本单元确定后，应向其中多少人进行调研，这些人应如何被选择？这一切都需要美国航空公司的调研人员做出决定。

在决定实施调研计划之前，营销经理应该要求营销调研人员对调研计划的成本做出估算，然后才能批准。营销调研方案的目的是帮助公司减少风险和增加利润。假设公司未经市场调研，估计推出空中电话服务可获得50000美元的长期利润，而调研能帮助公司改进促销计划，并获取90000美元的长期利润。在这种情况下，公司就愿为这项研究最多花费40000美元的经费。如果这项研究的成本超过40000美元，那就应拒绝它。

通过对资料的搜集、分析，美国航空公司得到的主要调查结果如下：

（1）使用飞机电话服务的主要原因是：有紧急情况、有紧迫的商业交易、飞行时间的混乱等。很少有打电话消磨时间的情况，大多数使用者是要报销单的商务人员。

（2）每200人当中，大约有5位乘客愿花25美元通一次话，约有12位乘客愿花15美元通一次话。因此，每次通话收15美元（12×15＝180美元）比收25美元（5×25＝125美元）有更大的利润。然而，这些都远远低于飞行通话的保本点成本1000美元。

（3）推行飞机电话服务可使美航每次航班增加两个额外的乘客，从这两名新乘客身上的净收入为620美元，但这也不足以抵付成本。

（4）提供飞行服务增强了美航作为创新和进步的航空公司的公众形象。但是，创建这一额外的信誉使美航在每次飞行中付出了约200美元的代价。

当然，这些调查结果可能会受到抽样误差的影响。经理要进一步研究这个问题。但看来飞机电话服务的成本将高于长期利润，目前还没有实施的必要。

总之，考虑周全的营销调研方案，能帮助美航公司的经理做出比较好的决策，这种决策比办公室中拍脑袋的决策要好得多。

（资料来源：（节选）孙全治. 市场营销案例分析 [M]. 南京：东南大学出版社，2004：36-37.）

思考：

（1）市场调查的步骤是什么？

（2）市场调查的方法有哪些？

（3）请为我国航空公司设计一次关于航空质量满意度的调查。

第三章 调查方案设计

 本章学习目的

- 了解调查方案设计内涵及设计原则
- 掌握调查方案具体内容
- 掌握调查方案的撰写
- 了解调查方案可行性研究的重要性及方法

北京市流动人口调查方案

一、调查目的

此次北京市流动人口调查的目的是:

1. 掌握本市流动人口的数量、地区分布、结构、素质、流动原因、流向、职业以及流入人口中育龄妇女的生育情况。

2. 为市政府制定人口和计划生育政策、安排劳动力就业、加强流动人口的宏观调控等提供依据。

3. 为首都的政治稳定、社会治安和经济发展服务。

二、调查范围及对象

本次流动人口调查拟在全市 18 个区县、20 多万人中进行。调查的对象是指调查时居住或停留在本地区，但户口不在本地区范围内的流入人口，以及户口在本地区范围内，但调查时已离开该地区的流出人口。

三、调查时间及主要内容

1994 年 11 月 10 日为本次调查的标准时间。

调查的主要内容包括：流动人口的数量、构成、来京（本地区）原因、来京（本地区）时间、来自何地、原来职业等内容。

四、调查方法

五、调查的组织领导及分工

六、手工汇总

七、机器汇总

北京市统计局

1994 年 1 月

第一节 调查方案的含义与类型

一、调查方案设计的含义

市场调查需要进行详尽的安排与严密的计划，才能够保证调查研究的顺利实施。调查方案的设计是整个市场调查过程的开始。而正确把握调查方案设计需要从调查方案的认知入手。一个好的研究设计能够保证调研项目的高效执行。

调查方案是为调查工作制定基本格式和具体计划，在进行市场调查之前，必须进行调查方案的设计，以统一认识、统一内容、统一方法和统一步调，使调查工作有条不紊地进行，取得范围、口径、方法等统一资料，获得预期的调查效果，是开展某一项市场调研项目时所要遵循的一个框架或计划。

调查方案设计就是根据调查研究的目的，恰当地确定调查客体、调查内容、选择合适的调查方式和方法，确定调查时间，进行经费预算，并制定具体的调查组织计划。即对完成调查目标的各个调研任务进行通盘考虑和安排，提出相应的实施方案，制定合理的工作程序，所有的调查人员在调查方案的要求下统一步调、统一标准。

在具体的调查方案设计中，需要把已经确定的市场调查问题转化为具体内容，需要通过调查指标的方式体现出来，并严格明确定义调查指标。调查指标的定义与调查问题定义不同，调查问题的定义是概念性的定义，而调查指标的定义则是操作层面的内容。因此，可以表明，调查设计，是定性认识到定量认识的连接点。设计调查方案时，所需要遵循的基本原则如下：

1. 科学性原则

调查方案设计是一项复杂严密的工作，应以实事求是的态度科学地进行设计。调查方案的设计必须是科学的，这是能够得出科学、合理的调查结论，完成调查报告的基本保证。但在实施操作中，需要秉承严谨的态度，避免方案设计中不科学的谬误成分出现。例如，在调查方案样本量的确定中，是根据计算的方式确定，还是根据经验与人为判断，需要视情况而定，如果结果要求明确总体参数的置信区间，样本量的确定就必须有理论依据，即根据方案设计中的具体抽样方式及对估计的精度要求，采取正确的样本计算方式。

2. 可行性原则

调查方案的可行性与科学性同样重要，只有操作性强的调查方案才能真正成为调查工作的行动纲领。在有外部市场调查机构参与下，对企业调查目标的理解偏差，可能导致后续方案的设计偏差，从而降低了方案的可行性与实现程度。在调查方法的选择中，需要考虑调查问卷的回收率，在调查问卷的设计中，同样需要面临敏感性问题的获取。由于调查者通常对涉及个人隐私的敏感性问题采取拒绝采访的态度，需要在设计中考虑设置这类问题的必要性，如果可以，则将其删除，以便保证调查访问的顺利进行，如果这些敏感性问题涉及得出调研结论的关键，则可以在保留的前提下，寻找可行性的替代直接询问的办法，降低问题的敏感性，保证能够获得可使用的样本。

3. 有效性原则

方案的设计不但需要遵循科学性与可行性原则，还要求切实有效。所有的市场调查，需要面临各种实际情况的限制，如经费、调查范围等。因此，在一定的约束条件下，获得满足调查目标需要的有效的调查方案是调查设计的重要原则。市场调查中的精度问题和费用问题是对立的，往往调研要求的精度越高，则需要消耗更多的人力、物力，从而花费更多的费用。追求精度与费用的合理平衡，即在费用一定的条件下精度越高，或在精度相同的条件下费用越少的设计是最好的设计。而有效性则是这种平衡的依据。

所以在追求科学、可行的同时，需要考虑调查的效率。科学、可行、有效侧重点不同，但却相互联系、相互影响，一个优秀的调查方案需要做到这三个方面的兼顾。

二、调查方案的类型

从研究性质划分，可以分为探索性调研方案、描述性调研方案和因果性调研方案三种类型。

（一）探索性调研

探索性调研的目的就是通过对一个问题（或情况）的探索和研究，提供对问题的洞察力和理解。探索性调研可用于下列任何一种目的：

（1）更准确地界定或形成调研问题；

（2）确定可供选择的调研实行程序；

（3）设计假设；

（4）为进一步的检验而分离出关键的变量和关系；

（5）了解如何解决问题的办法；

（6）确定进一步调研所应优先考虑的事情。

（二）描述性调研

描述性调研，主要是进行事实资料的收集、整理，把市场的客观情况如实地进行描述性反映，主要解决"是什么"，寻求对"谁""什么""什么时候""哪里"和"怎样"等问题的解答。它比探索性调研要更深入更细致。描述性调研假定调查研究者拥有相对较多的相关知识，并且能够事先拟订正规化和结构化的调查研究方案，事先构制具体的假设。它一般是采用大样本、随机性抽样调查研究的方法，所以得到的结果更精确。

好的描述性调研以具有较多的有关被研究对象的知识为先决条件。它依靠一个或几个特殊的假设，这些假设的陈述引导研究朝特定的方向进行。在这方面，描述性调研与探索性调研存在着很大的差异，探索性调研具有灵活性特征，而描述性调研则相对更为刻板。描述性调研与探索性调研的主要区别之一在于，描述性调研需要有一套事先设计好的计划，有完整的调查研究步骤，并对研究问题提出最后答案。在调查研究设计中，描述性调研要求对所需的信息资料有明确的定义，所选取的样本规模大并有代表性，资料来源要认真选择，且有正规的资料收集方法。

描述性调研采用的方法主要包括二手资料收集和分析调查法、固定样本调查法、模拟法等。

1. 选择描述性调研的原因

顾名思义，描述性调研就是指描述一些事物，通常指描述市场功能或特征。实行描述性调研的理由有以下几点：

（1）可以描述相关群体的特征。相关群体包括顾客、销售人员、机构以及市场等。例如，我们可以描述颇有名气的百货商店和主要顾客的形象。

（2）可以估计在某个具体的群体中，具有特定行为特征的人所占的比重。例如，我们很有兴趣估计那些既光顾名牌市场又光顾打折商店的顾客的比重。

（3）可以判断顾客对产品特征的理解力。例如，我们可以判断家庭消费者如何理解不同的百货商店的显著特点。

（4）可以判断营销变量的相互联系程度。例如，我们可以判断到百货商店购物和离家吃饭的联系程度究竟有多高。

（5）可以做具体的预测。例如，我们可以预测具体的商店的流行服装在某地区的零售销售额达到多少。

2. 描述性调研涉及的六个方面

描述性调研的设计通常需要明确回答与调研有关的六个基本问题，即什么原因（Why）、什么人（Who）、什么事情（What）、什么时间（When）、什么地点（Where）、什么方法（Way）这六个问题，简称"6W"。

（1）什么原因（Why）。

我们为什么要从应答者那里收集信息？为什么要举行营销调研项目？可能的答案有：

1）改善主办商店的形象；

2）提高商店的市场份额；

3）改变产品组合；

4）开发适当的、有促进作用的宣传活动；

5）决定新开商店的位置。

（2）什么人（Who）。

什么人将被看作是某个百货商店的顾客？可能的答案包括：

1）任何进入这个百货商店的人，无论他或她是否购买什么东西；

2）任何在这个百货商店购买了商品的人；

3）任何在这个百货商店每月至少购买一次商品的人；

4）经常负责在百货商店购物的家庭消费者。

（3）什么事情（What）。

应该从应答者那里收集哪些信息？收集信息的范围应当很广泛，包括：

1）光顾不同的百货商店购买某种产品的频率；

2）根据主要选择标准对不同百货商店做出的评价；

3）与需要证实的假设相关的信息；

4）精神心理图案和生活方式、媒体消费习惯，以及人口统计信息。

（4）什么时间（When）。

应该在什么时间向应答者收集信息？可以做出的选择有：

1）在购物之前；

2）在购物当中；

3）在购物刚刚结束的时候；

4）在购物之后，给应答者评价购物经历的时间。

（5）什么地点（Where）。

应该在什么地方和应答者接触以获取信息？可能的选择包括：

1）在商场；

2）在商场外，但没有离开购物中心；

3）在停车场；

4）在家里。

（6）什么方法（Way）。

我们将采用哪种方法从应答者处收集信息？可能的方法包括：

1）观察应答者的行动；

2）进行个人采访；

3）进行电话采访；

4）进行邮寄采访。

我们可以向应答者提出上述问题及其他类似问题，最终获得准确、清楚的信息。

（三）因果性调研

因果性调研的目的是找到因果关系的证据。营销经理总是根据假设的因果关系不停地做出决策，这些假设可能不正确，必须通过正式的调研对它们进行检验。例如，通常假设价格下降会引起销售的增加和市场份额的提高，但在特定的竞争环境里，这个假设并不能获得支持。因果性调研对于实现下列目标很有必要：理解哪些变量是原因（独立变量），哪些变量是结果（非独立变量）；判断原因变量和预测结果之间的关系的实质。

和描述性调研相似，因果性调研也需要有计划、有结构的设计。尽管描述性调研可以判断变量之间的相互联系程度，但对于检验因果关系却不适合。检验因果关系需要进行原因调研设计，使得原因和独立变量能够在相对控制的环境里被操作运用。这里所说的"相对控制环境"是指尽最大可能对那些影响非独立变量的其他变量实施控制和检查的环境。因果性调研的主要方法是进行实验。

例如，在百货公司顾客调研项目中，一个调研人员想测定销售人员的表现和服务水平（原因变量）对家具销售（结果变量）的影响。他设计了一个原因调研，即从一个特定的连锁店选出两组不同的家具商店进行比较。在其中一个家具商店中安排了经过培训的销售人员，另一个商店的销售人员没有经过培训。四个星期以后，通过比较两个商店的销售额，就能判断出销售人员对于百货商店家具销售的影响。这个调研人员也可以选择另一种调研方法，即只选择一组百货商店，然后在不同的时期按上面的方法进行比较，即在一个时期使用经过培训的销售人员，而在另一个时期使用没有经过培训的销售人员。

（四）调查方案类型的选择

以上介绍了探索性调查研究、描述性调查研究和因果性调查研究三种类型。对于特定的市场调查研究主题，如何确定其合适的调查研究类型主要依赖于调查研究目标。一般而言，调查研究有三个目标：一是建立假设；二是测定兴趣变化的情况（如品牌忠诚度）；三是检验假设。假设指出了两个或多个变量（如广告和品牌忠诚度）之间的关系，我们在下面将看到各种调查研究设计方案是如何最佳地处理这些基本的调查研究目标的。

若以获取背景资料、定义术语、阐明问题和假设、确定调查研究重点为调查研究的目标，则适合探索性调查研究；若以及时地描述和测试某方面的营销现象为目标，则适合描述性调查研究；而因果性调查研究，则更适合确定因果关系的调研目标。

1. 选择调查研究类型的原则

选择合适的调查研究类型一般遵循以下原则：

（1）一无所知时，从探索性调研开始。

如果对所调查的问题的情况几乎一无所知，那么调查研究就要从探索性调研开始。下述的几种情况就需要首先进行探索性调研：对调查研究问题做更准确的定义；确定备选的行动路线；制定调查问卷或理论假设，将关键的变量分类成自变量或因变量。

（2）探索性调研是最初的步骤，应继续进行描述性调研或因果性调研。

在整个调查研究方案设计的框架中，探索性调研是最初的步骤，而在大多数情况下，还应继续进行描述性调研或因果性调研。例如，通过探索性调研得到的假设应当利用描述性调研或因果性调研进行统计检验。

（3）并不是每个方案设计都要从探索性调研开始。

是否要用探索性调研取决于调查研究主题定义的准确程度，以及调查研究者对处理问题途径的把握程度。例如，每年都要进行的消费者满意度调查就不再需要由探索性调研开始。

（4）一般来说，探索性调研都是作为起始步骤的，但有时这类调查研究也需要跟随在描述性调研或因果性调研之后进行。

例如，当描述性调研或因果性调研的研究结果让管理决策者很难理解时，利用探索性调研将可能提供更深入的认识从而可以帮助理解调查研究的结果。

2. 具体类型的比较与选择

表 3-1   三种调查类型的比较

	探索性调研	描述性调研	因果性调研
目的	发现想法和洞察内部	描述总体的特征或功能	确定因果和效果之间的关系
特征	灵活 多样 是正规方案设计的前期工作	有事前制定好的具体假设 调查研究程序事先设计好 样本有结构	处理一个或多个独立变量 控制其他中间变量
方法	专家调查 试点调查 个案研究 二手资料 定性调查研究	二手资料 抽样调查 固定样本连续调查 观察法	实验法

上述三种调查研究类型也可被看作一个连续过程的不同阶段。探索性调研通常被看作调查研究的起始阶段。例如，"为何某品牌的手机的占有

率下降了?"这个问题太大，不能用来引导调查研究，可以使用探索性调研缩小、提炼这个问题。在探索性调研中，重点应放在对销售额下降的可能解释上。这种试探性的解释或者假设将成为描述性调研或因果性调研的指南。如果试探性的假设是被调查品牌是一种经济型手机，起初是为了进入低端的农村市场，而现在随着农民收入的提高，愿意花更多的钱在高质量的手机产品上，这是市场份额下降的可能原因。"目标客户群有更多的实际收入，在手机产品上愿意花更多的钱"，这一假设就应在手机行业趋势的描述性调研中进行检验。

如果描述性调研支持了假设，公司也许希望确定消费者实际上是否愿意为更高质量的手机支付更多。如果是肯定的话，那么什么特性对他们来说是最重要的呢？这也许通过一次市场测试——因果性调研才能完成。

这样，在过程的每一阶段都代表了对问题更详细陈述的调查研究。尽管我们建议应按探索性、描述性、因果性的顺序进行，但其他顺序也可能出现。按相反顺序进行调查研究的可能性也是存在的。如果一个假设被因果性调研驳回（例如，在测试市场中产品惨败），调查研究人员也许决定进行另一种描述性调研，甚至另一种探索性调研，这取决于研究人员如何提炼具体的问题。一个大概的、模糊的陈述自然会导致进行探索性调研，而一个详细的因果性假设本身更适合于实验研究。

三、调查方案设计的注意事项

1. 方案设计要切实可行

设计市场调查方案全在于应用，因此设计出来的方案必须符合实际、切实可行。在设计市场调查方案的过程中，要坚持实事求是，注意增强方案的可操作性，确保调查方案的有效实施。

2. 调查方法要灵活多样

随着我国社会主义市场经济的发展，一方面市场的信息量增大、信息流通速度加快；另一方面又因竞争加剧，信息市场往往透明度不高。这使得统计资料的搜集工作难度加大，用老一套、单一的市场调查方法难以达到目的。因此，我们要在已行之有效的方法的基础上，采用适应市场经济的新的市场调查方法，灵活地处理所面临的诸多问题和挑战，以实现市场调查的既定目标。市场调查究竟采用哪些方法，关键要看能否多渠道获取较真实准确的市场信息资料。例如，可以采用诸如"个别询问法""问卷调查法""电话询问法"等方法来开展市场调查，综合性、全方位地取得资料，以提高市场调查的效率。

3. 调查工作要善始善终

市场调查是一项牵涉面广、系统性强的综合工程，每个部分、每个环节、每个阶段的工作质量，都影响乃至决定整个调查工作的成败，所以，从开始实施设计方案时起，我们就要以高度负责的态度和严谨务实的作风，认认真真地做好每一项调查工作，科学准确地搜集每一项调查数据，绝不可遇到困难就退缩，碰到麻烦就泄气，千万不要因为我们思想认识跟不上和工作的不落实而使市场调查"功亏一篑"。

第二节　调查方案的主要内容

调查方案是调查工作的规划蓝图，涉及市场调查活动的各个方面。虽然调查方案可以从不同角度分为不同类型，不同类型的调查方案在具体形式和内容上也有差别，但是一般而言，调查方案都会包括以下八个方面的内容：

1. 调查目标

即社会调查所要达到的具体目的。它可以从三个方面来考虑：首先是研究成果的目标，即通过社会调查要解决什么问题，解决到什么程度；只是了解基本情况，还是要进一步探究因果关系；是做学术性探讨，还是要提出政策性建议；等等。其次是成果形式的目标，即调查成果用什么形式反映，是作口头汇报或演讲，还是撰写调查报告或学术论文；调查资料是简要地反映到调查报告之中，还是专门汇集成册以供他人研究之用。最后是社会作用的目标，即这次调查究竟要起什么样的社会作用，是供领导决策参考，还是要影响社会舆论；是自己作为科学研究，还是与同行进行论争。

2. 调查内容

（1）在确定调查内容的基础上，设计调查问卷（或调查提纲）的主要思路，并对相关概念进行分解和界定，根据操作定义确定所要调查的指标和项目。这部分内容中既要体现研究人员的考虑角度，也要体现委托方的要求和意见，并在前期交流讨论中形成双方认同的研究内容。这部分内容往往要说明此项研究的最终成果形式及包括中期的阶段性的成果形式是什么。

（2）确定调查内容，也就是确定信息的范围。要适应确定的目标，就要求一定范围的信息，反过来说，对实际要做的决策要有信息输入。对于一个给定的目标，不做深入细致思考的话，信息清单很快会拉得很长。定义信息范围的另一个方面是设置调研界限，即社会调查在什么地区进行，在多大的范围内进行。

（3）调查地域的选择要有利于达到调查的目的，有利于实地调查工作的进行，有利于节约人力、物力、财力和时间。一般来说，应根据调查工作的主、客观条件，先确定一个恰当的调查范围，然后再选择那些具有代表性的地区进行调查，并尽可能使调查的地区相对集中一些。

（4）调查内容的最后一个方面是确定要达到的精度水平。这不仅依赖于诸如样本大小之类的细节，而且对调研方法的依赖性很强，包括在定性与定量的基本方法之间的选择。当专业市场调研人员问他们的委托人某些数据资料应该达到什么精度时，回答往往是"很精确"或"尽可能精确"。不管怎么说，至少在现有调研的时候，精确度是有代价的。因此要求的精度必须与所得数据资料如何应用相联系。即使实际上不可能精确定义精度水平，对信息的可靠性仍应做一定的审查。

3. 调查时间

即社会调查在什么时间进行，需多少时间完成。不同的调查课题有不同的最佳调查时间，如人口调查的最佳时间，是人口流动最少的时期；农贸市场调查的最佳时间，是市场交易最活跃的时间；等等。另外，调查的方法和规模不同，调查工作的周期也不相同。例如，实验调查法的周期就比观察法的调查周期长得多，在一个单位进行调查所需的时间就比在一个地区进行调查所需的时间少得多。因此，对于调查工作的时间应事先进行科学的选择和设计。

4. 调查对象

调查对象是指实施调查工作的基本单位及其数量。实施调查工作的基本单位可以是人，可以是户，也可以是单位、部门和地区；调查的数量可以是个别的、部分的，也可以是全部。在设计调查方案时，对调查的基本单位、数量及其选取方法等问题都应有具体的设计和安排。

5. 调查方法

调查方法包括搜集资料的方法和研究资料的方法。采用何种收集资料方式，是市场调查还是实地调查，具体是问卷调查法还是访问法或观察法；对于收集到的资料是探索性研究还是描述性研究，是横剖研究还是纵贯研究，是综合研究还是专题研究。一般来说，调查方法应适应调查课题的客观需要，但同一调查课题往往可以采取不同的调查方法，同一调查方法也往往可以适用于不同的调查课题。因此，如何选择最适合、最有效的调查方法，就成了设计调查方案的一个重要内容。

6. 调查人员的组织

除了个人单独进行的调查外，任何社会调查都存在着一个调查人员的选择、培训和组织的问题。培训有多种方式，可以较系统地讲授市场调查的基本知识，可以进行模拟调查或现场实习，也可以在实际中由研究人员带队，边工作边实习。因此，设计调查方案也应该包括这一方面的内容。

7. 调查经费的计划

任何社会调查都需要一定的经费，主要包括以下项目：调研人员的差旅费、资料费、调查表格的印刷费、调查人员和协作人员的劳务费、文具费、资料处理费用等。市场调查由于需要收集大量的数据，因而所需经费较多，而实地研究则相对节约经费。因此，如何筹措和使用调查经费，如何用最少的花费获得最大的调查成果，也是设计调查方案中的一个重要问题。

8. 调查工作的安排

调查工作的安排主要是调查任务和调查时间的安排问题。调查任务的安排，要力求合理、平衡，符合承担者的实际能力；调查时间的安排，既要有紧张的节奏和合理的交叉，又要留有余地，以应付可能发生的意外。对于规模较大的调研机构，调查的组织计划要体现并处理好几种关系，包括：方案设计者、数据采集者、资料汇总处理者以及资料开发利用与分析者的相互关系；调查中的人、财、物各因素的相互关系；调查过程中各环节、各程序、各部门之间的相互关系。这些关系处理得好，工作的安排就能做到科学、合理、平衡和有效。

第三节 调查方案的撰写

在实际工作中，根据需要和条件，可以设计多种统计调查方案，并制作成文本，进行讨论、评价和筛选。文本化的调查方案还是将来检查调查工作完成情况的依据。调查方案一般包括以下方面的内容：

1. 引言

概要说明调查的背景、调查原因。

2. 调查目的和内容

说明为什么要进行此项调查，调查结果用在何处，列出要调查的项目

（标志）并提出相应的假设。

3. 调查实施的说明

说明选择调查的方法、方式，抽样的样本单位数、调查的地点（选择此地点的理由）、调查的访问方式、调查员的资格培训和数量安排、调查实施的操作规程、调查员的监督办法和数据统计处理方法等。以上也可以制作附件。

4. 提交结果的方式

阐明调查报告的形式、数量。

5. 调查进度表

将调查过程的每一个步骤需要的时间和负责人罗列制表。

6. 调查费用

核算调查的总费用，也可以根据需要列出明细费用。

7. 附录

附录包括调查研究项目的负责人及主要参加者的名单，根据是每人的专业特长以及在该项目中的主要分工。

第四节　调查方案的可行性研究

一、调查方案的可行性研究的方法

针对同一个调查目标，不同的研究人员与机构会有不同的调研方案。在众多调研方案中进行选择，需要对方案的可行性进行评价。并且在调查方案的设计、完成直至采用的过程中，还需要经过多个步骤的测试，对其可行性及有效性进行评估。具体有以下三种方法：

1. 逻辑分析法

逻辑分析法是指从逻辑的层面对调查方案进行把关，考察其是否符合逻辑和情理。例如，在对孕妇保健用品的研究中，若将调查对象设定为欠发达山区的适龄孕妇则有悖于情理，没有调研的必要。但是，如有一个调研课题，即某企业搞一次民意调查，想知道一项新的福利改革制度在职工中的支持度，在选取样本时我们应该如何操作？假设该企业有1000人，其中销售人员300人，生产人员200人，科研人员500人，只准备选取样本100人进行问卷调查。那么，从逻辑上讲，我们若按各工种人员在总人口中所占的比例进行样本的分配，显然这样做是科学的和符合逻辑的。照此思路，将有如下样本分配方法：

销售人员取样数 = 300 ÷ 1000 × 100 = 30（人）

生产人员取样数 = 200 ÷ 1000 × 100 = 20（人）

科研人员取样数 = 500 ÷ 1000 × 100 = 50（人）

同样的，当对某市的城市居民消费支出结构中各阶层人员的取样可以依照此思路进行操作。

2. 经验判断法

经验判断法是指通过组织一些具有丰富市场调查经验的人士，对设计出来的市场调查方案进行初步研究和判断，以说明调查方案的合理性和可行性。经验判断法能够节省时间和人力，在较短时间内得出结论。相关的人士，可以从机构内部选择，也可以从外部聘请相关的专家与学者协助进行调查方案评价。

例如，针对广州市白领阶层的消费支出结构进行研究，就不宜采用普查的形式，实际上这样做既没必要也不可能。在对白领阶层这一概念进行量化处理之后，我们完全可以采用抽样调查的方式。国家统计局在对我国全年农作物收成做出预测时，常采用抽样的方法在一些农作物重点产区进行重点调查，这一方法亦属于经验判断法范畴。总之，经验判断法可以节约人力物力，并在较短的时间内快速做出预测。

当然，这种方法也是有局限性的。这主要是因为我们的认识很有限，并且事物的发展变化常有例外。我们学辩证法时常说变化是绝对的，不变是相对的，正所谓世事难料，这个世界上唯一不变的事情就是变化。各种主客观因素都会对我们的判断的准确性产生影响。

3. 试点调查法

试点调查法是通过在小范围内选择部分单位进行试点调查，对调查方案进行实地检验，以说明调查方案的可行性的方法。

进行试点调查不是以收集具体资料为目的，而是通过测试使调查方案更加科学和完善。试点具有实践性与创新性。是设计人员从认识到实践，再到认识的升华。通过试点的初步调查将客观现象反馈到认识主体，以便起到修改、补充、丰富、完善认识主体的认识，还可以通过试点调查，来获得实践经验，将人们对客观事物的了解推进到更高的阶段。

在试点调查过程中，应该注意以下几个问题：第一，应该建立一个有力的调查队伍，将调查设计中的主要骨干人员纳入调查队伍之中，以便于对实践中的情况有深入认知并加以反馈。第二，应该选择规模小、代表性强的调查对象。第三，应该采用相对灵活的调查方式与方法，以在有限的时间与费用内获得最大的成效。第四，做好试点的总结工作，发现问题并在方案后续设计中加以克服与完善。

总之，试点是对整个调查方案进行可行性测试的一个十分重要的环节，尤其对于大范围的市场调查工作来说显得更加必要。应注意的是，我们进行试点工作的目的不仅是为了搜集资料，更是为了使调查方案更为科学和完善合理。从哲学的层面来讲，试点调查工作符合认识规律，是一种从认识到实践，再从实践到认识的过程。试点调查工作能够及时对原方案起到修改、补充、丰富和完善的作用。通过试点工作可以事先为下次的调查工作取得经验，培养人才。总之，若没有时间和人力资源的制约，这种方法好处多多。

二、调查方案的模拟实施

调查方案的模拟实施是只对那些调查内容很重要、调查规模又很大的调查项目才进行的模拟调查，并不是所有的调查方案都需要进行模拟调查。模拟调查的形式很多，如客户论证会和专家评审会等形式。

三、调查方案的总体评价

调查方案的评价，一方面可以保证所设计方案的顺利实施，为科学研究创造条件，另一方面可以成为一种反思与交流的途径，积累经验、互相启发，推动市场调查的发展。

调查方案的总体评价可以从不同角度来衡量。但是，一般情况下，对调查方案进行评价应包括以下四个方面的内容：

（1）调查方案是否体现调查目的和要求；

（2）调查方案是否科学、完整、可操作；

（3）调查方案是否调查质量高、效果好；

（4）通过实践检验调查方案的科学性。

方案的评价有其重要的意义。首先，在于架起了方案与实施之间的桥梁，为市场调查创造了条件。其次，对学科建设与调查项目来说可以相互交流、相互启发，推动市场调查的发展。

 **本章小结**

本章主要针对调查方案的设计和调查机构的选择问题进行学习。从调查方案设计的基本概念入手，并从探索性调研方案、描述性调研方案和因果性调研方案三个方面对调查方案的类型进行论述。在调查方案的设计过

程中，需要遵循科学性、可行性和有效性原则，具体调查方案应包括调查目标、调查内容、调查时间、调查对象、调查方法、人员组织、经费计划、工作安排八方面内容。调查方案的撰写通常包括引言、调查目的和内容、调查实施说明、提交结果的方式、调查进度表、调查费用、附录等内容。调查方案设计完成后，需要进行调查方案的可行性研究。

练习与思考

1. 什么是调查方案的设计？在市场调查中的作用如何？
2. 如何理解调查方案设计所遵循的原则？
3. 一份完成的调查方案具体涵盖哪几部分内容？
4. 案例分析。

描述性调研方案的 6W

市场调查方案设计的模型化市场调查，实际上是一项有组织、有计划、有目的、有要求的信息搜集处理工作。为了在市场调查中统一认识、统一内容、统一步调，实现市场调查的预期目标，就必须在开展调查之前精心设计和制定一个切实可行的市场调查方案。通过一个对长沙市鲜花市场的市场调查实例来具体阐述这一过程。

1. 为何调查（Why）？鲜花业是新兴的第三产业。长沙的鲜花产业发展尚处于起步阶段，发展潜力很大。了解长沙鲜花市场和鲜花消费的现状、特点及发展趋势，对开发鲜花新品种、开拓鲜花消费市场、形成新型产业、培植新的经济增长点、促进长沙市乃至湖南省经济发展和环境美化有多方面意义。开展这项市场调查的目的和任务，就是要通过深入细致的调查，摸清情况，分析问题，研究对策，为发展长沙的鲜花产业提供决策依据。

2. 向谁调查（Who）？确定长沙鲜花业市场调查的对象和调查单位，

对长沙市各种类型的鲜花经销业者进行调查。

3. 调查什么（What）？围绕市场调查目的，拟定市场调查项目，并列出市场调查表。

4. 何时调查（When）？春夏秋冬四季都可组织调查。为取得比较全面和准确的数据，最好在不同季节开展调查，并注意搜集季节售价的第一手资料，在此基础上进行科学的分析对比。

5. 何地调查（Where）？必须考虑到长沙鲜花市场和鲜花消费的实际特点。据此可采用典型调查、抽样调查和重点调查等相结合的方法进行。典型调查，选取坐落在长沙市东、西、南、北四个方位有代表性的四大商场——东塘百货大楼、西城百货大楼、阿波罗商业城和北斗星商厦；抽样调查，随机抽取长沙市街道里弄的鲜花零售店进行；重点调查，选取市内几个大型花鸟市场进行。

6. 总体组织安排（Way）？全部调查的组织工作，包括组建领导机构、配备调查人员、确定调查方式方法以及其他的准备工作等，要由政府统计部门负责统一组织，有关部门进行协调配合。人员可由相关部门领导以及从事统计、教学科研等实际工作的人员组成。实施必要的调查手段，有计划、有步骤、有目的、有要求地展开调查。

思考：

通过上述案例思考描述性方案中 6W 与调查方案内容上的异同。

第四章　市场调查方法

本章学习目的

- 掌握案头调查法的具体应用
- 掌握实地调查法的具体应用
- 掌握网络调查法的具体应用

> 陈林从某名牌大学获得工商管理硕士学位以后，供职于一家著名的管理咨询公司。现在，咨询公司的一位主营房地产的客户希望能进军计算机行业，以进行企业的多元化经营，他需要咨询公司为其提供市场前景预测及具体的进入策略。
>
> 咨询公司指派陈林对此项目负责，并且需要他在第二天上午十点前完成初步的分析。在非常有限的时间条件下，陈林知道要及时完成初步的分析报告，唯一的希望是找到目前已经存在的资料。
>
> 陈林该获取哪些资料，又该如何获取？
>
> （资料来源：（节选）景奉杰．市场营销调研［M］．北京：高等教育出版社，2010.）

市场调研人员在决定开展一项正式调研活动的时候，往往会先对企业内、外部的各种现成的资料和信息进行比较系统的考察，从而快速、有效地了解调研项目的背景资料，否则，直接收集原始资料往往是徒劳无益的。现代科技的发展给我们提供了大量获得现成资料的机会，从而使案头调查在市场调研中能够更好地发挥作用。本章主要介绍三种市场调查方法。

第一节　案头调查法

一、案头调查的定义

在市场调查中，依调查资料来源及资料搜集方法来分，可分为案头调查（Desk Research）和实地调查（Fields Research）两类。

案头调查法又称为间接调查法、资料查阅寻找法、资料分析法或室内研究法，是指市场调研人员充分了解调研目的之后，通过查找、阅读、收集历史和现实的各种资料，并经过甄别、整理、融合及分析，提供相关市场调查报告及市场营销建议的一种调查方法。相比而言，实地调查则需要由调查人员向被访问者直接搜集第一手资料。

案头调查法所获取的资料为来源于企业内部既有的档案资料以及企业外部各种相关文书档案、研究报告等现成的资料，它们一般不是为了某一市场调研的特定主题而专门搜集和整理，但却与这一主题具有一定的相关性，市场调研人员可以从中获得有关调研主题的大概信息，分析出有关市场调研主题的基本轮廓。

案头调查具有便捷、低成本等优点，当人们对某个市场拟做出某种情况的分析时，若已经有一些可靠的文字资料，案头调查此时则是一种比较有效的调查方法。当需要更深入地了解和分析这一市场的情况时，则需要进行实地调查。应该说案头调查和实地调查是市场调查中相互依存、相互补充的两种调查方法。

案头调查快速、便捷、成本低廉，因此，在大多数情况下，调研人员为完成资料的收集任务，都是从案头调查开始，借此了解所研究行业的情况、明确调研中可能涉及的概念、确定调研主题等。具体而言，案头调查具有以下几个方面的作用。

1. 案头调查有助于明确调研主题

市场调研的前提是正确地理解问题的状况、确定调研主题，而这在很大程度上要依靠案头调查所提供的资料。通过案头调查，可以为调研人员提供大量的背景信息，如有关行业政策、行业竞争者结构与地位、目标市场的人口统计及结构分布等，利用这些信息，调研人员可以判断市场调研的主题是否正确、市场分析路径是否合理以及市场调研分析方法是否恰当。例如，一家健身中心对其停滞不前的会员人数和许多缺乏参与者的健身项目感到忧心忡忡，它决定对其会员和非会员进行调查。通过案头调查显示，有大量的年轻单身者流入目标市场地区，而传统型家庭的数量则保持稳定。于是，健身中心将其调查主题确定为"年轻单身者与传统家庭对健身项目的偏好、消费意愿等"，以选择有针对性的营销手段，既保证吸引大量的年轻单身者，同时又能够保持其在传统家庭中的市场份额。

2. 案头调查可以提供解决问题的信息

根据调查的实践经验，案头调查常被作为调查的首选方式。几乎所有的调查都可始于收集现有资料，只有当现有资料不能提供足够的证据时，才进行实地调查。在有些情况下，通过案头调查就可以直接或间接地实现市场调研的目标，这里，案头调查就可以作为一种独立的调查方法加以采用。如许多地区都出版企业名录，内有厂址、市场、产品名录、员工数量以及销售水平等信息，全国及各地区也公开出版各级各类的统计年鉴、各行业的发展报告。如果调研人员想了解企业所处行业的发展情况或某个市场所在地区的家庭收入情况，就可以直接查阅相关的企业名录、统计资料或已有的类似研究结论，而不必亲自组织实地调查。

3. 案头调查可以提供实地调查无法得到的资料

从时间上看，案头调查不仅可以掌握现实资料，还可获得实地调查所无法取得的历史资料。从空间上看，案头调查既能对内部资料进行收集，还可掌握大量有关外部环境方面的资料。尤其对因地域遥远、条件各异、语言障碍、商业机密等原因无法进行实地调查的，就需要利用案头调查的信息进行间接判断。例如，日本在20世纪60年代就是通过案头调查获取我国大庆油田的位置、产量等重要情报的。当时，中国大庆油田的位置、规模和加工能力均严格对外保密，而日本企业却根据1966年第1期《中国画报》上刊登的铁人王进喜的照片判断出油田在东北地区，并根据《人民中国》杂志关于工人从火车站将设备人拉肩扛运到钻井现场和王进喜在马家窑的有关报道弄清了油田的确切位置，从王进喜出席人大会议判定油田出油了，之后又根据《中国画报》上刊登的一幅炼油厂反应塔的照片推算出了油田的产油能力。在此基础上，日本企业马上按照大庆油田的特点设计出了有关的设备，并在随后的中国设备进口中一举击败了欧美各国的竞争对手，使其设备顺利地进入了中国市场。

4. 可以为原始资料的收集提供基础性条件

对于很多调研问题而言，要明确合理的问题假设并确定收集原始资料的方法绝非一件轻而易举的事，借助案头调查则可以帮助调研人员开拓思路，探索更科学、更合理的实地调查方案。通过案头调查，可以获得调查对象的内容、性质和所处环境等信息，对整个调研背景有较充分的认识，调研人员可以据此提出一些假设，并分析现象发生的各种因素，从而确定进一步开展实地调查的数量、种类、方式和重点，有利于提高调研的效率和效果。案头调查还有助于设计调研方案，为提供抽样计划提供依据，也可以提醒调研人员注意潜在的问题和困难。例如，一位调研人员计划进行一项对于某种兴奋药物满意度的调查，最初，他打算使用电话访谈的调查方式，但在查阅了一项麻醉学家的调研报告之后，他发现电话访谈的拒访率很高，于是将调查方式改为邮寄问卷，对回复者给予奖励，从而获得了较高的问卷回收率，保证了实地调研的效果。

二、案头资料的来源

根据案头资料的提供者来划分，案头调查过程中获得的资料来源主要有两大途径：一是来自企业内部的案头资料，二是来自企业外部的案头资料。

（一）来自企业内部的案头资料

内部的案头资料（Internal Secondary Data）是那些源自本企业内部的数据，或是由本企业记录的数据。企业内部的案头数据有两个主要的优点，即它的可获得性和低成本性。因此，在进行市场调研的过程中应充分利用企业内部的案头资料。来自企业内部的案头资料主要包括以下几类：

1. 业务资料

包括与企业经营活动有关的各种文件资料，具体可以包括：

（1）生产方面，包括生产作业完成情况、发货单、工时定额、操作规程、产品检验、质量保证等；

（2）物质供应方面，包括库存保管、进料出料记录、各种制度等；

（3）设计技术方面，包括产品设计图纸及说明书、技术文件、档案、试验数据、专题文章、会议文件等；

（4）设备方面，包括设备文件，设备安装、测试、使用、维修的各种记录，设备改装，报废文件等；

（5）营销方面，包括企业各种营销决策和营销活动的各种记录、文件、合同、广告等。

通过对这些业务资料的研究分析，可以掌握本企业所生产和经营的商品的生产销售情况，以及重点地区、重点客户的分布情况。尤其是销售人员往往掌握着有价值的资料，但通常他们并不主动向调研人员提供或报告，这就需要调研人员积极鼓励企业内部的营销人员明确需要收集和积累的资料种类，并帮助他们掌握收集和整理有关资料的方法和提供报告的渠道，从而有效利用企业内部的业务资料。

2. 统计资料

企业中往往还有各类数据统计报表，如企业的生产及销售费用、交易、库存等各种数据资料以及各类统计分析等。甚至有些企业已经能够按照客户类型、支付方式、特定产品、销售地区或部门、销售时间等进行归类整理，通过对这些企业统计资料的研究分析，调研人员可以直接或间接地了解企业生产经营活动的数量特征及规律，从而提供企业进行预测和决策的重要依据。

3. 财务资料

财务资料是由财务部门提供的各种财务、会计核算和分析资料，包括生产成本、销售成本、商品价格、经营利润等。财务资料反映了企业劳动占用和消耗情况及所取得的经济效益，通过对这些资料的研究，可以确定企业的发展前景，考核企业的经济效益。财务资料在市场调研中广泛应用于营销成本和盈利分析，然而，在分析中应特别谨慎，因为营销比生产活动的波动大得多，经销代理商众多，成本分摊、核算困难，导致财务数据资料往往具有滞后性，市场调研人员应合理利用。

4. 顾客数据库

很多公司都建立了自己的顾客数据库。当顾客购买某种产品或要求某种服务时，公司就会从顾客那里获得姓名、工作单位、住址、邮政编码、电话、电子邮箱、身份证号码等信息，从而形成顾客数据库。调研人员可以利用数据库中的原始信息进行分析，形成有用的研究信息；还可利用其中包含的顾客交易记录数据找出顾客的共同特征、对产品的偏好、支付方式等。现在很多大型商场都实行会员制度，这就形成了一个会员数据库，并且有的数据库非常大。例如，福特汽车公司（Ford Motor Company）的数据库里有 5000 万个名字，美国运通公司（American Express）能够从其数据库中调出过去 6 个月在高尔夫用品专卖店买过东西的人、去听过交响乐的人、上一年去欧洲旅行超过一次的人，或者是上述三项活动都参加过的人员名单。

5. 企业积累的其他资料

企业除了可以提供上述的案头资料以外，其日常积累的各种剪报、调研报告、经验总结、顾客意见和建议、同业卷宗及有关照片和录像资料也对市场研究具有一定的参考作用。随着市场竞争的加剧，公司为保持其市场份额，越来越重视行业调研报告、产品退货、服务记录以及顾客的反馈意见等。例如，可以将顾客的投诉信作为产品质量评价的数据来源。但需要注意的是，顾客的反馈意见不可能反映所有顾客的意见，所以其提供的只是一个不全面甚至有时会包含偏差的意见，需要调研人员在利用此类资料的时候理性对待。

（二）来自企业外部的案头资料

外部的案头资料（External Secondary Data）是指存在于企业外部，由其他机构所提供的资料。外部案头资料的来源比较广泛，主要包括以下几类：

1. 公开出版的资料

各种新闻和出版机构公开出版期刊、报纸、书籍、论文集和专利文献等，各种行业性组织、信息服务机构也经常会发布一些专业性较强的统计资料和研究报告。这类资料浩如烟海，种类繁多，都是市场调研的重要信息资料来源。这些信息资料的收集方法和资料内容可以归纳为以下几个方面：

（1）报纸、杂志、书籍等文献资料的检索工具。

报纸、杂志和图书所提供的信息比较及时，而且信息量大，但由于报纸、杂志和图书种类繁多，文献所覆盖的范围也非常广，因此，市场调研时，必须依靠各种检索工具才能迅速、准确地获得所需要的资料。最常用的关于报纸、杂志和图书文献检索的工具有：

《全国报刊索引》月刊，分为"哲学社会科学版"和"自然科学技术版"，由上海图书馆上海科学技术情报研究所编辑出版，以题录的形式收录了中央与各地出版的各类报纸和杂志的文献资料，是一种综合性的查找全国报刊文献的检索工具，调研人员可通过题目、作者、原刊登报刊名、刊号或日期等进行检索。

《中国人民大学复印报刊资料》月刊，由中国人民大学书报资料中心编辑出版，收录了全国以及境外各种主要的中文报刊上经筛选的重要文献，文献按学科大类及主题编辑成了 100 多种不同的复印报刊资料，其中经济管理大类下分为 30 种刊物，与"市场营销"主题相关的月刊有：《市场营销》《市场营销文摘卡》《企业管理研究》《中外经贸信息》《企业家信息》等。

《世界经济文献目录》，由中国科学院图书馆编辑出版，每期轮流收录中文、英文、俄文和日文四种文字的有关篇目，反映全世界有关刊物中较重要的财经方面文献。

《全国总书目》，由中华书局出版，是一本反映我国图书馆出版情况的工具书。该书收录了我国各正式出版单位每年公开出版发行的各种文字的图书名称、作者、出版社和出版日期等信息，是我国目前收录图书信息最全的一种目录。

此外，还有《人民日报索引》和《光明日报索引》等检索某一种报纸上文献的检索工具。

（2）各类名录。

名录既可以作为获取有关信息的手段，也可以作为发现市场营销对象的工具。通过名录可以掌握有关部门或单位的各种信息，从中发现潜在的市场和顾客。常用的名录有：

《中国企事业名录大全》，由经济科学出版社出版，收录了全国150多万个企事业单位的有关信息，具体包括单位名称、地址、电话号码、产品和业务范围等。

《中国工商企业名录》，由各地分别出版并按行业分类，具体包括企业名称、地址、电话号码、职工人数、主要产品与产量等信息。

《中国企业概况》，由中国企业概况编辑委员会编辑出版，收录了中国近万家企业的基本情况，按行业分卷编辑，具体包括企业名称、负责人、通信地址、发展简史、现状、近几年效益、技术特点和主要产品等信息。

此外，还有大中小学、科研机构和政府部门的名录，广告公司名录及各种协会名录等。

（3）各种统计年鉴和年鉴。

年鉴是以全面、系统、准确地记述上年度事物运动、重要时事、发展状况为主要内容的资料性工具书。它博采众长，集辞典、手册、年表、图录、书目、索引、文摘、表谱、统计资料、指南、便览于一身，具有资料权威、反应及时、连续出版、功能齐全的特点，属信息密集型工具书。按地域划分可包括国际年鉴、国内年鉴和各省市自治区年鉴；按记载内容划分为综合性、专项性和统计性年鉴。下面简单介绍一些影响力较大、与市场调研关系密切的年鉴，供大家参考：

《世界经济年鉴》，是介绍世界经济及各国、地区基本经济情况和动态的资料性工具书。

《联合国统计年鉴》（*U. N. Statistics Yearbook*），是当前制作水平最高的综合性国际统计资料出版物。它汇集了全世界280个国家和地区的人口、劳动力、农业、工业、矿业、制造业、商业、贸易、交通运输、通信、财政、文教等方面的内容。统计表按洲、地区和国别排列，涉及的统计数据一般回溯几年甚至几十年。

《国际贸易统计年鉴》（*International Trade Statistics Yearbook*），是联合国出版物，共分两卷。第一卷按国家排列，提供各国的贸易数据和世界贸易结构概要；第二卷按商品排列，分别对各大洲和国家进行分析，提供主要出口国和进口国每类商品的统计资料。

《国际收支年鉴》（*Balance of Payment Yearbook*），由国际货币基金组织（IMF）出版，资料和数据由其成员提供。

《国际金融统计年鉴》（*International Financial Statistics Yearbook*），由国际货币基金组织统计局出版，主要反映国际金融的基本情况。

《主要经济指标》（*Main Economic Indicators*），由经济合作与发展组织（OECD）编辑出版的月刊，它提供了其成员近期经济发展数据和长期发展回顾，该刊物分为三个部分：分类指标、分国指标和价格指数。

《中国经济年鉴》，中国经济管理出版社出版，是全面系统地介绍中国国民经济发展的新成就、新经验、新问题和新趋势的资料性年刊。

《中国统计年鉴》，由国家统计局主管，是一部全面反映中国经济和社会发展情况的资料性年刊，收录了全国和各省、自治区、直辖市经济和社会各方面大量的统计数据，以及重要年份和近十几年全国的主要统计数据。该年鉴另附中国台湾地区主要社会经济指标，以及中国经济、社会统计指标与世界主要国家的比较。

《中国工业经济年鉴》，由中国工业经济联合会和中国工业报社共同编纂，是详尽刊载、客观评价中国工业经济领域各主要行业运行状况及各重点企业改革与发展成就的大型工具书。

《中国工业经济统计年鉴》，是一部全面反映中国工业经济发展情况的资料性图书，收录了全国各类工业行业和各省、自治区和直辖市工业经济各个方面大量的统计数据，以及历史重要年份和近二十年全国的主要统计数据。

《中国经济贸易年鉴》，是一部详尽刊载、客观评价中国经济贸易运行状况和主要行业及企业改革与发展的大型工具书和资料性年刊，对于全面系统地了解和掌握中国经济贸易改革和发展，指导下一年度的经贸工作，具有较大的参考价值。

《中国金融年鉴》，由中国人民银行主管，是中国金融学会主办的一部大型资料性、历史性、综合性年刊。它全面、系统地记载了中国的银行、信托、保险、证券等金融业务的改革和发展情况，主要栏目有：经济、金融形势与重要方针政策，金融改革、金融事业的新发展，对外金融往来，各地金融情况，专题材料，金融法规、制度、办法选编，金融大事记，经济、金融统计资料，金融机构名录、附录等。

《中国企业管理年鉴》，是由中国企业联合会、中国企业家协会组织编写的全国性大型年刊，创刊于 1990 年，它从不同层面、不同视角、不同领域真实记录了中国企业改革和发展的历史进程，是一部具有权威性、指导性和实用性的大型工具书。

《中国商业年鉴》，是由中国商业联合会主管主办、中国国内贸易年鉴社编纂出版的大型资料性实用工具书，并具有国家内贸公报和内贸编年史册的性质。其宗旨是全面、系统、准确地反映中国商业发展的历程，为中国社会主义市场经济的发展和中国商品流通领域的改革、开放的现代化服务。

另外，近年来，许多部门或系统也经常编辑出版各种反映有关行业或地区发展历史和现状的资料，如《商业志》《电力志》和《烟草志》等。

2. 计算机数据库（Computerized Database）

从印刷出版的书目、名录和索引中搜索信息比较费时，随着计算机技术的发展，建立了计算机数据库，提高了对公开出版数据进行分类、存储和检索的效率。一般是由专门收集信息的服务机构将自己整理好的数据库制作成光盘、印刷品或网络版本，然后向需要使用这些信息的用户提供有偿服务。它可以通过光盘、印刷品、网络密码、网上传输等方式收费，供商业、科学、法律、教育和社会科学等各个领域的调研与分析人员使用。根据数据库中包含的数据性质，可将数据库分为文献类数据库、数据类数据库和指南类数据库。

（1）文献类数据库（Bibliographic Database）。

主要包含期刊、图书、报纸、政府文件全文或引用情况的数据库，下面将列举一些与市场调研相关的国际和国内的文献数据库。

　　Science Direct 是世界著名的学术期刊出版商荷兰 Elsevier Science 公司开发的互联网上最全面的一个全文文献数据库，内容涵盖几乎所有学科领域，提供 Elsevier 公司出版的 1800 多种学术期刊的检索和全文，以及其他著名组织和 STM 出版商的期刊。

　　EBSCO 公司出版的电子出版物含有 Business Source Premier（商业资源电子文献库）、Academic Search Elite（学术期刊全文数据库）等多个数据库。Business Source Premier 收录了 3000 多种索引、文摘型期刊和报纸，数据库涉及国际商务、经济学、经济管理、金融、会计、劳动人事、银行等的主题；Academic Search Elite（ASE）包括有关生物科学、工商经济、资讯科技、通信工程、教育、艺术、文学、医药学等领域的 7000 多种期刊。

　　Springer Link 是世界上著名的科技出版集团德国 Springer 提供的学术期刊及电子图书在线服务系统。其所提供的全文电子期刊共包含 439 种学术期刊，按学科分为经济、法律、工程学、环境科学、地球科学等 11 个"在线图书馆"。

　　Wiley Inter Science 是由 John Wiely & Sons 公司创建的动态在线内容服务数据库。收录了 360 多种科学、工程技术、医疗领域及相关专业期刊，30 多种大型专业参考书，13 种实验室手册和 500 多个题目的 Wiley 学术图书的全文。期刊包含了商业、金融和管理、化学、计算机科学、地球科学、教育学等多学科。

　　Ingenta 网站是英国 Ingenta 公司建成的学术信息平台，可提供全球 190 多个学术出版机构的 5400 多种全文联机期刊，以及 26000 多种其他类型出版物，为全球学术信息服务领域的一个重要的文献检索系统。

　　Blackwell 出版公司是全球最大的学术协会出版商，与世界上 550 多个学术和专业学会合作，出版国际性期刊 700 余种，其中理科类期刊占 54% 左右，其余为人文社会科学类。其出版期刊的学术质量很高，很多是各学科领域内的核心刊物。

　　ProQuest 由美国学术界著名的出版商提供，向全球 160 多个国家（和地区）提供信息服务。其出版物包括 18000 多种外文缩微期刊、7000 多种缩微报纸、150 多万篇博士/硕士论文、20 多万种绝版书及研究专集。主要包括学术研究图书馆（Academic Research Library，ARL）、商业信息数据库（ABI/INFORM）、医学电子期刊全文数据库（ProQuest Medical Library）和 ProQuest 博士论文全文检索系统（ProQuest Digital Dissertations，PQDD）四种数据库。

中国知网（CNKI），是由清华大学、清华同方发起，由 CNKI 工程集团自主研发建成的世界上全文信息量规模最大的数字图书馆。包括《中国期刊全文数据库》《中国优秀硕士学位论文全文数据库》《中国博士学位论文全文数据库》《中国重要会议论文全文数据库》《中国重要报纸全文数据库》《中国年鉴全文数据库》《中国图书全文数据库》和《中国引文数据库》等，检索地址是 http：//www.cnki.net。

万方数据库是由万方数据公司开发的，涵盖期刊、论文、学术成果、专利技术、中外标准、政策法规等的大型网络数据库，是和中国知网齐名的中国专业的学术数据库，集纳了理、工、农、医、人文五大类 70 多个类目共 4529 种科技类期刊全文。包括《数字化期刊全文数据库》、《中国学术会议论文全文数据库》(中英文两种版本)、《中国学位论文全文数据库》、《中国企业、公司及产品数据库》等，检索地址是 http：//www.wanfang-data.com.cn/。

另外，维普资讯（www.cqvip.com）、《中国财经报刊数据库》（www.cnnewspaper.com）、《超星数字图书馆》（www.ssreader.com/）、《书生之家数字图书馆》(www.21dmedia.com) 等也可以为研究人员提供大量的信息。但许多数据库往往受到所有权的保护，仅对订阅者和付费使用者开放。

（2）数据类数据库（Numeric Database）。

主要是指记录各类数据的数据库。国内主要的数据类数据库有《中国资讯行高校财经数据库》（www.bjinfobank.com/）、《CCERDATA 中国经济金融数据库》（www.ccerdata.com/）、《中经数据》（db.cei.gov.cn/）、《中宏数据库》（edu1. macrochina. com. cn/）等。

（3）指南类数据库（Directory Database）。

是关于某个特定机构、个人或政府部门等信息的数据库。如美国经济信息系统（EIS）公司的"EIS非制造行业单位"数据库中存储了雇员在20人及以上的约20万个非制造行业单位地点、总部、名称、行业销售比例、行业分类以及雇员人数等方面的信息。所有的数据均以光盘、打印文件或其他电子版的形式存档，用户可以根据自己的要求自由设定或选择所要的信息条目，借此选择目标客户，查找商业伙伴，直接同供应商联系，或开发新的销售渠道等。

3. 辛迪加数据（Syndicated Data）

辛迪加数据也是外部案头资料的一种形式，这种数据的信息由一个普通的数据库提供给预订者，并向其收取预订的服务费用。之所以说是普通数据库是因为辛迪加数据并不是为了专门的调研问题收集的，而当信息供应商把信息卖给多个信息需要者后，用户可以根据自己的具体需要进行处理利用。如一家市场调研公司提供了关于2010年全国冰箱的产销量、冰箱生产企业的地域分布、产品质量、消费群体的划分等信息，这种标准化的信息有助于冰箱生产企业了解相关的营销信息，为营销策略的改进提供支持，这就是一种辛迪加数据服务。

辛迪加数据的主要优点：一方面，客户可以分摊信息的成本，从而使每一个需要者获得信息的成本更为合理；另一方面，辛迪加公司长期、不间断地收集相关信息，所获取数据较快速、可靠与深入。

在国外，辛迪加数据主要用来跟踪测量消费者的态度和意见、进行民意调查、确定不同的细分市场以及进行长期的市场跟踪。如AC尼尔森公司（A. C. Nielsen）、美国的IMS国际市场调研公司（IMS International）、英国的国际调研公司（Research International）等。在国内，辛迪加数据还处于起步阶段，目前开展较多的是品牌产品追踪服务、消费者固定样本追踪调查服务、零售研究服务、媒体检测服务等。如央视市场研究股份有限公司、北京慧聪国际资讯有限公司等。

4. 其他来自互联网的资料

互联网的使用在许多方面使案头资料的收集工作发生了革命性的变化。互联网具有查寻方便、复制方便、存储方便、传输方便、使用方便、成本低、可跨地域国界等特点，而且其信息几乎覆盖所有主题。

网上案头数据的收集主要通过搜索引擎搜索所需信息的网址，然后访问相应的网站或网页。常用的搜索引擎有：百度（www. baidu. com）、谷歌（www. google. com. hk）、搜狗（www. sogou. com）、雅虎（www. yahoo. cn）、搜搜（www. soso. com）等。另外，还有一些常用的国际、国内组织的网站也是案头资料的重要来源，除了上述计算机数据库所列出的网址外，还有：中国国家统计局数据网（www. stats. gov. cn/tjsj）、中国商务部网站（www. mofcom. gov. cn）、零点指标数据网（www. horizonkey. com）、世界贸易组织网站（www. wto. org）、国际货币基金组织网站（www. imf. org）、世界银行网站（www. worldbank. org）等。

网上的信息量巨大，企业在选择信息时要充分考虑信息的及时性、准确性、安全性及有效性等因素，这就需要根据自己的环境、条件和兴趣，从相应的网站中去筛选出自己所需要的信息。一般而言，在互联网上最有价值、最经常使用的案头资料有：

（1）新闻报道。

关于国际、国内和地方的新闻报道可以为市场调研者提供进行市场环境或项目背景分析所需要的资料。

（2）政府机构、行业协会和其他部门的信息。

政府部门通过网站发布有关新法律、政策、规定和标准等，行业协会及其他部门通过网络提供该行业相关资料、市场调研报告等往往比较客观、可靠，也能为调研人员提供有用的信息。

（3）在线数据库。

这一部分内容已经在计算机数据库部分进行解释，此处不再赘述。

（4）公司资料。

互联网上可以从两个途径获得有关公司的资料：直接浏览公司网站或搜索有关的商务信息网。前者包括公司的发展历史和背景、组织结构、当前业务范围、合作伙伴、年度报告等，后者则可以提供第三方编辑的众多公司的企业介绍。

三、案头调查的流程

案头调查工作范围广泛，所收集数据资料庞杂，要高效而准确地完成调研任务，市场调研人员不仅要具有一定的专业知识、丰富的调研经验，同时还应该掌握一定的操作规程。尽管每个调研课题都有它特殊的一面，但一些基本的工作程序是调研人员必须遵守的，调研人员必须在预定期限内完成分派的具体调查项目，故而在确认每项工作程序时应同时有一个时间计划表。案头调查的工作程序如图 4-1 所示。

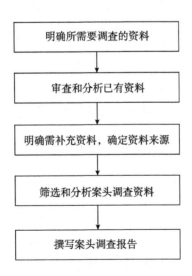

图 4-1 案头调查的工作流程

（一）明确所需要调查的资料

任何事情当目的明确的时候，人们完成任务所需花费的时间、精力和财力就越少，就越能做到事半功倍。在案头调查工作中，也应首先确定此次调研的主题，明确所需要调查的资料，以保证现实目的和长远目标的实现。现实目的是这次案头调查工作完成后需要提供的资料和解决的问题。长远目标是通过资料的查阅、搜寻、统计分析，为企业经常性的经营管理活动和方案制定提供基础性资料。

（二）审查和分析已有资料

已有资料是指本公司和相关部门已经取得或已经积累起来的案头资料。在信息时代，多数公司已经将收集与积累经营数据当成了经常性的活动，调研人员会较容易地获得这些资料，但关键是还需要根据本次调研主题对已有的资料进行审查与评价，加以合理利用。一般来说，已有资料除了包括公司内部有关产品生产、销售、财务、物料供应等的经营记录，还包括公司以前的定性、定量的调研报告以及已经收集到的统计材料等。现有资料若能满足调查要求，可以节省许多时间、人力和财力。为此，应该要求公司的调研人员与公司内部的档案室、资料库和公司外部的图书馆、政府机构、各类商会、有关单位、在线数据库保持密切联系。

（三）明确补充资料，确定资料来源

经审查筛选上述已有的资料，可以分析出还需要进一步获得哪些方面的资料，以及可获得的途径。收集资料的途径包括查找、索取、购买和接收等方式。一般来说，为节约时间及成本，收集资料应该遵循由内到外、由一般到具体的原则。由内到外是指着手一个正式的调查项目时，调研人员应该首先考虑企业内部现成的资料，其次才去搜集企业外部的案头资料；由一般到具体，是指调研人员应该首先从报纸、杂志、网络等渠道寻找关于目标市场总体概况的资料，如目标市场的政治经济环境、社会文化环境和发展趋势等，其次才通过行业报告等考虑行业竞争结构、目标市场的基本特征、企业产品的定位等相对比较具体的问题，最后则具体到该次调研的如消费者满意度、产品价格、销售渠道、广告文案等明确的主题。在这一过程中，调研人员有必要编制一份资料清单或资料分析计划，并列明资料的可能来源，对于具体的资料来源，将在第三节详细介绍。

（四）筛选和分析案头调查资料

案头调查所收集的资料种类、格式较多，有时收集到的信息和调研的主题相关性不强，调研人员为避免被大量的信息所淹没，就应该对数据进行有效的筛选和整理。整理的基本要求是围绕调查的目的和内容，依据事先制定的清单或资料分析计划，选择正确的统计方法和统计指标，必要时要制成图表来分析比较，去伪存真。这里需特别注意，为避免误信案头资料而影响案头调查的结果，有经验的案头调查人员往往会找到资料的初始来源，或利用两三种来源做交叉验证，或借助于专业词典、百科全书，如有必要，还可向大学教授、研究人员、政府官员、商界人士等权威专家请教，从而完成对案头调查所获取数据的筛选。

（五）撰写案头调查报告

在确认数据资料以后，通过分析，把这些信息资料综合成一个有意义的整体，得出相应的结论建议，就形成了案头调查报告，它是案头调查工作过程和成果赖以表达的工具。一般而言，如果案头调查只是市场调查的一部分，即后面还要进行实地调查，那么就可以不受正式市场调研报告格式的约束，只要能够对案头资料进行整理、分析，提供案头调查所需要的市场背景等信息即可。如果案头调查是市场调研的全部，就需要按本书中所介绍的正式调研报告的形式来撰写。撰写这类报告应注意以下几点：

1. 主题明确

调研主题是案头调查的风向标，调查报告中必须列明此次调研的主题，并在后面始终围绕着调研主题开展数据分析。

2. 简单明了

可利用有关的数据资料制成统计图表来展示分析结果，便于阅读者直观地看出调研数据与研究假设的关系。

3. 重点突出

对于调查结果有着十分明确关系和重要联系的资料，应采用特殊的方式重点表述，便于阅读者把握主题。

4. 结论可靠

此报告的价值就在于能够为读者明确、清晰地呈现出此次案头调查的主要结论，因此，报告应该根据数据资料的分析，给出明确且有针对性的结论和建议。

四、案头资料的评价

由于案头资料不是为了当前市场调研的特定主题而专门收集和整理，而是为了其他问题所收集的，因此，案头资料对于当前的调研项目来说其相关性、时效性和准确性都可能有限。这就使得在使用案头资料的过程中，有必要对其进行评估，表4-1将详细论述评估中需要关注的几个方面。

表4-1　评价案头资料的标准

标准	要点	说明
目的	为什么要收集这些数据	将决定数据的相关性
性质	定义关键变量、测量单位、所用类型、所检验的关系	如果可能的话，重新整理数据可以增加其有用性

续表

标准	要点	说明
规格和方法	数据收集方法、抽样技术、样本规模、问卷设计、数据质量、回答率、现场工作、数据分析	数据应该可靠、有效，能够用于当前调研的问题
可靠性	信息来源的专业水平、可信度和声誉	资料提供机构是否可靠
误差和精确度	检查存在于方法、研究设计、抽样、数据收集、分析和报告中的误差	通过比较不同来源的数据，来评价数据的精确度
及时性	收集数据和公开数据的时间差，以及数据更新的频率	辛迪加服务公司定期更新普查数据

1. 目的：收集资料的目的

案头资料是调研人员过去为其特定的目的而收集的，可能对当前的调研主题并不适用。所以，明确了解案头资料收集的目的，并与当前的调研项目进行比较，对判定案头资料与本次调研的相关性、评估案头资料价值至关重要。

而且，有时调查就是为了迎合调查组织者的某些特殊兴趣，或为了"证实"某种情况来保证某个团体的利益。美国一项关于一次性尿布对环境影响的研究就是一个典型的例子。一次性尿布生产始于20世纪60年代，但随着80年代后期人们对环境问题的关注，购买布质尿布的顾客成倍增加，美国至少有12个州通过立法对不可再生的一次性尿布实行限产、禁用。然而，随后的几项研究关于一次性尿布对环境影响的报告交给立法人员以后，抵制运动却没有了。谁组织了这些研究呢？是宝洁公司（该公司拥有一次性尿布最大的市场份额）和美国纸制品研究所（其主要利润在一次性尿布行业）。当抵制运动慢慢消失后，1988年却又出现了另外一些"科学"的研究，声称一次性尿布完全是"垃圾"，应该禁用，又是谁进行了这项研究？是布质尿布工业协会。1991年发表的另一项研究指出，布质尿布对环境的影响要比纸尿布小得多，你能猜到又是谁发起的这项研究吗？

可见，只有了解案头资料收集的目的，才能理解其真实价值，进行有效利用。

2. 性质：收集资料的内容

检验资料的性质或内容，应该特别注意关键变量的定义、测量单位、分类方法和所检验的关系。如果没有定义关键变量或定义矛盾，那么资料的用途就会受到限制。例如，要利用消费者对电视节目偏好的案头数据，就需要知道对电视节目的偏好是如何定义的：是被定义成最常看的节目、最需要看的节目、最喜欢看的节目，还是为观众提供最佳服务的节目？只有弄清案头资料中的定义，才能对问题有一个准确的把握。

同样，案头资料的测量单位可能不适合当前问题。例如，收入可以有不同的测量方法，是个人的、家庭的还是家族的？年收入还是月收入？税前的还是税后的？还有的时候，案头资料中的测量单位定义本身可能存在偏差，如一份运输业对公交司机人数的调查报告中，是用交费次数来代替司机人数，但由于一个司机在一天中可能会交费多次，其结果会存在偏差。另外，如果你想了解个人年收入在 10 万元以上这一特定群体的消费者偏好，如果案头资料中对收入的分类最高档次只是划到了 8 万元以上，那么这一资料就不能直接为你所用。最后，在评价数据的性质时应考虑所检验的关系。例如，如果你对实际行为感兴趣，那么案头资料中仅凭调研人员个人主观推断的行为数据的用处就有限了。

有时，可能需要重新整理可用的数据，例如转换测量单位，这样形成的数据对手中问题的用处更大。

3. 规格和方法：收集数据所用的方法论

资料的收集方法是评价案头资料质量的另一个重要标准。每一种资料收集方法都有自己的优点和缺点，调研人员应认真考察案头资料的收集方法，了解可能的误差来源。调研人员需要了解的信息如：资料是通过邮寄、电话还是个人访谈的形式收集的？样本是如何形成的？样本是按什么原则抽取的？样本容量有多大？是否能保证将调查误差控制在预期范围以内？数据的有效性如何？回收率有多少？数据分析工具是什么？对这些问题的考察可以为资料使用者提供案头资料可靠性和有效性方面的信息，有利于帮助使用者确定是否可以将这些资料用于解决当前的问题。有些案头资料中会包含收集数据的方法，如果没有注明，而你打算使用的案头资料又会对你的调研项目产生很大的影响，那么，你就需要付出额外的劳动来获取这些信息。

4. 可靠性：对资料来源的检验

案头资料的来源是可靠性的关键，通过检验案头资料来源的专业水平、可信度和声誉，可以获得对数据可靠性的总体认识。即使你已经能确认案头资料是在无任何偏见的情况下得到的，你还必须确明确：这些案头资料是从哪里来的？数据收集者是谁？委托收集者是谁？谁发布的？他们是否值得依赖？是否有故意高估或低估的动机？

一般来说，政府机构、大型商业调研机构和大部分科研机构发布的信息立场较客观，资料可靠性较强。而一些为了促销、吸引特别兴趣或为进行宣传而公布的数据，以及匿名的、隐藏数据收集来源及程序细节的数据则需要用怀疑的眼光去看待。为确定一个机构收集资料的可依赖程度，可以从三个方面着手：第一，向业内人士请教，尤其是一些权威机构；第二，检查报告本身，可依赖的公司一般会在报告中详尽地提供资料的收集程序与方法；第三，接触数据收集机构的委托方，看对方对这家机构提供报告的满意程度。

5. 误差和精确度：资料的准确性估计

研究人员必须判断资料对于当前研究目的而言是否足够准确，并明确自己所能够接受的误差率区间。案头资料会有许多不同来源的误差，包括在研究方法、研究设计、抽样、数据收集、分析和报告等诸多方面。但是，确定评价案头资料的准确性是很困难的，因为研究人员并没有参与相关研究，一种解决方法就是找到数据的多种来源，并用标准的统计方法加以比较。

如果可获得多种来源的资料，则可对不同资料进行交叉检验（Cross Check），以确定二者是否一致。理想的模式是，如果两家或更多的机构提供了相同的资料，则调研人员就会对资料的有效性和可靠性有较强的信心，否则，就需要深入探究原因，如通过预调查或其他方法来验证案头资料的准确性。

6. 及时性：收集资料的时间

案头资料可能不是当前的数据，其收集与公布之间通常会存在一定的时滞，而对于当前的调研项目而言，当然是越新的资料价值越大。例如，2000 年第五次人口普查资料尽管全面、详细，但对于近几年来人口激增的某个大城市来说，已经不再具有很大的参考价值，相比而言，2010 年第六次人口普查数据则要有用得多。此外，即使是最新的案头资料，也要注意资料中所涵盖的时间范围，例如，一项只调查周末某超市销售情况的调查资料就无法反映出其一周内的平均销售情况；在上午 9 点到下午 5 点之间进行电话访谈的调查资料可能会将上班族漏掉等。

第二节　实地调查法

一、实地调查法的定义

实地调查法又称直接调查法，是指在周密的设计和组织下，由调研人员依照调研方案直接向被调查者收集原始资料的调研方式。例如，直接向产地的最终消费者或购买者进行消费感受的询问；化妆品制造商向人们展示广告，并测量观众眼睛转动、脉搏跳动和其他机能反应等。由于实地调查法是从调研对象那里获得的第一手资料，故又称为原始资料收集方式。

实地调查法就是各种搜集第一手市场信息的调查方法的总和。它们是市场研究者对市场做出全面、细致、准确分析判断所必须掌握的基本方法。诚然，对于实现市场研究既定目标，第二手资料是重要的依据，但这不是完成一项市场研究课题必须包括的全部信息。市场研究者之所以要开展实地调研是为了获得另一种重要的资料——第一手资料。因此，实地调研的必要性主要体现在以下几点。

1. 满足特定研究目的的需要

与案卷调研（就是对二手资料的获取和分析过程）相比，实地调研是为了获得第一手资料，对问题的分析相对来说更直接、更具体。例如，上海市青岛啤酒的市场规模有多大？青岛啤酒厂商会意识到需要再做深入的实地调研，搜集上海人对青岛啤酒的品牌偏好方面的信息就显得尤为重要。

2. 具有现实性或即时性

丰富的第二手资料虽然可提供各方面的市场信息，但它们毕竟是过去发生的，而专家们的预测结果，也是站在过去立场和条件上做出的推测。但第一手资料却是现在着手调查所获得的实际资料。况且在多变的环境影响下，人们对自己获得的案卷信息的效度与信度的认可会随之降低。

3. 能更加准确地实现调研目标

与第二手资料相比，第一手资料是由研究人员采用认为最为正确的调查方法、数据处理与分析方法所得到的结果，对于结果的可靠性与有效性的把握程度更大，调研人员所做出的判断和决策更为准确。

4. 能满足更多、更高的市场调研目标的要求

在许多情况下，调研人员会感到研究的项目是一个全新的研究，一切都应该从头做起，此时为达到市场调研的目的，只有搜集第一手资料，因为此时所拥有的案卷信息都是不可靠或者不全面的。

二、实地调查法的具体方法

实地调研就是市场研究者确定搜集第一手资料的方法后，进入现场即

调查事实的发生地，对既定调查目标实施信息搜集工作。因此许多调查方法被称为"现场调查"。市场研究者在选择实地调研的具体方法时，应该考虑实现当前研究课题必须搜集哪些信息，再确定这些信息的特点，为选择最佳调查方法做准备。实地调研中经常采用的方法主要有访问法、观察法、实验法。

而市场调研者为完成既定的研究课题主要搜集下列的信息和资料：一是购买者的看法、观点、意图；二是购买者对市场上的各个供应商及其提供的产品、产品品牌的认知度和忠诚度；三是购买者的各种重要特征，这些特征与其需求和行为有直接的关系，如收入水平、职业、受教育程度、年龄、性别等；四是购买者的行为，这些行为又有一定的规律，能反映购买者的某种心理特征，如是否反复比较询问后再产生购买决定等；五是为证实某种假设是否能够成立，找到各种影响因素中最重要的那个因素而进行试验，并通过试验形成对研究对象更加深入的了解。

搜集上述信息和资料有相应的最佳方法，而所谓"最佳"应该是确保搜集到的信息、资料最准确，搜集同类信息、资料所付出的代价（资金、时间、人力）最小。其实以上三种实地调研方法都可满足调研人员搜集上述五种信息的要求，但相比而言，各自都有自己所长。一般而言：访问法较为适合在对人们的一般观点了解后，搜集个体在第一、第二、第三类问题上的差异信息；观察法较为适合搜集第四类信息；实验法更适合搜集第五类信息。

（一）访问法

1. 含义

访问法也称访谈法，它是市场研究人员通过直接或间接的问答方式向被调查者收集市场信息的一种实地调研法。访问法一般利用问卷收集事实、意见、态度、偏好、购买动机等描述性的原始数据。访问法是原始资料收集中最常用、最基本的一种方法。访问法的主要优点是比较灵活，可以得到在不同情况下的各种信息。由于采用事先设计的问卷,访谈人员可以灵活提出各种问题,使资料的收集过程富有弹性,通过倾听且观察被调查对象的表情,有利于及时辨别回答内容的真伪,还可能发现意想不到的有用信息;与观察法和实验法相比,获得信息的速度快,成本也较低。但访问法也会带来一些问题,如被调查者不配合,不愿意、不能或回避某些问题的回答,被调查者提供一些自己并不了解的情况;花费的时间长、费用高、人工多,难以管理和控制;等等。因此,访问法要求访谈人员有较高的素质、熟练的访谈技巧,有设计合理的问卷,使用适当的询问方式,这样才能降低拒访率,保证调查结果的准确性。

2. 基本类型

访问法根据访问过程中调查人员与被调查者(访问对象)是否直接沟通,可分为直接访问法和间接访问法。直接访问法主要包括个别面谈法、小组访谈法和拦截式调查法三种。直接访问法可以在一定程度上验证回答者的身份和其回答内容的正确性,但是隐私问题往往得不到响应,需要投入更多的人力和财力。间接访问法主要包括问卷调查法和电话访问法,间接访问法无须与被调查者直接接触,而是通过问卷或电话等工具与被调查者沟通,所以不会占用大量的访问人员,花费的费用与时间也较少,但是无法对被调查者的身份与答案的正确性做有效的验证。

(1)个别面谈法。

个别面谈法是由调研人员直接与被调查者接触,通过当面交谈获取信息的一种方法,是访问法中最通用、最灵活的一种调研方法。根据选择沟通的地点的不同,个别面谈法包括由调研人员主动上门的入户访问和双方到约定地点的个人访问两种具体方法。

这种访问方法能排除外界和集体的干扰,保密性强,回收率高,灵活性大,使被访对象感到受到重视,回答内容真实性较高,也便于调研者观察被访者的反应和行为,并根据实际情况调整问话方式,解释一些较难理解的问题。但这种方法成本高,对调研人员的要求高,效率和成本较难控制。

（2）小组访谈法。

小组访谈法是市场调研人员一次召集若干名调研对象组成一个小组，由调研人员面对面地直接向被访者提出问题，收集信息资料的一种方法。小组访谈法根据调研的要求，分为一般调研法和焦点调研法（或小组深度访谈法）。小组深度访谈法一般选择一个环境较好的地方，由主持人鼓励自由讨论，通过群体的力量，使参与者融入群体，开展对某个问题的讨论，表达真实想法。主持人要使讨论紧扣主题，将谈话内容记录在笔记本上或将访谈过程录像，随时准确了解座谈会情况，便于日后调查。小组深度访谈法已成为了解消费者想法和感觉的主要的市场调研手段。

（3）拦截式调查法。

采用拦截式调查法可以保证在较短的时间内搜集到所需要的基本信息。当通过市场调研需要搜集"人们对某一事件的即时态度"这类信息时，采用拦截式调查法是一种较好的选择。拦截式调查法按使用的调研工具的不同，可分为拦截式访问调查法和拦截式问卷调查法。前者是拦截后直接采用询问方式搜集信息，后者是拦截后通过请对方填写问卷搜集信息。

（4）电话访问法。

电话访问法是由调研人员依据调研提纲或问卷，通过电话向被访者询问了解有关问题的一种调研方法。这是为解决带有普遍性的急需问题而采用的一种调研方法。

（5）问卷调查法。

问卷调查法是采用各种书面形式的调查问卷与被调查者进行沟通交流，搜集相关信息的总称。与其他访问调查法的显著区别在于，问卷调查法是借助问卷来完成"提问到作答"的过程。问卷调查法主要分为直接问卷调查法和间接问卷调查法。

直接问卷调查法：当调研人员希望有效控制问卷的回收率，同时问卷中存在一些需要解释的复杂问题时，应该采取直接问卷调查法。

间接问卷调查法：市场调研机构无须派出访问人员与被调查者直接接触，而是利用调查问卷作为特殊的联系工具与被调查者沟通，搜集市场信息。

（二）观察法

1. 含义

观察法是指那种不需与被调查者进行直接沟通交流，而是以旁观者的身份对具体事件、人物、行为模式等的特征、演变过程进行记录来搜集相关信息的方法。与其他搜集第一手资料的方法一样，使用观察法搜集信息也有较佳时机选择的问题。观察法具有其他第一手资料搜集方法所不具备的优点，当然也存在它独有的缺点。观察法的主要优点有：无须获得被调查者的合作、获得的信息是现实信息、可以作为入户访问调查的一种主要附加工具、使市场调研人员可以选择采用其他工具；观察法的主要缺点有：有些信息是观察不到的、一次性投资较大、受观察者主观判断的影响很大。

2. 基本类型

调研人员在确定采用观察法搜集第一手资料后，就会遇到怎样进行观察选择的问题。观察法主要包括自然环境下的观察法、设计环境下的观察法、暴露式观察法、隐蔽式观察法、人员观察法、机械观察法、即时观察法和痕迹观察法。

（1）自然环境下的观察法。

调研人员或机构对观察现场的环境不做任何修正，对被观察者的可能行为不做任何规定和制约。在这种情况下完成自己的观察活动，调研人员的意图是搜集观察对象最平常的行为举动，这种信息对于做更大范围的相应对象的特征推断最具有可信性。例如，在平常的日子对普通顾客在购买某种日常生活用品时的整个过程的观察结果，是推断在其他相似环境下任何一位相似的购买者在购买这种商品时会有什么样的过程是最可信的。但是，调研人员在推断之前必须注意这种结论成立的两个前提条件，即相似顾客与相似环境。

（2）设计环境下的观察法。

与在实验室完成某项实验一样，市场研究机构认为，顾客的行为会与现场的某些环境因素有必然的联系，即会受到某些现场环境状况的影响而做出自己最终购买与否的决定。于是，调研机构就会为由于那些环境因素会产生关键影响作用而对相应的环境因素进行必要的调整。例如，商店会设置购物引导小姐以方便顾客迅速找到自己的选购商品。

这种方法近似实验法，其效果是毋庸置疑的。但是，调研人员必须知道：一是这种实验结果由于无法进行定量分析，所以结论本身缺乏说服力。二是调研人员或机构要付出更大的代价，例如，说服商店采用调研人员的实验方案，是否拥有支配权。如果没有，就要付出相当大的代价去获得。

（3）暴露式观察法。

许多时候调研机构或人员必须将自己的观察活动的目的甚至全过程的每个具体环节告诉被观察者，这就是暴露式观察。很显然，任何调研机构或人员都不会愿意将观察目的告诉他人，尤其是被观察者，因为这将直接影响他们的行为，使观察结果失真，被观察者会产生紧张情绪导致行为失常，调研人员看到的是一种异常表现，这种观察结果是不会有多大使用价值的。

调研人员一定要把观察目的告诉给被观察者吗？观察法只能由观察人员在现场对具体目标实施观察、记录，但往往现场属于被观察者，如商店是顾客选购商品的地方，若要对顾客的购买行为进行观察就必须获得顾客、商店的许可，才能获得他们的支持，而这一切都建立在把观察目的告诉他们，从而建立他们对调研人员的目的理解的基础之上。

（4）隐蔽式观察法。

为了获得被观察者真实情感的流露，调研人员会采用隐蔽的观察法，即在不将观察目的告诉对方的情况下，完成观察、记录工作。其实有些调研人员在采用观察法的时候故意将自己的观察目的（不是真实的目的）告诉对方以求获得对方的支持和配合。在有些场所如商场、银行的储蓄所、娱乐场所等，都装有摄像设施。人们通常只是知道它们起到维护环境安全的作用，但安装这些摄像设施还有其他的作用如记录顾客的行为等常不为人知。当面对摄像设施时，人们出于"我又不是歹徒，它对我不会有什么影响"的心理而忽略这些摄像设备的存在，从而行为照常流露。可见，隐蔽式观察搜集的信息更加真实，也更具可信性，现已成为调研人员首选的观察方法。

可见，暴露与隐蔽的区别不在于被观察者是否察觉观察人员正在对自己的行为实施观察，而在于是否察觉观察人员对自己实施观察的目的是什么。知道这点，采用隐蔽观察的调查人员只需隐蔽自己的观察目的，就可以达到预期效果。

（5）人员观察法。

调研人员作为观察员到观察现场实施观察时，在人员充足的条件下，调研机构会选择这种方法完成调研信息的搜集工作。由于是通过观察员的感觉器官来搜集被观察对象的某些特征的信息，在这个过程中都会渗入观察员主观思想的因素，即观察员所记录下的信息，是经过他们过滤后提出的认识结果。

人员观察法的优点：在不长的时间内可以随时按照观察目标的变化而调整观察角度，使观察所提供的信息保持较高的准确性；人眼的观察角度调整的速度快于摄像设备观察角度调整的速度，同时人员观察可以发现新问题的苗头，并主动加以关注。人员观察法的缺点：带有一定的主观色彩；长期观察会增加观察人员的感官疲劳，从而导致观察结果准确性下降。

（6）机械观察法。

以各种观察设备、器材完成对具体观察目标的观察任务。采用机械观察法搜集到的信息是被记录在录音磁带、录像磁带或磁盘上的。可见，机械观察法最起码使繁杂的信息保管和处理工作得以简化。机械观察法的优点：更加容易做到隐蔽；不带有个人主观判断，更加客观、公正；能够长期、稳定地工作。机械观察法的缺点：仅仅是对观察对象的变化做出完整无漏的记录即仅是人眼、耳、鼻等感觉器官的代表，机械没有头脑，对各种机械记录的信息，调研人员还要再进行观察才能做出相应的结论。机械观察法所使用的机械具有很高的忠诚性，忠于职守但过于死板，不会根据观察目标的变化调整自己的观察角度，如公共场所的摄像机，观察的角度被限制在一定范围内，当观察目标走出其规定的观察区域，它就会告诉调研人员观察目标"没有行为"或"不在现场"，显然这是错误的。

（7）即时观察法。

即在观察目标发生变化的同时实施现场观察。考虑到不同的环境下观察目标会有不同的表现或变化，有时是为了证明事实的确存在，提高调查所得资料的说服力，调研人员经常邀请现场目击者做出说明，也会经常问"这是你亲眼所见吗"之类的问题。但是，实施即时观察法要求观察者必须准时进入观察现场，在观察对象的某些既定观察特征发生变化前就做好一切准备，全面、准确地观察、记录下观察对象整个变化过程。而若是略有迟缓就会失去最佳观察时机，使即时观察所搜集到的信息失去利用价值，甚至成为误导研究分析的祸根。

（8）痕迹观察法。

由于许多人类活动、事物的发展变化都会或多或少地留下一定痕迹，使得科学研究人员可以通过寻找、观察、分析这些痕迹，结合科学理论对某个痕迹进行科学合理的推断。实施即时观察法虽能取得令人信服的信息、资料，但由此也会受到更多的环境条件的制约。痕迹观察法更具隐蔽性并对环境条件具有较低的依赖性。刑事侦查就是痕迹观察法使用较多的特殊工作领域。使用痕迹观察法将更加依赖观察人员的观察能力、判断能力，也就是说在观察结果的提出中带有更多的观察人员主观意识的痕迹。痕迹观察法所提供的信息的准确性取决于观察人员的经验。

（三）实验法

1. 含义

实验法是在对某个问题进行调研时，假设其他因素不变而分别研究其中某一因素或几个因素与调研问题所产生影响的一种调研方法。实验法是一种类似于实验室求证的调研方法，又称因果性调研法，它可以验证某一因素与另一因素是否存在因果关系，要验证因果关系就必须证明两个因素之间符合因果条件。实验法调研适用于收集因果信息。它首先要选择合适的被实验者，然后在不同的条件下，控制不相关的因素、检验不同组内被实验者的反应。实验法的主要优点有：方法科学，结果较推确；提高主动性，开拓新市场。实验法的主要缺点有：通常费用大和时间长、自变量难以控制、保密性较差（易引起竞争对手的反应）、实施困难。

实验法源于自然科学的实验求证法，可以有控制地分析、观察某些市场现象间的因果关系及其相互影响程度。实验取得的数据比较客观，具有可信度，但实验中影响经济现象的因素很多，可能由于不可控制的实验因素，而在一定程度上影响实验效果。因此，实验法只适用于对当前市场现象的影响分析，对历史情况和未来变化影响较小。如商品准备改变品质、变换造型、更换包装、调整价格、改换渠道、变动广告、推出新产品、变动商品陈列等，都可采用实验法测试其效果，可利用展销会、试销会、交易会、订货会、目标市场的商店等场合进行测试。用实验法进行调研与用访问法和观察法进行调研有很大的区别。调研人员在访问法和观察法中，只是一个被动的信息收集者，而在实验法中，调研人员是调研过程中的积极参与者。

2. 基本类型

根据调研的真实程度以及地点和形式的不同，可以把实验调研法分为实地实验法和模拟实验法；根据是否可以进行误差分析，可分为正式调研实验法和非正式调研实验法；根据调研过程中是否有对照组来划分，可分为有对比调研实验法和无对比调研实验法。

第三节 网络调查法

伴随着信息技术的发展，互联网已经成为新经济的重要特征。以互联网为依托的电子商务的发展更是如火如荼，随之而来的是互联网成为市场调研的强有力工具。这其中的原因很简单，就是互联网的快捷、广泛和低成本。企业调研人员通过互联网能够方便地收集到顾客和潜在顾客的信息，这些信息有助于企业深入了解顾客，从而提供更具针对性的服务。现在，国际上许多企业都利用互联网和其他一些在线服务进行市场调研，并且取得了不错的效果。

一、网络调查法的定义

网络调查法是指利用互联网技术进行营销信息的收集、整理、分析和研究的一种方法。其大多应用于企业内部管理、商品行销、广告和业务推广等商业活动中。由于互联网的特殊性，企业在网络上进行的调研活动有别于传统意义上的市场调研。相对于传统的市场调研，网络调查法表现出以下主要优点：网络信息的及时性和共享性、网络调研结果的客观性、网络调研的便捷性和低成本、交互性。网络调查法的主要缺点：网络的安全性问题；企业和消费者对网络调研缺乏认识和了解、网络调研专业人员匮乏、网络普及率不高和拒访现象的大量存在、无限制样本令人困扰。

二、网络调查法的具体方法

网络调查法包括在网络上搜索二手资料间接调查和网络直接调查。

（一）网络间接调查

网络间接调查主要利用互联网收集与企业经营相关的市场、竞争者、消费者以及宏观环境等信息。企业用得最多的还是网络间接调查方法，这种方法较容易收集到信息，方便快捷，能广泛地满足企业管理决策需要。网络间接调查渠道主要有 WWW、Usernet News、BBS、E-mail，其中 WWW 是最主要的信息来源。

1. 利用搜索引擎收集资料

搜索引擎一般按分类、网站和网页来进行搜索。需要注意的是按分类只能粗略查找，按网页虽然可以比较精确查找，但查找结果却比较多，因此搜索最多的还是按网站搜索。在按网站搜索时，它是将要搜索的关键字与网站名和网站的介绍进行比较，显示出比较接近的网站，例如要查找网络调研类的网站，可以在搜索引擎的主页搜索输入栏内输入汉字"网络调研"并确认，系统将自动找出满足要求的网站。如果找不到满足要求的网站，这时可以按照网页方式查找，系统将自动找出满足要求的网页。

2. 利用公告栏收集资料

公告栏也称 BBS，它是互联网上的一种电子信息服务系统。它提供一块公共电子白板，每个用户都可以在上面书写，可发布信息、留言，发表意见或回答问题，也可以查看其他人的留言，好比在一个公共场所进行讨论一样，你可以随意参加也可以随意离开。公告栏的用途多种多样，既可以作为留言板，也可以作为聊天、讨论的场所，还可以用于商业方面，如发布工商产品的求购信息等。

3. 利用新闻组收集资料

新闻组（英文名 Usenet 或 Newsgroup），简单地说就是一个基于网络的计算机组合，这些计算机被称为新闻服务器，不同的用户通过一些软件可连接到新闻服务器上，它是一个完全交互式的超级电子论坛，类似于一个公告板，由成千上万个致力于不同主题的新闻组组成，所有的人都可以随意发表自己的观点、阅读别人的意见、补充修改别人的观点，甚至组织一次讨论、主持一个论坛，实现观点、信息的交流。且这种交流不限于几个人之间，同时可能有成千上万的人在讨论一个大家所关心的问题。

由于新闻组使用方便，内容广泛，可以精确地对使用者进行分类（按兴趣爱好及类别），且信息量大，其中包含的各种不同类别的主题已经涵盖了人类社会所能涉及的所有内容，如科学技术、人文社会、地理历史、休闲娱乐等，使得利用新闻组收集信息越来越得到重视。但需要注意的是在利用新闻组收集资料时要遵守新闻组中的网络礼仪，必须尽可能地了解它的使用规则，避免一切可能引起别人反感的行为。

4. 利用 E-mail 收集资料

E-mail 是互联网上应用最广的服务，用户可以用非常低廉的价格、非常快速的方式，与世界上任何一个角落的网络用户联络，这些电子邮件可以是文字、图像、声音等各种方式。

目前许多 ICP 和传统媒体，都利用 E-mail 发布信息，一些传统的媒体公司和企业为保持与用户的沟通，也定期给公司用户发送 E-mail，发布公司的最新动态和有关产品服务信息，让公众了解自己，同时他们也借助于 E-mail 收集信息。收集信息可以有两种形式，一种形式是收集公众给企业发送的 E-mail，另一种形式是到有关网站进行注册，订阅大量免费或收费新闻、专题邮件，然后等着接收 E-mail 就可以了。正是由于电子邮件的使用简易、投递迅速、收费低廉、易于保存、全球畅通，使得借助电子邮件收集信息也被广泛地应用。

（二）网络直接调查

与传统调研不同，网络调研没有空间和地域的范围，一切都是随机的，调研人员既无法预期谁是企业网站的访问者，也无法确定调研对象样本，即使是对于在网上购买企业产品的消费者，确知其真实的身份、职业、性别、年龄等也是一个很难的问题。因此，网络调研的关键之一是如何鉴别并吸引更多的访问者，使他们有兴趣在企业网站上进行双向的交流。进行网络直接调查主要有交互式计算机辅助电话访谈（CATI）系统和网络调研系统。

1. 交互式计算机辅助电话访谈（CATI）系统

交互式计算机辅助电话访谈（CATI）系统是利用一种软件语言程序在计算机辅助电话访谈的基础上设计问卷结构并在网上进行传输。互联网服务器可以设在调研机构中，也可以向有 CATI 装置的单位租用。互联网服务器直接与数据库连接，收集到被访者的答案后直接进行存储。

交互式 CATI 系统能够对于 CATI 进行良好抽样和对 CATI 程序进行管理，还能建立良好的跳问模式和修改被访者答案。系统能够当场对数据进行认证，对不合理数据要求重新输入。交互式 CATI 系统为网上 CATI 调研的使用者提供了一个方便的工具，而且支持问卷程序的再使用。

2. 网络调研系统

有专门为网络调研设计的问卷链接及传输软件。这种软件设计成无须使用程序的方式，包括整体问卷设计、网络服务器、数据库和数据传输程序。一种典型的用法是，问卷由简易的可视问卷编辑器产生，自动传送到互联网服务器上，通过企业网站，使用者可以随时在屏幕上对回复数据进行整体统计或图表统计。平均每次访谈费用，网络调研系统比交互 CATI 系统低，低费用是由于使用了网络专用工具软件，而且，网络费用和硬件费用由中心服务系统提供。

市场调研人员在企业网站上进行网络调研可采用的技巧有：调整调查问卷内容组合以吸引访问者、监控在线服务、有针对性地跟踪目标顾客等。企业市场调研人员可以掌握有关的市场信息，并以此为依据对未来市场趋势做出理性的分析与判断。

 **本章小结**

案头调查法是通过查找、阅读、收集历史和现实的各种资料，并经过甄别、整理、融合及分析，提供相关市场调查报告及市场营销建议的一种调查方法。案头调查快速、便捷、成本低廉。当需要更深入地了解和分析这一市场的情况时，则需要进行实地调查。两者相互依存、相互补充。

实地调查法和网络调查法都是市场调研的重要方法。实地调查法包括访问法、观察法、实验法三类方法。访问法依据询问方式的不同，分为个别面谈法、小组访谈法、拦截式调查法、电话访问法、问卷调查法等；观察法依据观察手段不同，分为暴露式观察法、机械观察法、痕迹观察法等；实验法则依据实验的方式不同，分为实地实验法、模拟实验法等。

网络调查法包括网络直接调查和网络间接调查两种方法。网络间接调查可以利用搜索引擎收集资料、公告栏收集资料、新闻组收集资料，还可以利用 E-mail 收集资料。网络直接调查可以利用交互式计算机辅助电话访谈（CATI）系统和网络调研系统。

 练习与思考

1. 简述案头调查、实地调查和网络调查相关的基本概念。
2. 简述实地调查和网络调查的具体方法。
3. 简述案头调查、实地调查和网络调查的优缺点。
4. 案例分析。

音乐与顾客的购买之间存在一定的关系

英国的莱斯特大学与萨拉大学的研究人员最近共同协作完成了一项研

究活动。他们选择了一家普通的酒店作为实验对象，并做了这样的实验安排：第一天晚上不播放任何音乐，第二天晚上只播放流行音乐，第三天晚上只播放如贝多芬、马勒等的古典音乐作品。连续重复18次后，他们发现：播放古典音乐的那些晚上，顾客购买出现明显的差异，他们会多要一份甜食、一杯咖啡、一瓶好酒甚至是一道正菜。

参与此项研究的心理学家诺斯教授对此解释道，人们在听到古典音乐时会感到自己很有教养或是很高雅，这种心理会导致他们购买那些原来认为奢侈的东西。诺斯进一步说道，在英国的酒店、餐馆若是播放德国音乐或德语歌曲，顾客会更多选择购买德国产的酒，当然如果播放法国音乐或法语歌曲，顾客则会更多选择法国产的香槟酒。这次实验结果也证实了这种假设的成立。

另外一些心理学家有不同的解释，他们认为古典音乐的节奏较为缓慢，在节奏缓慢的音乐中人们会容易产生时间过得相对更快的感觉，而会延长就餐时间；节奏快的流行音乐则恰好相反，它会向顾客提供更多的信息，会对时间产生缓慢的错觉，从而导致其缩短就餐时间，购买少也就十分自然。

思考：

（1）在案例中，研究人员设计的实验程序直到得出调查结论的过程中存在什么问题？为什么？

（2）你有没有准备尝试采用这种方法去完成一项市场调研任务？

王经理能从何处获得所需要的资料

王迈克是"保护神包装材料公司"的营销经理，该公司是一家专业生产食品包装用的复合铝箔和塑料包装袋的中型制造企业。出于发展的需要，公司计划扩大生产规模，但是从营销的角度看，王迈克又感到这个市场的竞争已经越来越激烈了，对于究竟能增加多少销量心中无数。

为了掌握营销中的主动权，也为公司扩大生产规模做准备，公司决策层要求王迈克在一周内提交一份关于公司市场前景及可能对策的报告。为此，王迈克计划先做一个简单的案头调查。为此，需要收集编写报告所需要的资料，这些资料对于今后公司制定营销策略也是有价值的。

经过简单的思考，王迈克认为要把握这个市场的现状和发展趋势，至少应该获得如下一些资料：

（1）行业和竞争状况。包括同类食品包装材料，特别是复合铝箔和塑料包装袋的主要生产厂家，它们的市场份额、产品流向、产品档次定位，以及近年来的增长情况和用户分布状况。

在行业整体状况分析的基础上，识别出主要的竞争对手，并提供进行优劣势和机会威胁分析所需要的资料，尽可能地了解主要竞争对手的定价状况。

竞争状况：国家有关的产业政策；这一行业中的技术发展状况；这类产品进出口现状及对国内市场的影响；这一行业上游企业的原料供应状况的发展态势。

（2）用户和需求状况。使用复合铝箔和塑料包装袋食品制造商的行业分布状况；各行业主要厂商每年对复合铝箔和塑料包装袋的需求；产品用户对现有产品质量的看法和要求，对新产品、新规格和品种的需求；复合铝箔和塑料包装袋的新用途等。

当务之急是尽可能地找到与上述问题有关的现成案头资料。如果必要的话，在此基础上再邀请部分有关专家进行焦点小组访谈。

理清了思路以后，王迈克自言自语地说："有那么多东西需要收集，看来还真需要计划一下，该从哪儿入手呢？"

（资料来源：胡介埙．市场营销调研 [M]．大连：东北财经大学出版社，2009.）

思考：

王经理能从何处获得所需要的资料？

第五章　调研样本设计

本章学习目的

- 了解并掌握基本概念
- 学会运用概率抽样方法和非概率抽样方法
- 理解抽样设计方案
- 掌握样本容量测定的方法

　　欧姆尼集团（Omni Group）是一个专营商业保险的保险经纪人公司。董事长吉姆·柯比先生意识到一个营销机会，因为他注意到那些专营健康护理服务的公司正在不断成长。这类公司的主要业务有高级护士护理和家政服务，或是在病人的家中提供成人日常护理等。这些公司在专业职责、工作人员工资及雇员医疗风险等方面所承担的责任都很大，因为它们雇用了许多护士和一些负责病人健康的专家，而且它们的健康护理工作必须频繁地访家串户。

　　吉姆与国家家庭健康护理协会商讨，提议将欧姆尼集团指定为该组织所属的 1500 个成员公司的保险提供商。由此，欧姆尼集团可为这些家庭健康公司设立一只专门的保险基金，并通过削减保险费为这些公司节约了一笔可观的资金。另外，欧姆尼集团还可推出特定的专题讲座、业务通信以及其他一些与该行业有关的服务。吉姆建议国家家庭健康护理协会进行一次调查，以评定其下属成员公司的风险状况、保险需求、对特定服务的渴望程度以及他们对协会指定欧姆尼集团为保险提供商的反应。协会同意进行调查，但进行一次以 500 个成员公司为样本的电话调查所需的费用远远超出了协会的预算限额。在与营销调研专家协商后，吉姆提出由他来支付本次调查的费用，但样本改为该协会最大的 30 个成员公司。协会同意了这项试点研究。6 个星期后，吉姆将调查结果提交协会董事会。调查结果显示，几乎所有的被调查公司都一致赞同协会指定欧姆尼集团为保险提供商以及集中风险的计划，并对由此带来的保险的削减和服务项目的增加表示欢迎。

（资料来源：（节选）阿尔文·C. 伯恩斯，罗纳德·F. 布什. 营销调研 [M]. 梅清豪，周安柱，徐炜熊译. 北京：中国人民大学出版社，2001：325-326.）

欧姆尼集团的例子表明样本的选取与设计是一个企业营销成败至关重要的因素，因此，调研样本的选取和设计具有重要的意义和价值。本章主要从以下几个方面进行阐述。

第一节 相关概念界定

一、总体和普查

总体（Population）是指具有某些共性或同质特征的所有元素的集合。总体中的每一个元素被称为个体。当我们研究某地区初中生对某种品牌小食品的购买行为时，所有该地区现实的或潜在的购买这种小食品的初中生就构成了一个总体，该总体内每个初中生均为一个个体。总体可以是一群人、一类团体、一个企业、一种情境或活动等。在确定了调查研究方向时，总体就应该确定了。

普查（Census）是指对总体进行全面的调查。例如，你想知道总体成员中的平均年龄，你就要询问总体内每个成员的年龄，然后计算平均年龄。你会发现普查实际上不具有可操作性，尤其是当你研究的目标市场由上百万名消费者构成时，普查就是天方夜谭。

2010年我国进行了第六次人口普查，普查的总体是我国境内的所有家庭。尽管我国人口普查为提升公民的参与意识花费的支出很高，并且精心设计了追踪程序，但是我国人口普查所遇到的困难在营销调研中是很典型的。例如，在我国的人口普查中个体可能是无家可归者、文盲、残障人士，或者是不愿参与调查的人。营销人员在实施调研时也会面对上述所有问题乃至其他困难。事实上，研究者早就意识到对总体进行普查既不可行也不必要，因此，他们转而使用样本来代表目标总体。

二、样本和样本容量

样本（Sample）就是从总体中随机抽取的部分观察单位，是能够代表整个总体情况的总体子集。调研人员和管理人员在使用这个概念时的理解是不同的。管理者经常忽略样本定义中"能够代表（总体）"的表述，而假定任何样本都具有代表性。调研人员在察觉样本偏差方面训练有素，会仔细评估被选作样本子集的代表性。

样本容量（Sample Size）又称样本数，是指一个样本的必要抽样单位数目。在组织抽样调查时，抽样误差的大小直接影响样本指标代表性的大小，而必要的样本单位数目是保证抽样误差不超过某一给定范围的重要因素之一。因此，在抽样设计时，必须决定样本单位数目，因为适当的样本单位数目是保证样本指标具有充分代表性的基本前提。

三、抽样和抽样框

（一）抽样

抽样（Sampling）是指以样本为调查对象，通过研究样本的某些特征来估计总体特征或参数。例如，将女性化妆品购买行为的调查界定在某个样本范围内，并针对该样本的每个个体收集信息，进而通过对样本的购买行为规律的分析和估计来推断和揭示总体的购买行为规律，这种调研就是抽样调研。如果研究的是"顾客中忠实于某一特定化妆品品牌的人口比例"，该比例即为总体的一个参数。

选择抽样方式的原因主要有两个：其一，从成本的角度看，抽样比普查更优越。如果消费者的数量多达几百万，进行普查的费用十分昂贵。即使被调查对象限制在中等城市，涉及的消费者数量也是相当多的。其二，专业调研公司或调研人员不可能分析处理由普查产生的大量数据，虽然计算机统计程序能轻松地处理上千个数据，但有上万个数据需要处理时速度就会减慢。如果使用的问卷主要由类别变量构成，那么数据转换的工作量会远远超出调研人员的处理能力。

（二）抽样框

抽样的前提是确定抽样范围，它是涵盖总体的一个详细名单，即抽样框（Sample Frame）。在抽样框内是一些单位名录，称之为抽样单位，样本就是在抽样框下基于抽样单位抽取的。如果以沈阳的男性为抽样单位，则沈阳市适龄男性的户籍簿可构成一个抽样框。样本便是在抽样框中抽取的。通常有三种抽样框：

1. 具体抽样框

具体抽样框，就是把每一个个体的名字皆列表成册，可以直接按表册的名字抽取样本。

2. 抽象抽样框

抽象抽样框，即没有直接或具体的表册，只要符合调查条件，个体就有被抽取的可能。例如，在某商厦化妆品柜台前进行消费者抽样，尽管没有抽样名册，但是抽样框却是显而易见的。

3. 阶段抽样框

阶段抽样框，即根据抽样时空阶段的不同而随之改变的抽样框。抽样单位可以是个体，也可以是一个同质个体群。例如，沈阳市每个适龄男性可作为一个抽样单位；某企业的男性员工集合也可以是一个抽样单位。

四、抽样框误差和抽样误差

1. 抽样框误差

抽样框误差（Sample Frame Error）是指抽样框不能反映总体的程度。

一种表示抽样框误差的方法就是将单位名录与总体进行比较，测量单位名录与目标总体的契合度。每抽取一个样本，调研人员都要判断潜在的抽样框误差大小。有时唯一可得的抽样框包含很多潜在抽样误差，但由于缺乏别的抽样框而只能用它。调研人员有责任使用合理的成本找到误差最小的抽样框。

2. 抽样误差

抽样误差（Sampling Error）是因调查中使用样本而产生的误差。抽样误差产生的原因有两种。一种原因源于样本选择方法，包括抽样框误差，也就是抽样框误差引起的一种抽样误差。另一种原因源于样本容量方面，后面将介绍样本容量与抽样误差之间的关系。

第二节　抽样方法

所有的抽样方法最终可以归纳为两类：概率抽样和非概率抽样。概率抽样（Probability Samples）是指总体成员被选为样本的机会即概率是已知的。而非概率抽样（Nonprobability Samples）是指总体成员被选为样本的机会即概率是未知的。为了计算一个精确的概率需要确切地知道总体的规模，然而在大多数市场调研中是不可能确切地知道总体的规模的。如果我们调研的对象是《人物》杂志的读者，那么总体规模是随着每周销售结果的变化而变化的。旧的杂志售完了，新的杂志的销售量又随着封面人物的变化而波动。事实上，获得一个已知而且很稳定的总体的准确数据是一件很难的事情。

"已知"概率的实质取决于抽样方法而不是总体的准确规模。如果抽样发生时就知道确切的总体规模，概率的抽样方法就可以保证计算出总体中任意个体被选为样本的确切的概率。实践中并不需要真正算出概率值，但是抽样方法保证任何一个总体成员被选为样本的机会是可以算出来的。这是概率抽样背后的一个重要的理论支撑。

非概率抽样方法，即使总体规模已知，由于抽样技术的主观性，每个个体被抽取的概率是无法计算的。非概率抽样有时被称为"随意抽样"，因为它倾向于包含人为误差，甚至下意识误差。

一、概率抽样方法

概率抽样方法主要包括简单随机抽样、系统抽样、整群抽样和分层抽样四种方法。不同的概率抽样方法下的抽样成本与精度的对比不同。精度反映的是被估测特征的可靠程度，它与抽样误差的含义相反。精度越低，调研成本就越小。由于调研受预算的限制，因此应努力设计出在一定成本限制下，使抽样精度达到最高的抽样方案。

（一）简单随机抽样方法

如果总体中的每个个体都是已知的，并且每个个体被选取为样本的概率是相等的，这种抽样方法叫作简单随机抽样。诸如各类彩票的抽彩方法，采用的基本是简单随机抽样法。在抽彩时，所有的彩票号码相当于被放在一个容器中，以一种随机公正的方式摇出中彩号码。

1. 随机数抽取法

随机数抽取法是指使用某种装置来保证总体中的每个个体都有相同的机会被选中。使用扔硬币的方法以正反面定胜负是随机抽取法最好的例子。为达到随机抽样的目的，可以对抽样对象的名字或者其他具有唯一性的标记进行随机处理。例如，你想测量上电子商务课程的学生对从事电子商务职业的态度。假定在你选为总体的这个班级中有50名学生注册。为了进行"盲抽"，你可以先将学生的名字写在一张长3英寸、宽5英寸的检索卡片上，然后将所有的卡片放进一个容器中充分摇匀。接下来让某人来抽取样本，将此人眼睛蒙住，使其不能看到容器里面。让此人抽出 15 张卡片作为样本。本例中，班上每一位学生都有一个已知且相等的被选中的概率，为 15/50 或 0.3。换言之，每位学生都有 3/10 的机会被选中。

2. 随机数字法

上述随机数抽取法的例子仅限于较小的总体以便使用一种具体技术来进行随机化。当总体很大时，随机数抽取法就显得力不从心。一种简单并且比较理想的简单随机抽样法就是以随机数概念为基础用计算机生成随机数字，这些数字的随机性是有保证的。计算机程序可以生成没有任何规则的数列，因此，它们必然是随机的。一台计算机可以轻易地为成百上千个个体分配随机数，还可以快速地为每一个个体标定一个单独数或记号，也可以生成一列随机数，并将随机数与待选个体的独特标志相契合，甚至直接"抽出"样本。

3. 简单随机抽样方法的优缺点

（1）优点。

由于该方法满足了获取概率样本的必要条件，因此能对总体特征进行无偏估计。另外，简单随机抽样方法保证总体的每个个体都有相等的机会被抽取，因而，无论样本容量大还是小，所生成的样本都具有有效的代表性。

（2）缺点。

从本质上讲，简单随机抽样法必然要从一张完整的名录开始，然而，现实世界中完整的名录常常难以获得，一张不完美或者是不准确的名录肯定会包含抽样框误差。如果没有描述总体的电子化名单，那么为总体的每个个体提供独特的标记将是一件很困难的事情。

（二）系统抽样方法

系统抽样法就是按照一定顺序机械地每隔若干个个体抽取一个个体的方法。系统抽样方法一般是这样抽取的：首先，抽取一个随机起点；然后，每隔 k 个个体取出一个个体，连续从抽样框中选出样本，其中，抽样间隔是用总体容量 N 除以样本容量 n，经四舍五入取整数得到的。

系统抽样法与简单随机抽样法的本质区别为：系统抽样方法下，在可能被抽取的容量为 n 的样本中，只有随机起点下满足抽样间隔的所有个体具备已知且均等的被抽中概率，其余的个体被选中的概率为零。

在系统抽样中，调研人员假设总体是有序的（如总体是某地区化妆品行业中的所有制造商），企业规模就是有序的。有时排序（如按字母顺序排列的电话号码簿）与关注的总体特征无关；有时排序与关注的总体特征直接有关。例如，某行业内的企业根据其销售额排序就是这种情境。当个体的排序与特征无关时，系统抽样与简单随机抽样得到的结果差别不大；个体如果没有电子数据库文件形式呈现的总体清单、电话号码簿或企业目录，使用简单随机抽样就会变得费时费力。

排序与设定的特征有关时，系统抽样将使样本的代表性增强。如果某行业内的企业是根据其销售额的增长排序，则系统抽样将既包括一部分大企业，又包括一部分中小企业。而一个简单随机抽样样本可能代表性较差，原因是它可能仅包括中小企业或中小企业在样本中所占比例过大。如果个体的排列呈现周期性趋势，系统抽样样本的代表性将会减弱。例如，当系统抽样是在某百货商店最近 5 年销售额的抽样框中选出一个抽样间隔为 12 个月的样本时，最终的样本将难以反映月销售额的变动情况。

系统抽样方法的优点：从操作上讲，系统抽样比简单随机抽样更容易，且成本较低。因为系统抽样只进行一次随机抽样，从而降低了抽样成本。如果有关设定特征的信息较易得到，则系统抽样样本比简单随机抽样样本的代表性更强，且更可靠。系统抽样的另一个优点是不需要抽样框的知识。例如，从正准备离开商业中心的人群中，每隔 k 人抽取一人。因此，系统抽样被广泛地用于针对消费者的邮寄访问、电话访问以及中心区域拦截访问等。

系统抽样方法的缺点：使用系统抽样的最大风险来自抽样框，抽样框误差是主要问题。也就是说总体中的个体总有部分没有被涵盖在抽样框之内，因此这些个体也就没有机会被选为样本。

（三）整群抽样方法

整群抽样法就是把总体分为若干群的子总体，每个子总体都代表整个总体。在操作中我们使用一些便捷的方法来定义哪些是在理论上可以被区分的群，例如，一本纸的名单，任何一页都可以代表总体。整群抽样也可以用于电子数据库的抽样（群可以是名字以 A、B、C 等字母开头的人）。

整群抽样程序分为两个步骤：首先，分群。将目标总体划分为相互排斥且无个体遗漏的群。其次，抽样。样本是从随机选取的一个群或几个群中获得的。对每个选中的群，要么样本包括所有的个体，要么依概率抽样抽取个体。前者叫作一步整群抽样，后者叫作二步整群抽样。

整群抽样的一般形式就是区域抽样。调研人员把总体细分为要调查的地理区域，例如普查地区、城市、郊区或任何其他便于区别的地域名称。调研人员既可以选择单阶段区域抽样，也可以选择两阶段区域抽样。选择单阶段区域抽样，调研人员认为各个地区（群）具有足够的同质性，从而允许其将注意力集中在一个地区上，然后将调查结果推广到总体。但调研人员必须随机地选取一个区域，然后对其成员进行普查。选择两阶段区域抽样，首先，调研人员可以选取一个随机区域样本。其次，采用任意一种概率抽样方法在选中的区域抽取个体。因为个别子群的代表性总是比调研人员的预期要小，所以采用两阶段区域抽样法比单阶段区域抽样法好。由于两阶段区域抽样法涉及多个区域，花费的时间也更多，因此成本更高。

整群抽样法的优点：无须所有小单元明确的抽样框；由于简化了操作程序而在经济效率方面比系统抽样更胜一筹。

整群抽样法的缺点：容易错误地划分子群，当群内单位不同质时便会发生这样的错误。例如，一个细分组织使用区域抽样法将一条街作为群的分界来开展调查。而这条街环绕一个小湖，这意味着这条街上的家庭比其他细分区域中的家庭更富裕。如果这条街被选作调查样本，那么很可能使结果产生偏差。当使用单阶段区域抽样时这种偏差就更严重。

（四）分层抽样方法

分层抽样是基于对总体的事先了解，按一定标志将总体划分为若干个子总体，并从各子总体中分别选取样本的抽样方法，被划分成的子总体称为层。

分层抽样法主要分为两个步骤：首先，分层。按照分层变量将总体划分为若干个层次，层与层之间相互排斥，每个个体仅属于一层。分层变量与被关注特征紧密相关，它应该满足同一层的个体最大限度地同质，不同层的个体最大限度地异质。常用的分层变量包括人口统计特征、消费者类型、企业规模以及行业类型等。经验表明，层数不要多于 6 个，否则会大大提高抽样成本。其次，抽样。在每一层中一般采用简单随机抽样，有时也采用系统抽样或其他概率抽样。分层抽样的一个主要目的是在不增加成本的情况下提高精度。

分层抽样包括比例抽样和非比例抽样。在比例分层抽样中，各层样本的大小应与该层相对总体的大小或比例一致；在非比例分层抽样中，各层所抽取的样本容量不仅与该层相对总体的大小有关，还与反映该层特征的分布的标准差有关。在非比例抽样中，为了提高样本的代表性，应从标准差较大的层中抽取较多的个体，从标准差较小的层中抽取较少的个体。由于特征的标准差难以确定，调研人员往往依赖经验或逻辑特征确定各层样本的大小。

分层抽样法的优点：一方面，与简单随机抽样相比，分层抽样方法有着更高的统计效率，如果从同一总体中取出两个样本，一个是按适当的分层方法抽取，一个是按简单随机抽样法抽取，分层样本将有更小的抽样误差；另一方面，在给定的抽样误差下，用分层抽样法所需的样本规模更小。在简单随机抽样情况下，调研人员完全依靠随机法则会产生一个有代表性的样本；在分层抽样情况下，调研人员可以保证总体中各种类型的元素在任何可能的样本中都能得到代表。

分层抽样法的缺点：只适合偏态总体，即一侧是长尾，一侧是短尾，而总体服从正态分布的情况不适合使用分层抽样法。

二、非概率抽样方法

非概率抽样方法的本质就是一种有偏的抽样过程，其主要目的是降低抽样成本。当然调研人员使用非概率抽样可以节省费用，但代价是样本的结果不能真正地代表总体。非概率抽样方法包括方便抽样法、判断抽样法、配额抽样法和推荐抽样法。

1. 方便抽样法

方便抽样法是指调研人员采用自己方便的抽样方式选择样本的方法。通常被调查者被选中的原因只是他们当时碰巧在调研现场。例如，常见的未经许可的街头随访或拦截式访问、邮寄式调查、报纸及杂志内问卷调查、选用学生或宗教团体以及社会组织成员等都属于方便抽样。

方便抽样法的优点：省时、省钱，样本容易获得，测量容易，且容易获得调研对象的合作。该方法可用于形成观点和假设的探索性调研和预先测试调研等，一些大型调研的实施有时也会用到这种调研方法，例如企业中对员工忠诚度的调查。

方便抽样法的缺点：样本偏差往往较大，有时不能较好地代表总体。它不适合描述性或因果性调研。

2. 判断抽样法

判断抽样法是指依据调研人员或者了解总体的有关人士的判断选取样本的抽样方法。运用判断抽样法时，调研人员必须利用自己的专业技能和判断力，确认能够较好地代表目标总体特征的个体群，以便获得样本。例如，从行业中抽选若干领导型、追随型或补缺型企业作为样本，来考察行业整体的经营状况。如果判断准确，这种方法有可能取得具有较好代表性的样本，但受主观因素影响较大。通常，在下面的情况下采用判断抽样法：确定新产品的潜在市场；从某行业市场中选聘能较好地代表各自的公司的采购工程师；确定法庭上受聘专家；为测试一种新的促销展示方法而选定的百货商店等。

判断抽样法的优点：成本较低、方便快捷。其被广泛应用于商业领域的市场调研中。在不需要进行广泛的总体推断的情况下，该方法是可以被采用的。

判断抽样法的缺点：工作人员的主观因素对调研质量的影响大，这种影响完全取决于调研人员的判断力、专业知识水平及创造力。

3. 配额抽样法

配额抽样法是指对全部样本中的各种类型规定一个受访者的配额或比例的方法。配额抽样法可以被看作是划分为两个阶段的判断抽样。第一阶段是确定总体中个体特性。为分配这些配额，调研人员应列出相关的控制特征，如性别、年龄、民族等。至于如何确定控制特征，主要依赖调研人员的主观判断。一般来说，配额分配应使具有这些控制特征的个体在样本中所占的比例与具有这些特征的个体在总体中所占的比例趋向一致。第二阶段是利用方便抽样法或判断抽样法抽样。一旦配额分配完成，在如何选择个体的问题上是较灵活的，唯一的要求是所选个体应符合控制特征。配额保证了在这些特征上样本的组成与总体的组成是一致的。一旦配额分配好了，选择样本元素的自由度就很大了。唯一的要求就是所选的元素要适合所控制的特性。这种抽样方法的目的是使样本对总体具有更好的代表性，但调研人员仍不一定能保证样本真正具有代表性。如果与问题相关的某个特征未被考虑进配额，配额样本可能就不具有代表性了。但在实施中包括太多的控制特征，十分困难。另外，用这种方法进行选择时，往往存在调查人员的选择偏好，因而也难以避免主观因素的影响。如果在严格控制调查人员和调查过程的条件下，可使配额抽样获得与某些概率抽样非常接近的结果。在进行配额抽样时，要特别注意配额与调查结果之间的密切联系。

配额抽样法的优点：以相对较低的成本来获取有代表性的样本，其抽样成本低，且调研人员可对每一配额较方便地选择个体。

配额抽样法的缺点：存在严重的选择偏见问题，也无法对抽样误差进行估计。

4. 推荐抽样法

推荐抽样法也称作滚雪球抽样法。在滚雪球抽样中，第一组的访问对象一般是随机选择的。此后，调研人员要求第一组的访问对象推荐属于目标总体的其他个体，他们构成第二组；第二组的访问对象再推荐属于目标总体的其他个体，他们构成第三组；依此类推，后面的访问对象均基于前一组的推荐。这样，样本的形成是一层一层被推荐得到的，形成滚雪球效应，因此，叫作滚雪球抽样法。

推荐抽样法的优点：能够在保证样本具有某种特征的情况下，使抽样误差较小，且样本容量较小。另外，对特殊人群的某些特征的调查也宜采用该抽样方法。

推荐抽样法的缺点：抽样时过分依赖人际关系，且抽样质量受内一层人员质量和判断力的影响。

第三节 抽样方案设计

通过对抽样方法的全面讨论，不同的抽样方法看起来似乎是独立的、没有关系的，然而它们在逻辑上却是相互联系的，并且遵循着一定的方案，调研人员按照这些步骤最终会得到样本。图5-1标明了这些步骤，接下来我们详细介绍这些步骤。

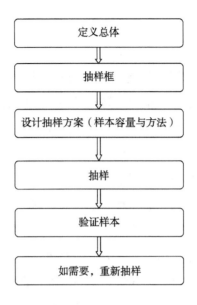

图 5-1　抽样过程

一、定义总体

抽样过程中的第一步就是定义研究的总体。总体要根据市场调研的内容而定。一般来讲，调研方案进入抽样阶段之初必须对有关总体加以详细界定。这种详细界定包括将目标总体含糊不清的描述转化为能将目标总体从其他总体中分离出来的明确人口统计特征或其他特征。调研人员的首要任务就是通过准确描述所调查的人的类型来界定抽样单位。

例如，在一项关于家用型乔山跑步机的品牌认知调研抽样方案设计中，有助于定义相关总体的重要描述是：总体中的成员应该拥有房产且不去健身中心锻炼。对总体的描述可以来自过去的研究或者经验丰富的营销决策人员的经验总结。

二、抽样框

一旦定义了相关总体，调研人员就开始寻找一份适用的名单作为抽样框。在有些研究中，候选名单很容易从各种数据库中得到。无论是公司档案还是记录，无论是公共数据库还是私人数据库，调研人员都可以利用。有些时候还可以从第三方购买名单。遗憾的是，完全可信的目标总体名单少之又少。大多数名单都存在抽样框误差；或者正像我们早已注意到的，数据库并没有包含总体成员的完整名录；或者这种名单由于包含某些不属于总体的成员而不能正确地描述总体。

例如，使用选民登记名单来作为一项对机动车驾驶调研的抽样框。抽样框误差产生的两个关键性因素：一是判断抽样框中列出的选民与目标总体选民所指的选民有多大差别；二是明确总体中还有哪些个体没有被包含在抽样框中。在访问之初采用甄别问句，排除与总体定义不一致的个体是规避产生抽样框误差第一个因素的常用办法。名单中符合总体要求的成员的百分比被称作关联率。很容易使用甄别问句来检查受访者是否拥有驾照。由于在美国多数人都会开车，因此关联率应该会很高。然而，并非所有驾驶员都进行了选民登记，有些驾驶者就没有被列入抽样框。不过抽样框误差应该不会大。因此，选民登记记录应该可以满足调研的需要成为可用的抽样框。如果总体是全球性的，并且关联率较低，调研人员一般都会对名单进行再编辑。

三、设计抽样方案与抽样

1. 设计抽样方案

借助精确的总体定义，并获得目标总体名单及其适用范围，调研人员就可直接进行抽样设计。此时，需要考虑数据收集方法的成本因素。调研人员需要同时权衡抽样设计、数据收集成本与样本容量之间的关系。在下一节中，我们将讨论确定样本容量的方法，以及如何权衡统计精度与抽样效率及抽样成本之间的关系。

不管样本容量如何，调研人员都必须详细具体地规定使用哪种抽样方法或者抽样方法的组合。抽样方案需要随调查内容和限制因素的变化而变化，因而并不存在哪种抽样方法"最好"的问题。

描述抽样方法涉及抽样过程中的所有必要步骤。例如，如果我们决定使用系统抽样，抽样方法就应该详述抽样框、样本容量、抽取间隔、如何确定随机抽样点、合格的提问、再联系被访问对象以及替换过程，即应预见所有的不可预测事件和偶发事件，并对其做相应准备。这些权变方案最常见于为数据收集公司提供的说明或为访问员给出的说明中。显然，调研成功的关键是坚持将抽样方法贯穿整个抽样过程。

2. 抽样

抽样过程由两个步骤组成：一是选择样本单位；二是从样本单位中获取信息。简单地说，就是选择一个人问他一些问题。当然，并不是每个人都愿意回答，因此就存在替换问题。当一个符合条件的受访者不能或不愿回答时，就需要进行替换了。问题是，怎样替换受访者？如果市场调研项目的执行人员希望确保实际的抽样方法被正确地执行，就必须解决替换问题。替换方法有三种：再抽样、超量抽样和顺延替换。

再抽样是替换受访者的方法之一。它是在原有样本被抽取后，再在抽样框里抽取额外样本的程序。再抽样的主要原因是应答率比预计的低得多，因此必须抽取更多的预期受访者。需要注意的是，必须防止在再抽样样本中重新出现原先样本中出现的预期受访者。

超量抽样也是一种替换方法，它以调研人员对关联率、无应答率和无效回答的认知为基础。例如，如果一种邮寄调查问卷的典型回答率徘徊在30%左右，为了最终获得300个受访者的样本，必须寄出1000份问卷。每种数据收集方法都有自己不同的超量抽样含义，这取决于基于市场调研人员的才智和经验，而决定进行多大的超额抽样。否则，为了获得期望的样本容量，在市场调研分析的后期工作中进行再抽样就很有必要了。

顺延替换是当调研人员拥有一份整个总体的名单时使用的方法。例如，我们将一本电话号码簿作为抽样框，而你是访问员，每隔100名受访者提问一次。在你第一次提问时，那个具有资格的受访者拒绝参与调查。如果实施顺延替换法，你的责任是立刻向下一个人提问。你不需要跳过100名，而是顺延到拒绝者之后的那个人。如果那个人也拒绝参与，你再顺延到下一个，就这样一直继续下去，直到找到一个愿意合作的受访者。然后你重新开始以100为间隔进行系统抽样，但起始点还是最开始的那个名字。很明显，使用顺延替换时，必须向访问员提供抽样框。

四、验证样本

一般情况下，抽样过程的最后环节是验证阶段。样本验证是指调研人员对样本的一些特性进行检验以判断其对总体的代表性的过程。样本验证可以采用多种形式，其中之一是将样本的统计数据与已知数据（如普查数据）相比较。当然，对于配额抽样，调研人员必须利用人口统计特征进行验证，而不是使用产生配额体系的指标验证。样本验证的实质是向调查委托方保证样本对于决策制定者希望制定决策的总体具有充分的代表性。虽然不是所有的调研人员都会进行样本验证，但当调研人员拥有总体统计特征方面的知识时，建议对样本进行验证。当不拥有这种先验信息时，验证是不可能进行的。此时，抽样方法旨在令委托方确信样本能代表总体。

当样本无法通过验证阶段时，意味着它不能充分地代表总体。特别是当样本替换被并入抽样过程时，这种情况可能出现。发现这一情况时，调研人员可以绘制图表以及在统计分析中使用加权方法，以减少无代表性样本的影响；有时也可以通过重新抽样选取更多的受访者，并把它们加入直至样本验证令人满意。

第四节 样本量的确定

确定样本容量是一个复杂的过程，但是我们尽可能使其简单、直观。确定一个具体样本中的受访者数量是市场调研过程中最简单的决策之一。然而使用公式确定样本容量通常会令人困惑。事实上，通常是介于理论上的完美方案与实际上的可行方案之间采用折中方式确定样本容量。市场调研人员应该大致了解确定样本容量的两个主要因素：一方面，许多调研实务工作者有一种大样本容量偏见，他们错误地认为样本的代表性是由样本容量决定的，这些人通常会问："多大的样本才具有代表性？"但通过前面的学习，你已经知道样本容量与代表性毫无关系。另一方面，市场调研人员要考虑样本容量在调研中常常是一个主要的成本因素，对于人员访问甚至电话调查都相当重要。所以，知道如何确定样本容量将有助于管理人员更好地利用资源。

下面列出的关于样本容量与其精确度的关系的八项定理能够纠正很多市场调研客户对大样本的偏好。定理是一个普适的真理，它意味着这种表述是永远正确的。尽管如此，我们仍需要指出，这些定理仅在概率抽样中有效，所以它们只有在随机抽样条件下才是真理。记住，无论我们的哪条表述让你感到惊讶，只要是随机样本，这些定理就永远成立。

样本容量与抽样精确度的定理：一是唯一完全精确的样本是普查；二是随机样本并不精确，必定会产生抽样误差；三是随机样本容量越大，精确度越高，抽样误差就越小；四是随机样本的精确度（抽样误差）可以由公式计算得出，以±%表示；五是使用相同样本容量进行重复随机抽样调查时，同样的结果非常可能位于最初样本值所构建的±%区间内；六是在几乎所有情况下，随机样本的精度（抽样误差）与总体规模无关；七是随机样本容量与总体规模之比虽然很小，但是样本结论仍然准确（抽样误差较小）；八是随机样本容量取决于调研委托方所要求的精确度（允许抽样误差）和数据收集成本。

一、样本量的确定

在进行估计时，我们总是希望提高估计的可靠程度（置信度）。但在一定的样本量下，要提高估计的可靠程度，就应扩大置信区间，而过宽的置信区间在实际估计中往往是没有意义的。如果想要缩小置信区间，又不降低置信度，就需要增加样本量。但样本量的增加也会受到许多限制，比如会增加调查的费用和工作量。因此，如何确定一个适当的样本量，也是抽样估计中需要考虑的一个问题。

1. 估计总体均值时样本量的确定

总体均值的置信区间由样本均值 $\bar{x}$ 和估计误差两部分组成。在重复抽样或无限总体抽样条件下，估计误差为 $z_{\alpha/2}\dfrac{\sigma}{\sqrt{n}}$。$z_{\alpha/2}$ 的值和样本量 n 共同确定了估计误差的大小。一旦确定了置信水平 $1-\alpha$，$z_{\alpha/2}$ 的值就确定了。对于给定的 $z_{\alpha/2}$ 的值和总体标准差 σ，可以确定任一允许的估计误差所需要的样本量。令 E 代表允许的估计误差，可以推导出所需样本量的计算公式如下：

$$n = \frac{(z_{\alpha/2})^2 \sigma^2}{E^2}$$

式中，E 值是使用者在给定的置信水平下可以接受的估计误差。如果能求出 σ 的具体值，就可以用式 $n = \dfrac{(z_{\alpha/2})^2 \sigma^2}{E^2}$ 计算所需的样本量。如果 σ 的值不知道，可以用以前相同或类似的样本的标准差来代替，也可以用试验调查的办法，选择一个初始样本，以该样本的样本标准差作为 σ 的估计值。

从式 $n = \dfrac{(z_{\alpha/2})^2\sigma^2}{E^2}$ 可以看出，样本量与置信水平成正比，在其他条件不变的情况下，置信水平越高，所需的样本量也就越大；样本量与总体方差成正比，总体的差异越大，所要求的样本量也越大；样本量与估计误差的平方成反比，即允许的估计误差的平方越大，所需的样本量就越小。简言之，要求一个很有把握或精度很高的估计，就需要很大的样本量。

注意：根据式 $n = \dfrac{(z_{\alpha/2})^2\sigma^2}{E^2}$ 计算出的样本量不一定是整数，一般将样本量取成较大的整数，也就是将小数点后面的数值一律进位成整数。

例题：拥有工商管理学士学位的大学毕业生的年薪的标准差为 2000 元，假定想要估计年薪 95% 的置信区间，允许的估计误差不超过 400 元，应抽取多大的样本量？

解：已知 $\sigma = 2000$，$E = 400$，$z_{\alpha/2} = 1.96$

$$n = \frac{(z_{\alpha/2})^2\sigma^2}{E^2} = \frac{(1.96)^2 \times 2000^2}{400^2} = 96.04 \approx 97$$

即应抽取 97 人作为样本。

2. 估计总体比例时样本量的确定

与估计总体均值时样本量的确定方法类似，在重复抽样或无限总体抽样条件下，估计总体比例置信区间的估计误差为 $z_{\alpha/2}\sqrt{\dfrac{\pi(1-\pi)}{n}}$，$z_{\alpha/2}$ 的值、总体比例 π 和样本量 n 共同确定了估计误差的大小。由于总体比例的值是固定的，所以估计误差由样本量来确定，样本量越大，估计误差就越小，估计的精度就越高。因此，对于给定的 $z_{\alpha/2}$ 的值，可以计算出一定的允许估计误差条件下所需要的样本量。令 E 代表允许的估计误差，可以推导出估计总体比例为 π 时所需的样本量，计算公式如下：

$$n = \frac{(z_{\alpha/2})^2 \cdot \pi \ (1-\pi)}{E^2}$$

式中，估计误差 E 由使用者事先确定。大多数情况下，E 的取值一般应小于 0.10。如果能够求出 π 的具体值，就可以用式 $n = \frac{(z_{\alpha/2})^2 \cdot \pi \ (1-\pi)}{E^2}$ 计算所需的样本量。如果 π 的值不知道，可以用类似的样本比例来代替，也可以用试验调查的办法，选择一个初始样本，以该样本的比例作为 π 的估计值。当 π 的值无法知道时，通常取使 π（$1-\pi$）最大的值 0.5。

例题：根据以往的生产统计，某种产品的合格率约为 90%，现要求估计误差为 5%，在求 95% 的置信区间时，应抽取多少个产品作为样本？

解：已知 $\pi = 90\%$，$E = 5\%$，$z_{\alpha/2} = 1.96$

$$n = \frac{(z_{\alpha/2})^2 \cdot \pi \ (1-\pi)}{E^2} = \frac{1.96^2 \times 0.9 \ (1-0.9)}{0.05^2} = 138.3 \approx 139$$

即应抽取 139 个产品作为样本。

二、影响确定样本量的现实因素

尽管我们已经讨论了如何使用差异程度、允许抽样误差以及置信水平来计算样本容量，但还没有讨论过市场调研人员用以确定这些因素的标准和应当遵守的一些准则。

1. 总体差异程度

在使用百分比计算样本容量时，其总体差异程度即标准差有两种计算方法：一是在多个估计的差异程度中选择最大差异程度；二是对实际的差异程度进行估计。我们已经介绍了使用百分比估计时最大差异程度的发生条件，即当 50% 对 50% 时总体百分比的差异程度最大。这种假设比较保守稳健，因此所需样本容量最大。

研究者为了减少样本容量会凭借经验估计 p 或百分比。p 与 q 不相等时的任何组合所计算的样本容量都会小于 p 与 q 项相等（50%/50%）时的组合所计算的样本容量，因为 p 与 q 的乘积是样本容量计算公式的分子。小的样本容量意味着付出更少的精力、时间和成本，因此调研人员有理由尽量去估计 p 而不是使用最大差异程度去估计样本容量。

关于目标总体的信息常常以多种形式存在。有以二手资料形式表现的普查资料，也有从商会、当地报纸、贸易发展促进会以及其他的类似组织获得的信息汇编和摘要。此外，通过一些正式的早期的调研，或者非正式的企业的经验，许多调研总体已经为人所知。所有的信息都有助于调研人员估计总体差异程度。如果调研人员得到了相互矛盾的信息，或者担心有关总体差异程度的信息的时效性和其他方面，可以使用探索性调研来更准确地估计 p 值。

2. 允许抽样误差

从精确度的角度来看，营销决策者要求的精确度越高，所需要的样本容量也就越大。所以市场调研人员的任务是从营销决策者那里得到误差的可接受范围，以满足其决策所需。一般来讲，允许抽样误差有一个上下浮动的比例。也就是说，调研人员可以告诉营销决策者，将估计值限定在真实值上下 10% 的范围内。如果管理人员对此概念并不理解，调研人员可以进一步解释，"如果我发现 45% 的样本顾客正认真考虑放弃竞争对手的品牌，而购买你的品牌，我会告诉你有 35%~55% 竞争对手的顾客可能会成为你的顾客"，直至营销经理充分理解你所确定的允许抽样误差为止。

3. 置信水平

所有的营销决策都有一定的风险性，在确定样本容量时，必须考虑风险，或者至少考虑一些不确定性。因为样本统计量是对总体参数的估计值，所以正确的方法是使用样本信息来估计总体值所处的范围。因为抽样过程是有缺陷的，所以应当使用抽样误差的估计值去计算这个范围。如果用恰当的统计术语来表达，这个范围就是我们所称的置信区间。调研人员应该报告这个置信区间以及他认为总体数值落入该置信区间的可信程度。

正如我们所指出的，市场调研通常采用的是95%的标准置信区间。这个置信区间的 z 值是1.96。从统计学的角度来看置信水平可以为1%~99.9%，但是市场调研人员可能主要使用99%这个置信水平。与99%的置信水平相对应的 z 值是2.58。99%的置信水平意味着当 z 值为2.58时，利用样本容量公式可获得样本容量 n，对样本容量为 n 的样本进行多次重复调查，就会有99%的样本 p 值落入允许抽样误差范围内。

然而，因为 z 值是确定样本容量的公式中的分子，所以当 z 值从1.96增加到2.58时，样本容量也会增加。实际上，对于既定的抽样误差，使用99%的置信水平将使样本容量增加74%。所以使用99%的置信水平会对样本容量产生显著影响。因此大部分市场调研人员选择1.96作为 z 值。

4. 样本容量和成本的平衡

确定样本容量的最后一个定理是：随机样本容量取决于调研委托方所要求的精确度（允许抽样误差）和数据收集的成本。这是一条很重要的定理，因为它描述了几乎所有样本容量决策都会面对的现实。前面我们讨论过调研成本和调研所获价值的问题。无论何时调研成本都不要超过期望从调研中获得的信息的价值。

考虑到数据收集成本的重要影响，在诸如人员访谈或购买在线固定样本组时，就要从调研成本与所获价值两个方面来决定样本容量。由于使用99%的置信水平会对样本容量产生显著的影响，因而调研人员通常使用95%的置信水平。

为了更好地理解样本容量和数据收集成本之间的关系，让我们来看一个例子。首先，使用95%的置信水平，此时 z 值是1.96。接下来假设 $p = q = 50\%$，这是一种差异程度最大的情况。接着调研人员和营销经理确定初步可接受的抽样误差水平。在此例中，我们假定调研人员和委托客户最初同意的抽样误差是 $\pm 3.5\%$。使用样本容量计算公式计算样本容量 n：

$$p = 50\%, \quad q = 50\%, \quad e = \pm 3.5\%$$

$$n = \frac{z^2\,(p \times q)}{e^2} = \frac{1.96^2\,(50 \times 50)}{3.5^2} = \frac{3.84 \times 2500}{12.5} \approx 784$$

假设每完成一个访谈的成本是 20 美元左右，那么这个样本容量的数据收集成本应该是 784×20 美元 = 15680 美元。现在委托客户知道了为达到 ±3.5% 的抽样误差需要多少样本容量，也知道了访问这些人需要的成本是 15680 美元。如果客户对这个成本有疑问，调研人员可以根据标准样本容量公式编制一个表，标注不同的精确度和相应的样本容量。表中也应包括数据收集成本估计值，以使客户能够根据可接受的样本容量进行决策。虽然不是所有的调研人员都要编制这样的表格，但是一定要讨论允许抽样误差和各种样本容量的成本，以使市场销调研人员和客户就调查的样本容量达成一致。在很多情况下，最终商定的样本容量是在允许抽样误差与调研成本之间进行平衡的结果。

三、确定样本容量的其他方法

下面介绍样本容量确定的几种最常用方法，主要有经验方法、约定式方法、统计分析方法、成本约束法。尽管确实有人在使用这些方法，并能够找到使用这些方法的支持者，但大部分方法都有致命的缺陷，应该辩证地看待和使用这些方法。

（一）经验方法

经验方法以"百分比经验法则"来陈述样本量："为保证精确度，样本容量至少应该是总体的 5%。"经验方法的确具有一些直观上的吸引力，因为这种方法便于记忆，易于应用。当然，因为我们知道样本容量和总体规模无关，所以不会受到百分比经验法则的误导。我们也已经从样本容量定理中了解到，当样本仅占全部总体很小的比例时，也能具有很高的精确度。

总之，由经验法确定样本容量简单易用，但既无效率也不经济。在抽样时我们希望用一种经济的方法来从总体中抽取样本，并根据预定的精确度来对总体进行估计。百分比经验法忽略了抽样的精确度问题；它们确实违背了一些样本容量定理，而且如你所见，当所研究的总体很大时，这绝不是一种节约成本且具有效率的方法。

（二）约定式方法

约定式方法使用某个"约定"的数作为正确的样本容量。某管理者可能对全国性民意调查比较了解，而且注意到民意调查的样本容量通常是1000~1200。这个数也许就表现为"约定"的数，该经理可能会向营销调研人员提出为什么市场调研人员所推荐的样本容量与这个约定样本容量不同。另外，某项调研可能是一个公司对某个特定市场进行的一系列调研之一，而且每年的研究都使用相同的样本容量，因为上一年就使用这个样本容量。这个约定数量可能是类似研究所用的样本容量的平均值，也可能是以往调查采用的样本容量的最大值，还可能是公司偶然发现的其竞争对手进行调查时采用的样本容量。

（三）统计分析方法

有时候，样本容量的大小取决于所要采用的统计分析法，这意味着研究人员希望使用某种对样本大小有要求的特定的数据分析方法。事实上，本章提到的样本容量公式只适用于最简单的数据分析。可以肯定的是，有些高级统计方法对样本容量有一个最小值要求，以确保结果可信或者保证统计结果的效度。基于统计分析标准确定的样本容量可能相当大。

有时某些调研内容涉及分组分析，这是一种在总体中细分层次或分组的研究，各组的情况对样本容量的确定具有直接影响。在对各组进行观察时有必要将每个组视为一个单独的总体，并为每个组确定样本容量，同时运用恰当的方法及其他特定方式研究与了解各组的情况。也就是说，如果你用本章中讲到的标准样本容量公式确定样本容量，并且充分分析总体中的各个组，则总体的样本容量等于使用标准样本容量公式获得的每组样本容量乘以分组数。一旦完成上述工作，就可以将所有的分组合并起来组成一个大的总体，从而获得完整的总体情况。

（四）成市约束法

成本约束法有时也称"量力而行"法，成本可以作为驾驭样本容量的基础。根据样本容量的第八个定理，大多数管理者和营销调研专家时常受制于调研成本，因为调研成本增长的速度可能很快，尤其是对于人员访谈、电话调查，甚至内附小礼物的邮寄问卷调查。所以，有时将成本作为确定样本容量的基础就不足为奇了。

具体来说，成本约束法在应用中差别很大。有些情况下营销调研预算是事先决定的，每一阶段的研究费用非常具体。例如说，预算中可能包括10000美元的访谈费用，或者5000美元的数据收集费用。另一种应用上的差别是因为全年的营销调研预算已事先确定，其中包括了每个项目的经费。采用这种方法时，营销调研项目主管受到总规划预算的制约，但可以在不同的项目之间分配资金，而样本容量则取决于该笔支出是不是在预算之内。

但是使用成本约束确定样本容量无异于本末倒置。也就是说，不是将调查所获得的信息的价值作为确定样本容量时优先考虑的因素，而是以预算作为首要考虑的因素，这样做通常会忽视调查结果对管理决策的价值，当然也不会考虑样本的精确性。事实上，由于许多管理者倾向于较大的样本容量，因此他们的营销调研项目成本在数据收集方面可能预算过高，而实际上较小的样本容量就可以获得很好的效果。

从最后一条样本容量定理中可以得知，不考虑成本因素就不能确定样本容量。关键是要记住何时考虑成本。在我们刚才描述的成本约束法的例子中，成本完全决定了样本容量。当调研人员有5000美元访谈费用，而一家数据收集公司的报价是一次完整的访问费用为 25 美元时，样本容量就被定为 200 名受访者。然而，确定样本容量的较好方法是综合考虑成本和调研对于管理者的价值这两个因素。如果管理者需要非常精确的信息，则调研人员应建议采用大样本，然后估计获得样本的成本。否则，管理者应基于所获得信息的真实价值来考虑成本。借助成本的概念，调研人员需与管理者一起讨论各种样本容量方案、不同的数据收集方法、成本和其他需要考虑的问题。在这种情形下，管理者对调查拥有某种所有权，同时会与调研人员建立紧密的伙伴关系。最终，管理者会对最终样本容量的确定方法及原因有更好的了解。采用这种方法，成本将不再是确定样本容量时唯一需要考虑的因素，但也应加以考虑。

（五）特殊情况下样本容量的确定

下面主要介绍确定小总体的样本容量和运用非概率抽样方法确样本容量。

1. 小总体的样本容量的确定

迄今为止，在本章中讨论的所有确定样本容量的方法都包含了一个假定，即总体非常大。然而，有时候总体也会非常小，如 B2B（公司对公司）市场。确定样本容量的第六个定理可以解释这种情况下的抽样，"在几乎所有情况下，随机样本精确度（抽样误差）与总体规模无关"。按照惯例，小总体是指样本不超过总体规模的 5%。我们需要注意的是，小总体是根据所考虑的样本容量来界定的。如果样本容量大于总体，就可以认为这是一个大规模的总体，可以运用本章前面介绍的一些程序来确定样本容量。如果总体较小，则样本容量公式需要使用有限乘数进行调整。有限乘数是指不包括在样本中的单位数与总体单位数比率的平方根，它是一个近似的调整因子。例如，假定总体规模是 1000 家公司，从中选取 500 家为样本。有限乘数为 0.71，即 0.5 的平方根，$0.5 = (1000 - 500)/1000$。我们的样本可以改为 355（0.71×500）家公司，它与 500 家公司的样本在调查的精确度方面是相同的。采用有限乘数计算样本容量的公式如下：

$$小总体样本容量 = n \times \sqrt{\frac{N-n}{N-1}}$$

以 1000 家公司的总体来举例，假定我们想知道有百分之几的公司对一家当地医院的防止药物滥用项目感兴趣，这个项目专门面向这些公司的员工。当不能肯定总体差异性时，只能考虑 50 对 50 的总体差异程度最大的情况。决定采用 95% 的置信水平，而这家医院的项目主管希望结果的精确度是 ±5%。计算结果如下：

$$p = 50\%，\ q = 50\%，\ e = \pm 5\%$$

$$n = \frac{z^2\ (p \times q)}{e^2} = \frac{1.96^2\ (50 \times 50)}{5^2} = \frac{3.84 \times 2500}{25} = 384$$

现在运用有限乘数对小总体的样本容量进行调整：

$$小总体样本容量 = n \times \sqrt{\frac{N-n}{N-1}} = 384 \times \sqrt{\frac{1000-384}{1000-1}} = 384 \times 0.79 = 303$$

换句话说，我们需要的样本容量是 303，而不是 384，因为我们研究的总体较小。运用有限乘数调整，我们可以减少 81 名受访者，而所获得的精确度相同。如果这项调查需要人员访谈，我们就可以节约一笔可观的开支。

2. 运用非概率抽样方法确定样本容量

本章中已讨论的所有样本容量确定公式都假定采用的是某种形式的概率抽样方法，即样本的选取是随机的，唯一可能产生抽样误差的原因是样本容量。样本容量决定了精确度，而不是样本的代表性。抽样方法决定了样本的代表性。所有的样本容量公式都假定使用了随机抽样过程，从而保证了样本的代表性。

使用非概率抽样确定样本容量的唯一合理的方法是权衡从样本中所获得信息的利益或价值与收集这些信息的成本。这是一种很主观的方法，因为管理者可能有很多理由认为信息的价值至关重要。例如，信息可能使问题明确化，可能会使管理者对一些重要的难题豁然开朗，甚至可以使管理者意识到一些以前并不知道的细分市场。因为偶然的抽样流程会导致未知的偏差，所以不宜使用样本容量公式。对于非概率抽样而言，样本容量的确定主要是基于管理者对信息价值的判断，而不是期望的精确度及其相关成本。

 **本章小结**

本章第一节介绍了调研样本设计的相关概念，第二节介绍了抽样的概率方法和非概率方法，第三节介绍了抽样方案的设计步骤，第四节为样本量的确定。

样本容量的确定是本章的重点内容。本章主要介绍了八项确定样本容量的定理，介绍了随机样本容量与精确度的关系，或者说抽样结果接近总体值的程度。这些定理被用来描述使用置信区间法如何确定样本容量，这是一种比较正确的方法，因为它基于的是差异程度、置信区间和抽样误差等统计学概念。从这些定理的描述中我们得出了营销调研活动中使用的标准样本容量公式。这个公式使用差异程度（$p \times q$）、置信水平（z）和抽样误差（e）来计算样本容量。我们介绍了通常使用的95%和99%的置信水平，相应的 z 值是 1.96 和 2.58。在用百分比来测定差异程度时，调研人员可以运用 50 对 50 分布（差异程度最大的情况）。标准的抽样误差公式是决定最终样本容量的起点，此外还必须考虑数据收集成本。调研人员和管理者通常需要讨论抽样误差程度、数据收集成本来决定可接受的样本容量。还有其他几种均有不足之处的确定样本容量的方法：经验方法；约定式方法；统计分析方法；成本约束法。本章的最后讨论了两种特殊的抽样情况。当总体较小时，可以运用有限乘数来调整样本容量。运用非概率抽样方法时，应进行成本—收益分析。

练习与思考

1. 常用的抽样方法有哪些?
2. 市场调研过程中抽样方案如何设计?
3. 如何来确定市场调研的样本容量?
4. 案例分析。

新型汽车研发中心

新型汽车研发中心的 CEO 尼克·托马斯已经同意 CMG 调研公司的科里·罗杰斯采用在线调研的方法来实施这个调研。实际上,在线调研意味着需要购买类似由 Qualtrics 开发的固定样本组所收集的数据。数据将由愿意参与固定样本组数据收集公司调查并能定期在线回答问题的个人来完成。这些人是由样本数据收集公司支付酬劳的。这些公司声称它们的固定样本组成员对总体具有很好的代表性。同时,样本组成员还提供额外的个人信息,例如,人口统计指标、生活方式、产品拥有情况等,这些都在固定样本组公司的数据库中。客户可以购买这些信息而不必在调研中再次询问。

罗杰斯的 CMG 调研公司经过一些调查找出了几家可以提供能够代表美国家庭的样本数据的公司,包括知识网络公司、e-Rewards 公司和国际抽样调研公司。它们的成本和服务都差不多:每完成一套 50 个问句的"综合"在线调查花费在 10 美元左右。"综合"意味着既包括数据库内的信息,又包括在线回答的答案。所以样本组数据公司的服务价格主要基于被试者的数量,并且每个公司会根据惯例和样本容量对这项工作进行投标。

罗杰斯知道他的客户新型汽车研发中心实施这项调研受到两方面的约束。首先,Zen 汽车公司高层已经确定了全部调研的总成本,尼克·托马斯需要小心地使用这个预算。如果在某一项单独的调研活动上使用大部分的预算——例如用于支付在线样本组——那么其他的调研活动就难以开展了。其次，科里·罗杰斯依据自己丰富的经验推测，尼克·托马斯和 Zen 汽车公司肯定会希望扩大样本容量。当然，作为一名营销调研人员，罗杰斯意识到大的样本容量对降低抽样误差并无帮助，但是在提及样本容量时，罗杰斯知道他的客户新型汽车研发中心实施这项调研受到两方面的约束。他必须准备好接受来自尼克·托马斯或者 Zen 汽车公司高层的质疑、保留意见或者反对。由于需要做好准备来说服公司高层，让他们知道对于新型汽车研发中心的调查来讲，他所建议的样本容量是正确的，罗杰斯决定画一个表格来说明特定的抽样误差和抽样成本间的关系。

思考：

罗杰斯需要准备哪些材料来说服公司高层？

第六章　调研问卷设计

本章学习目的

- 理解问卷调查的方法在市场调查中的作用
- 掌握问卷中的问题类型及问卷设计方法
- 理解问卷设计中应遵循的原则
- 掌握问卷设计中的注意事项
- 理解问卷测试方法

一项关于消费者消费态度的调查

1. 我很注意流行时尚的新趋势。

2. 我是一个有独特风格的人。

3. 即使价格贵一点，我还是喜欢购买名牌产品。

4. 电视广告能够帮助我选购到合适的商品。

5. 使用外国产品，心理上会有满足感。

......

第一节 问卷设计含义与原则

一、问卷的含义与类型

问卷即通常为人们所熟知的采访目录或资料表，它包含了一系列问题，用来获取与研究目标有关的信息。但问卷不仅是用来收集答案的一张问题表，而是一种以书面形式了解被调查对象的反应和看法，并以此获得资料和信息的载体。采用问卷收集信息资料是国际上通行的调查方式，也是我国近几年来推行最快、应用最广的调查方式。问卷设计是将调查内容分解为细致的项目，并将其合理地排列在问卷中。问卷中大多数为封闭题，列出备选答案，供被调查者选择，只有少数问题采用开放的文字表达方式，因此有利于调查内容的系统化、标准化，便于手工或利用计算机对所获得的信息进行研究。同时，问卷调查方式不仅将人们实际的购买行为以提问和回答的方式设计出来，而且还能将人们的态度、观点、行为和看法等定性认识转化为定量研究；不仅便于调查者对调查对象基本状况的了解，还可以对各种市场现象的相关因素进行相关分析、回归分析及聚类分析等。

根据调查目的以及调查对象的不同，问卷可以采用不同形式，基本可以分为以下几种：

1. 自填式问卷和访问式问卷

自填式问卷是通过面访、邮寄或网络途径，将问卷交给被调查者，由被调查者自行填写，较能节省人力和时间，有些内容被调查者不愿公开的，采取这种形式较好。

访问式问卷则是通过面访或电话途径，询问被调查者，并且由调查人员记录调查结果，可保证调查表的质量，内容规范、清楚、完整，但花费人力、时间也较多。

2. 传统问卷和网络问卷

传统问卷指以面访、邮寄或电话途经进行调查的问卷，仍然是目前大量采用的问卷形式。

网络问卷则是随着计算机以及互联网技术的普及而发展起来的新型调查问卷形式，用于网上调查，其优点是快捷、高效、针对性强，一般来说，还可降低调查成本。

3. 结构型问卷和无结构型问卷

结构型问卷中的问题要有一定数量，而且问卷的设计要有一定的结构，即要求按一定的提问方式和顺序进行安排。调查者要绝对遵从要求提问，不能任意变动问题和字句，更不能删减或添加问题。此类问卷适用于大规模的调查项目。

无结构型问卷是指问卷中所提问题没有加以严格的设计与安排，只是围绕研究目的提出若干问题，一般采用调查提纲形式，此类问卷适用于较小规模的深层次访谈调查。

二、问卷设计的原则

一个有效的问卷设计应该具备两个功能：一是能够将所要调查的问题明确无误地传达给被调查者；二是易于取得对方的合作以便获得真实、正确的答案。但在实际调查中，由于各种原因如被调查者的个性、教育、理解能力、职业和世界观的不同，会给调查者带来困难，并影响调查的结果。为了克服上述问题，问卷设计中应遵循一定的原则。

（一）目的性原则

目的性原则是问卷设计的最重要原则，也是问卷设计首先要遵守的原则。问卷设计的根本目的是设计出符合调研需要，能获得足够、适用和准确的信息资料的调查问卷，以保证调查工作的顺利完成。因此，一份问卷的设计就不只是列出一系列问题，还涉及许多在问卷上看不到的因素及其影响和制约，其中调查目的就是最重要的影响和制约因素。

（二）可接受性原则

设计出来的问卷应该能为被调查者所接受。由于被调查者对是否参加调查有着绝对的自由，调查对他们来说是一种额外负担，他们既可以采取合作的态度，接受调查；也可以采取对抗行为，拒绝回答。因此，请求合作就成为问卷设计中的一个十分重要的问题。应在问卷说明词中，将调查目的明确告诉被调查者，让对方知道该项调查的意义和自身回答对整个调查结果的重要性。问卷说明要亲切、温和，提问部分要自然、有礼貌和有趣味，必要时可采用一些物质鼓励，这也是当今问卷调查的流行趋势。此外，还应使用适合被调查者身份、水平的用语，尽量避免列入一些会令被调查者难堪或反感的问题。

（三）顺序性原则

在设计问卷中，要注意问卷中问题的排列顺序，使问卷条理清楚，顺理成章，以提高回答问题的效果。问卷问题的排列顺序主要有以下几点要求：

1. 先易后难

容易回答和调查者感兴趣的问题放在前面；较难回答的问题放在中间；敏感性问题放在后面；关于个人或企业情况的背景资料放在最后面。

2. 先闭后开

封闭性问题放在前面；开放性问题放在后面。这是由于封闭性问题已由设计者列出备选的全部答案，较易回答，而开放性问题需要被调查者花费一些时间考虑，放在前面易使被调查者产生畏难情绪。

3. 先共性后个性

先问一些共性的问题，取得被调查者的配合之后，再问涉及个人的一些个性问题。

4. 逻辑顺序

问题的安排应具有逻辑性，以符合被调查者的逻辑习惯。如可按时间顺序、类别顺序等合理安排。否则会影响被调查者的兴趣，不利于其他问题的回答。

（四）简明性原则

1. 调查内容要简明

没有价值或无关紧要的问题不要列入或重复，力求以最少的问题获得最完整的资料。

2. 调查过程要简短

问题和整个问卷都不宜过长，小型问卷问题应控制在 20 个以内。问题过多容易造成被调查者的反感。

3. 问卷的设计要简单明了

让消费者一看就知道你问的是什么，而不用你再仔细给他解释。

（五）匹配性原则

匹配性原则是指要使被调查者的回答结果容易进行检查、数据处理和分析。所提问题都应事先考虑到能对问题进行分类和统计，便于分析。此外，调查的结果最后要能够跟常识或以前的资料基本匹配，否则可能是误差太大所致，应分析原因。

第二节　主要结构与设计程序

一、主要结构

问卷调查的主要内容是关于调查事项的若干问题和答案，但仅有这些内容是不够的。一份完整的调查问卷，通常有题目、卷首语（又称说明信）、被调查者的基本情况、调查事项的问题和答案、填写说明与解释、结尾以及编码等几个部分。

（一）题目

题目是问卷的主题。调查问卷与文章一样，题目非常重要，应该准确、醒目。一般应满足几方面要求：一是要能准确而概括地表达问卷的性质和内容；二是观点新颖，句式构成上富于吸引力和感染力；三是言简意赅，明确具体；四是注意题目不要给被调查者以不良的心理刺激。

（二）卷首语（说明信）

卷首语一般在问卷的开头，是致被调查者的一封短信。这是调查者与被调查者的沟通媒介，目的是让被调查者了解调查的意义，引起被调查者足够的重视和兴趣，争取他们的支持与合作。其内容一般包括以下几个方面：

（1）称呼、问候；

（2）调查人员自我说明调查的主办单位和个人的身份；

（3）简要地说明调查的内容、目的、填写方法；

（4）说明作答的意义或重要性；

（5）说明所需时间；

（6）保证作答对被调查者无负面作用，并替他保守秘密；

（7）表示真诚的感谢，或说明奖励的方式、方法及奖金、奖品等有关问题。

例题：百村调查问卷的卷首语

村民同志：

您好！

我们是中国村情调查组成员，今天来调查了解您家2010年的生产和生活情况，目的是研究当前中国农村经济与社会发展中的成绩和问题，为党和政府制定政策提供依据。调查结果不记名、不涉及单个问卷的内容，只是用于全部资料的综合统计。因此，不会影响您家的救济和纳税，也不会给您家带来任何麻烦。

谢谢合作！

中国村情研究课题组

2010年×月

卷首语（说明信）的语气应该是亲切、诚恳而礼貌的，简明扼要，切忌啰唆。大量的调查实践表明，几乎所有拒绝合作的人都是在开始接触的前几秒内就表示不愿参与的。如果潜在的调查对象在听取介绍调查来意的一开始就愿意参与的话，那么绝大部分都会合作，而且一旦开始回答，就几乎都会继续并完成，除非在非常特殊的情况下才会中止。写好说明信，取得被调查者的支持与合作，是问卷调查取得成功的必要保证。

（三）被调查者的基市情况

被调查者的基本情况是对调查资料进行分类研究分析的基本依据。一般而言，被调查者包括两大类：一是个人；二是单位。根据调查目的与内容,如果被调查者是个人,则其基本情况可以包括姓名、性别、年龄、文化程度、职业、职务或职称、个人或家庭收入等项目;如果被调查者是企事业单位,则基本情况可以包括单位名称、行业类别、规模、资产等项目。若采用不记名调查,被调查者的姓名可在基本情况中省略。

(四)调查事项的问题和答案

调查事项的问题和答案是调查问卷最主要、最基本的组成部分,调查资料的搜集主要是通过这一部分来完成,一般包括三部分内容:

1. 向被调查者了解最一般的问题

这些问题应该是适用于所有的被调查者,并能很快很容易回答的问题。在这一部分不应有任何难答的或敏感的问题,以免吓坏被调查者。

2. 问卷的主要内容

包括涉及调查主题的实质和细节的大量题目,这一部分的结构组织与安排,要符合逻辑性并对被调查者来说是有意义的。

3. 一般是敏感或复杂性,以及测量被调查者的态度或特性的问题

(五)填写说明与解释

填写说明与解释,包括填写问卷的要求、调查项目的含义、被调查者应注意的事项等,其目的在于明确填写问卷的要求和方法。

(六)结尾

问卷的结尾一般可以加上 1~2 道开放式题目,给被调查者一个自由发表意见的机会。对被调查者的合作表示感谢,或征求被调查者对问卷设计和问卷调查的意见和感受。

例如,在问卷的最后可设计这样一组问题:

您填写完这份问卷感到还有什么需要补充吗?如有,请写在下面:

您填写完这份问卷后，有何感想？很有意义□；有些用处□；没有意义□；不清楚□。

您以后还愿意填答问卷吗？愿意□；不愿意□。

（七）编码

问卷及问卷中的问题还应有编码，以便对问卷进行数据处理。所谓编码，就是对每一份问卷和问卷中的每一个问题、每一个答案，编定一个唯一的代码，并以此为依据对问卷进行数据处理。问卷的编码包括编定被调查者的地址、类别的代码；调查开始时间、结束时间和合计时间的代码；调查完成情况的代码；调查员和调查结果评价的代码；复核员和复核意见的代码等。所有这些，都是对问卷分类和处理的依据。

为便于计算机录入和处理，一般编码都由 A、B、C、D 等英文字母和 1、2、3、4 等阿拉伯数字组成，同时应设计每一个代码的填写方式。例如，被调查者在 100 人以下，就编定 2 位数；1000 人以下，就编定 3 位数。同样，根据问题、答案的数量，也分别编定它们的位数（即 1 位数为 0~9；2 位数为 0~99；3 位数为 0~999；4 位数为 0~9999）。

此外，如果是访问式问卷还应该加上作业证明的记载。其主要内容包括调查人员姓名、调查时间、作业完成情况等，以有利于检查、修正、调整资料。

二、设计程序

问卷设计是一个系统工程，由一系列工作过程构成。问卷应具有科学性和可行性，需要按照一定的程序进行。

1. 准备阶段

准备阶段是根据调查问卷需要确定调查主题的范围和调查项目，将需要的资料一一列出，分析哪些是主要资料，哪些是次要资料，哪些是调查的必要资料,哪些是可要可不要的资料,并分析哪些资料需要通过问卷来取得,需要向谁调查等,对必要资料加以收集。同时要分析调查对象的各种特征,即分析了解各被调查对象的社会阶层、行为规范等社会特征;文化程度、知识水平、理解能力等文化特征;需求动机、行为等心理特征,以此作为拟定问卷的基础。在此阶段,应充分征求有关各类人员的意见,以了解问卷中可能出现的问题,力求使问卷切合实际,能够充分满足各方面分析研究的需要。可以说,问卷设计的准备阶段是整个问卷设计的基础,是问卷调查能否成功的前提条件。

2. 拟定初稿

在准备工作基础上,设计者就可以根据收集到的资料,按照设计原则设计问卷初稿,将调查的目的明确告诉被调查者,让对方知道该项调查的意义和自身回答对整个调查结果的重要性。问卷说明词要亲切、温和,提问部分要自然、有礼貌和有趣味,以消除被调查者某种心理压力,使其自愿参与,认真填好问卷。此外,还应使用适合被调查者身份、水平的用语,尽量避免列入一些会令被调查者难堪或反感的问题。

3. 试答和修改

一般说来,所有设计出来的问卷都可能存在一些问题,因此,需要将初步设计出来的问卷,在小范围内进行试验性调查,以便弄清问卷在初稿中存在的问题,了解被调查者是否乐意回答和能否回答所有的问题,是否语句不清、多余或遗漏,问题的顺序是否符合逻辑,回答的时间是否过长等。如果发现问题,应做必要的修改,使问卷更加完善。试调查与正式调查的目的是不一样的,它并非要获得完整的问卷,而是要求回答者对问卷各方面提出意见,以利于修改。

4. 定稿

定稿就是确定最后的问卷形式和内容,并交付打印。

第三节 问题设计的类型

在市场调查时，无论是采用面谈方式还是发放调查表方式，都要求调查者能够把所要调查的问题正确地转达给调查对象，并得到对方的合作，使他们能够如实、准确地回答问题。要达到这个目的，调查人员除了在设计问卷时要认真研究、仔细修改以外，还需掌握一定的问卷设计、询问方式和技巧。在着重介绍询问技术以前，先简单介绍一下所询问问题的类型。

一、问题的类型

从不同的角度对各种问题进行分类，在实际调查中，几种类型的问题往往是结合使用的。在同一个问卷中，既有开放性问题，也有封闭性问题，甚至在同一个问题中，也可以将开放性问题与封闭性问题结合起来，组成结构式问题。常见问题的主要类型有：

1. 直接性问题和间接性问题

直接性问题是指在问卷中能够通过直接提问方式得到答案的问题。直接性问题通常给回答者一个明确的范围，所问的一般都是个人的观点或基本情况。例如，你的月收入、你的年龄、你是否买过该产品等，这些问题都可以得到明确的答案。这种提问对统计分析比较方便，但若遇到一些窘迫性的问题，采用这种提问方式，可能无法得到所需要的答案。

间接性问题是指那些不宜于直接回答，而采用间接提问方式得到所需答案的问题。通常是指那些被调查者因对此问题产生顾虑，不敢或不愿意真实地表达意见的问题。调查者不应为得到直接的结果而强迫被调查者做出直接回答，使他们感到不愉快或难堪。这时，如果采用间接回答方式，使被调查者认为很多意见已被其他调查者提出来了，他所要的只不过是对这些意见加以评价罢了，这样，就能排除调查者和被调查者之间的某些障碍，使被调查者有可能对已得到的结论提出自己不带掩饰的意见。

2. 事实性问题和假设性问题

事实性问题是要求被调查者回答一些有关事实的问题，例如，你是否买过唐装？这类问题的主要目的是为了获得有关事实的资料，因此问题的意见必须清楚，使被调查者容易理解并回答。通常在一份问卷的结尾要求回答填写个人资料，如性别、年龄、收入、家庭状况、教育程度等，这些问题均为事实性问题，对此类问题进行调查，可为分类统计和分析提供资料。

假设性问题是通过假设某一情景或现象存在而向被调查者提出的问题。例如，如果你购买唐装，你会购买什么款式的唐装？有人认为海尔的核心竞争力是售后服务，你的看法如何？等等。

3. 行为性问题、动机性问题和态度性问题

行为性问题是对回答者的行为特征进行调查。例如，你是否购买过手机？你是否抽过烟？等等。

动机性问题是为了了解被调查者某项行为的原因或动机。例如，你为什么购买手机？你为什么投诉？等等。在提动机性问题时，应注意人们的行为可以是有意识动机，也可以是半意识动机或无意识动机产生的。对于前者，有时会因种种原因不愿真实回答；对于后两者，因回答者对自己的动机不是十分清楚，也会造成回答的困难。

态度性问题是关于调查回答者对某事件的态度、评价、意见等问题。例如，你是否喜欢喝"君乐宝"牌酸奶？

4. 开放性问题和封闭性问题

开放性问题是指对问题的回答未提供任何具体的答案，由被调查者根

据自己的想法自由做出回答，属于自由回答型。例如，你认为中国加入WTO后，营销调研需要做哪方面的改变？

开放性问题的优点是比较适合于收集更深层次的信息，特别适合于那些尚未弄清各种可能答案或潜在答案类型较多的问题，而且可以使被调查者充分表达自己的意见和想法，有利于被调查者发挥自己的创造性。其主要缺点是：由于会出现各种各样的答案，会给资料的整理带来一定的困难。

封闭性问题是指对问题事先设计出了各种可能的答案，由被调查者从中选择。封闭性问题的答案是标准化的，有利于被调查者对问题的理解和回答，同时，有利于调查后的资料整理。但封闭性问题对答案的要求较高，对一些比较复杂的问题，有时很难把答案设计周全。一旦设计有缺陷，被调查者就可能无法回答问题，从而影响调查的质量。因此，如何设计好封闭性问题的答案，是问卷设计中的一项重要内容。

二、问题设置方法

按照调查问卷的表述形式，问题设置方法有所区别。

（一）针对封闭式问题

封闭式问题是指在被调查者回答问题时，只能从两个或两个以上的答案中选择一个或几个其所认为准确的答案。这种方式的特点是回答的结果便于统计，针对性较强，应答者易于回答。但答案伸缩性小，回答方式单一。常用的技术方式有以下几种：

1. 二项选择法

二项选择法又称为是否法或真伪法。即一个问句的回答结果只有两项供选择。该法的特点是应答者能够明确作答，但不能表示意见程度的差别。

例：您是否用过 A 牌的牙膏？

A. 用过；B. 没用过

例：您喜欢看电视播的天气预报吗？

A. 喜欢；B. 不喜欢

2. 多项选择法

多项选择法是指对所提出的问题的回答结果，有三种以上的答案供应答者选择。

例：您购买 A 牌洗衣粉的最主要原因是什么？（只能选两项）

A. 名牌；B. 去污力强；C. 用量省；D. 包装精美；E. 广告吸引；F. 朋友介绍

例：您都喜欢下列哪个牌子的牙膏？（复选）

A. 洁银；B. 黑妹；C. 两面针；D. 蓝天六必治；E. 康齿灵；F. 美加净；G. 中华；H. 芳草

3. 顺位法

顺位法是在多项选择法的基础上，要求应答者对所提问题的答案按照重要程度或喜欢程度顺位排列。用顺位法拟定问卷时应注意顺位的项目应在 10 个以内。

例：请您对下列四种品牌的洗衣粉按照喜爱程度进行排序，在括号内写上数字序号。

汰渍（　）；白猫（　）；碧浪（　）；奥妙（　）

例：对下列几个牌子的啤酒，请您按顺序标出您最喜欢喝的三种，在括号内写上数字序号。

哈尔滨（　）；海滨（　）；青岛（　）；雪花（　）；五星（　）；蓝带（　）

4. 比较法

比较法是指采用对比提问的方式，要求应答者对两个以上答案的对比结果作出回答，常用的是一对比较法。通常采用一对比较法还往往在两者间插入若干评价尺度。

例：下列饮料中，请您比较左边与右边您认为好喝的画上"○"号。

芒 果 汁　　　健 力 宝

真爱果汁　　　露　　露

健 力 宝　　　椰 子 汁

露　　露　　　健 力 宝

椰 子 汁　　　真爱果汁

例：如前例，请您根据喝后口感程度，在您认为最合适数字上打上"○"号。

好喝　较好喝　差不多　较好喝　好喝

芒 果 汁　3———2———1———2———3　健 力 宝

真爱果汁　3———2———1———2———3　露　　露

健 力 宝　3———2———1———2———3　椰 子 汁

露　　露　3———2———1———2———3　健 力 宝

椰 子 汁　3———2———1———2———3　真爱果汁

比较法还可以采用图解的形式进行比较。例如，上例可变化为：

好喝　　较好喝　差不多　较好喝　好喝

芒 果 汁　|———|———|———|———|　健 力 宝

5. 竞争选择法

竞争选择法又称"CPT"法，它是应答者在众多的问题答案中选择出其认为"最好"的答案。该方法一般用于对广告效果的测定，但也用于对品牌影响力的调查。该类问题设计时要注意以下几点：商品间一定要有竞争的关系；必须属于同类、同档次的商品；商品的价格应相差不大。

例：如果您再购买牙膏的话，您会购买哪种牌子的牙膏？请您在您想买的牌子号码上画"○"。

A. 洁银；B. 黑妹；C. 两面针；D. 蓝天六必治；E. 康齿灵；F. 美加净；G. 中华；H. 芳草

（二）针对开放式问题

开放式提问法是指调查的问题后面并不列出所有可能的答案，而是由应答者自由回答的一种方法。在问卷中，开放式提问一般只能占一小部分，因为这类问题太多了，一是不易统计，二是分析难度大。但是，由于应答者在回答问题时不受限制，有时会得到意想不到的情报。特别是企业在选用促销方式或选择销售渠道时，如果采用开放式提问，常会得到意外的信息。例如，某企业准备新上市一种洗洁精，想了解一下消费者是到大商场还是到商店或连锁店购买洗洁精，采用了"您经常在哪里购买洗洁精"的开放式提问法，统计结果是有 30% 的人在小卖店购买，这使企业得到了事先未曾想到的市场信息。一般来说，采用开放式提问要慎重，所提的问题要进行反复的推敲和预试，然后才能确定。

开放式提问法主要有以下几种：

1. 自由回答法

被调查者在回答问题时，可以不受任何限制自由回答问题。例如，您最喜欢在哪些地方购买奶粉？您最不喜欢到哪些地方购买奶粉？为什么？

自由问答法的特点包括以下几点：一是问答自由，不受约束，可以充分发表意见；二是可取得建设性意见和意外信息；三是对于不能陈述意见或不知如何作答者，常以含糊之词回答；四是统计时需要较长时间，对于需要做出数据统计的调查不宜运用此方法。

2. 语句完成法

语句完成法是指由调查者提出一些不完整的语句，应答者根据自身感受去完成该句子。例如，当我在街上口渴时，我就想喝_____；我最喜欢购物的地方是_____。

3. 回忆法

回忆法是指通过回忆，了解被调查者对品牌的认知度、知名度以及广告印象的强度。调查时主要是根据被调查者所回忆的先后顺序及频率来分析品牌的认知度。例如，当提及国产香烟时您会想起哪些牌子？当您喝啤酒时您首先会选择购买哪个牌子？请您说出您最近在电视广告中都见过哪些冰箱的广告。您认为在表中的洗衣粉品牌中，哪一个品牌知名度最高？

三、量表类型

测量是指按照特定的规则对测量对象（目标、人物或事件）的某种属性赋予数字或符号，将其属性量化的过程。测量的本质是一个数字分配的过程，即用数字去反映测量对象的某种属性，进而通过属性对应的数字或统计量来研究个体或整体的性质。需要指出的是，要测量的不是对象本身，而是它们的某种属性。在营销调查中，更多的是测量消费者对某事物或状态的看法、偏好和意向等。所谓态度表测量法就是通过一套事先拟定的用语、记号和数目，来测量人们心理活动的度量工具，是将我们所要调查的定性资料进行量化的设计方式。

（一）按事物的性质划分

对事物的特性变量可以用不同的规则分配数字，因此形成了不同测量水平的测量量表（又可称为测量尺度）。基本的测量量表有四种：类别量表、顺序量表、等距量表和等比量表。下面我们分别讨论这四种类型。

1. 类别量表

又称名义量表。该量表中的数字分配，仅仅是用作识别不同对象或对这些对象进行分类的标记。例如，在一个调查项目中对每个受访者进行编号，这个编号就是类别量表。当类别量表中的数字是用于识别不同对象时，数字与对象间存在着一一对应的关系。在市场营销调查中，类别量表常用来标识不同的受访者、不同的品牌、不同的商品特性、不同的商店或其他对象等，这些对象对于该数字所代表的特征来说是同质的。例如，将控制组标记为第一组，实验组标记为第二组等。这种分类要具有互补性和完备性。

　　但是，类别量表中的数字不能反映对象的具体特征的性质和数量。对类别量表中的数字，只能计算发生频度以及和频率有关的一些统计量，如百分比、众数、卡方检验、二次检验等。计算平均数是没有任何意义的。

　　2. 顺序量表

　　又称次序量表。顺序量表是一种排序量表，分配给对象的数字表示对象具有某种特征的相对程度。顺序量表可以让我们确定一个对象是否比另一个对象具有较多（较强）或较少（较弱）的某种特征，但并不能确定多多少或少多少，顺序量表规定了对象的相对位置，但没有规定对象间差距的大小。排在第 1 位的对象比排在第 2 位的对象具有较多的某种特征，但是只多一点儿还是多了很多则无从得知。顺序量表的例子有产品质量的等级、足球赛的名次等。

　　在顺序量表中，和类别量表一样，等价的个体有相同的名次。任何一系列数字都可用于表达对象之间已排定的顺序关系。例如，可对顺序量表施以任何变换，只要能保持对象间基本的顺序关系即可。因此，除了计算频度，顺序量表还可用来计算百分位数、四分位数、中位数、联次数等。

　　3. 等距量表

　　又称差距量表。在等距量表中，量表上相等的数字距离代表所测量的变量相等的数量差值。等距量表包含顺序量表提供的一切信息，并且可以让我们比较对象间的差别，它等于量表上对应数字之差。等距量表中相邻数值之间的差距是相等的，1 和 2 之间的差距等于 2 和 3 之间的差距，也等于 5 和 6 之间的差距。有关等距量表最典型的实际例子是温度计。在市场营销调查中，利用评比量表得到的态度数据一般经常作为等距数据来处理。

　　等距量表中原点不是固定的，测量单位也是人为的。因此，任何形式为 $y=a+bx$ 的线性变换都能够保持等距量表的特性。这里，x 是测量变量在原量表中的值，y 是变换后得到的新值，b 是一个正的常数，a 可以是任何常数。因此，对四个对象 A、B、C、D 分别打分为 1、2、3、4 或 22、24、26、28 都是等价的。后一种量表可以从前一种量表经过变换得到，其中 $a=20$，$b=2$。由于原点不固定，量表上数字的比值没有任何意义，例如 D 和 B 的比值变换前为 $2:1$，变换后却为 $7:6$，但测量值差距之比是有意义的，因为在这个过程中常数 a、b 都被消掉了。在不同量表中，对象 D、B 的差值和对象 C、B 的差值之比都是 $2:1$。

对于等距量表可采用类别量表和顺序量表适用的一切统计方法。此外，还可以计算算术平均值、标准方差以及其他有关的统计量。

4. 等比量表

等比量表具有类别量表、顺序量表、等距量表的一切特性，并有固定的原点。因此，在等比量表中，我们可以标识对象，将对象进行分类、排序，并比较不同对象某一变量测量值的差别。测量值之间的比值也是有意义的。不仅"2"和"5"的差别与"10"和"13"的差别相等，而且"10"是"5"的 2 倍。身高、体重、年龄、收入等都是等比量表的例子。市场营销调查中，销售额、生产成本、市场份额、消费者数量等变量都要用等比量表来测量。

等比量表仅限于使用形式为 $y=bx$ 的变换，这里 b 是个正的常数。不能像在等距量表中那样再加上一个常数 a。例如从"米"到"厘米"的变换（$b=100$），不管用"米"还是用"厘米"作为测量单位，对象之间的比较总是一致的。所有的统计方法都适用于等比量表，包括几何平均数的计算。遗憾的是等比量表对态度测量并没有太大的用处。

（二）按测定变量数目的不同划分

根据测定变量数目的不同，可以分为单变量量表和多变量量表。单变量量表是只测定调查对象某一变量（即某一个特征）。例如要求消费者只对商场的服务态度满意程度表态；而多变量量表是对调查对象的多个变量（即若干的特征）进行综合测定，例如要求消费者对某商场经营品种、价格、环境、服务态度等满意程度进行表态，并给予综合评价。

（三）按态度答案数目的不同划分

根据各种态度答案数目的不同，可分为平衡量表和不平衡量表。

如果有利态度答案数目与不利态度答案数目相等，该态度量表为平衡量表，否则为不平衡量表。例如，"您对某大厦物业管理有什么看法?"在平衡量表中，答案为：好、一般、差。如果是不平衡量表，则为：非常好、很好、一般、不好。

采用平衡量表，回答者答案分配可能比较均匀、客观性较强；而采用不平衡量表，答案可能会偏向有利答案，但优点是可减少答案数目。

（四）按态度测定的方式划分

根据态度测定的方式不同，可分为分等式量表和排列式量表。

分等式量表是由回答者在不参照其他受测试事物的情况下，直接确定被调查对象的等级。排列式量表则要分两步进行：首先是由回答者对若干受访对象进行比较，其次再按其偏好程度排出先后顺序。

 **本章小结**

本章主要是以调查问卷基础问题的理解为基础，对调查问卷设计的相关问题进行学习。问卷调查具有相当重要的作用，是收集信息的主要方式。根据调查目的以及调查对象的不同，问卷可以采用不同形式。在问卷的结构方面，一份完整的调查问卷，通常包括题目、卷首语（又称说明信）、被调查者的基本情况、调查事项的问题和答案、填写说明与解释、结尾及编码等几个部分。在问卷设计的过程中，需要遵循目的性原则、可接受性原则、顺序性原则、简明性原则、匹配性原则，共分为准备、拟定初稿、试答和修改，以及定稿四个步骤。

为了更为科学有效地获得数据，调查人员除了在设计问卷时要认真研究、仔细修改以外，还需掌握一定的问卷设计的方式、方法，除此之外，问卷设计还需要注意提问技巧、问题设计技巧、答案设计技巧。

练习与思考

1. 典型调查问卷包括哪些主要内容？
2. 问卷的作用是什么？
3. 问卷的设计原则有哪些？
4. 如何评价一份设计问卷？
5. 案例分析。

调查问卷设计

某啤酒公司根据该企业产品的市场占有情况和目前市场对啤酒的需求情况，考虑改进啤酒包装，计划推出 250ml 的小瓶组 4~6 瓶的包装出售。在正式决策之前，企业需了解新包装是否有足够的市场，目标市场是什么，一般在什么时候饮用，顾客希望在哪类商店买到，为此需进行一次市场问卷调查。本次调查的具体研究目的可概括为：

（1）测量消费者对小瓶组新包装啤酒接受的可能性；

（2）辨别小瓶组新包装啤酒潜在的购买者和使用者；

（3）辨别新包装啤酒的饮用场合；

（4）判断顾客希望在什么地方的商店买到这种新包装啤酒；

（5）判断潜在的市场大小。

调查问卷初稿：

亲爱的女士、先生：

您好！

我是××公司市场调研员。我们厂正在进行××牌啤酒新包装的市场调查，可以占用您几分钟时间问您几个问题吗？您所提供的信息对我们这次调查的结果相当重要。

1. 您已经18岁了吗？（视情况发问）

是（ ）；否（ ）

2. 您喝酒吗？

是（ ）；否（ ）

3. 您喝什么类型的酒？

白酒（ ）；葡萄酒（ ）；香槟酒（ ）；啤酒（ ）（到问题5）；其他（ ）

4. 您喝啤酒吗？

是（ ）；否（ ）（询问结束）

5. 您认为啤酒适合在正规场合还是在非正规场合喝？

正规场合（ ）；非正规场合（ ）；两者都行（ ）

6. 您多长时间喝一次啤酒？

天天喝（ ）；每周一次（ ）；半个月一次（ ）；每月一次（ ）；一年几次（ ）

7. 您通常在何种场合喝啤酒？

日常进餐时（ ）；来客人时（ ）；周末假日时（ ）；聚会时（ ）

8. 您知道酒类用多个小瓶组合包装出售吗？

是（ ）；否（ ）

9. 您认为将250ml的啤酒六个一组包装在一起销售如何？

好主意（ ）；不好（ ）；无所谓（ ）

10. 为什么？

11. 您喝过××牌啤酒吗?

是（　）；否（　）

12. 如果价格不比单瓶包装增加的话，您愿意购买这种包装的啤酒吗?

愿意（　）（请直接看第14题）；可能（　）；不愿意（　）；不知道（　）

13. 您会在哪些场合饮用这种小瓶包装的啤酒?

正常进餐时（　）；特别节日时（　）；小型聚会时（　）；周末（　）；大型聚会时（　）；野餐时（　）；休息放松时（　）；体育运动后（　）；其他（　）

14. 您希望在哪类商店买到这种包装的啤酒?

食品商店（　）；专门商店（　）；百货公司（　）；连锁超市（　）；其他（　）

15. 您觉得这种包装的啤酒应该与哪些酒类摆在一起?

白酒（　）；香槟酒（　）；葡萄酒（　）；其他啤酒（　）；饮料（　）；其他（　）

谢谢您的合作!

思考:

(1) 该问卷初稿和问卷中问题的设计能否实现研究目标?

(2) 对于问卷中的内容，有哪些需要进行修改? 如何修改?

(3) 可否再设计出其他问题，以便更好地实现调查目标?

(4) 通过对以上问卷的思考，形成一个您认为更加满意的调查问卷。

第七章 市场调查资料的整理

本章学习目的

- 了解调查资料整理的内容、步骤
- 熟悉调查资料的审核
- 熟悉调查资料的编码、分组与汇总

奇巴公司是一家新产品设计咨询企业。正如其所言，它"帮助企业创造有意义的、消费者渴望的穿衣、设计和体验"。奇巴知道，优秀的产品设计始于市场调研。它开展了大量的调研工作，而不仅仅是收集有关市场人口特征和消费者购买模式等事实类信息，通过进一步挖掘这些信息，深刻了解调研对象。奇巴不仅收集基于事实的信息和数据，更重视对顾客与市场的深入洞察。公司自称"对理解消费者几乎着迷到了非正常水平"。奇巴用心灵去创新。

奇巴公司成功的核心是其消费者洞察力及趋势研究小组，他们是由社会人类学家、文化民族学家、用户体验专家、赶时髦者、品牌翻译专家和猎酷一族组成的有趣团队，受创意总监史蒂夫·麦卡利恩（Steve Mc-Callion）的领导。麦卡利恩认为，仅仅研究一般用户并询问他们想要什么是不够的，他说："我们想要一些更深刻的东西，想弄清楚为什么人们想要这些。我们的创造力完全取决于我们对品牌和文化间动态关系的捕捉能力。"奇巴公司对于客户的需求有自己的创新思路，根据客户的需要、企业的特性、产品的特性等去搜集大量有用信息，并用数周的时间分析原始数据、相片和现场记录，以便利用信息发现更深刻的顾客洞察。

（资料来源：（节选）加里·阿姆斯特朗，菲利普·科特勒. 市场营销学 [M]. 北京：中国人民大学出版社，2010：87-88.）

奇巴公司案例强调，成功的产品和营销计划始于优质的信息。市场调研不仅仅是收集信息，对调研资料的整理和分析才是获得真正价值的重要步骤。

市场调查收集的数据难免出现虚假、差错、冗余等现象，若简单地把这些数据投入分析，可能会导致错误的结论；而调查资料反映的是众多样本的个体特征，各个被调查者对同一问题的回答可能千差万别，但这些回答却存在必然的内在联系，如果不加以归类整理并综合思考，就不能找到其现象背后规律性的东西。对市场研究者来说，通过市场调研实施阶段所获得的原始资料，还只是粗糙的、表面的和零碎的东西，利用统计处理手段进行原始资料的整理、加工，得到科学结论是市场调研过程中必不可少的环节。在此基础上进行的相应分析才会有其实践价值。

第一节 调查资料整理

一、调查资料整理的内容

资料整理是指运用科学的方法，对调查取得的原始资料信息进行审核、编码、分组、汇总等初步加工，形成系统化和条理化的信息，在此基础上进行分析，以集中、简明的方式来反映调查对象的总体特征的过程。

在调查资料整理之前通常需要做好调查资料整理方案，它能保证统计资料的处理有计划、有组织地进行。其具体内容主要包括：确定具体的分组、汇总指标以及综合统计表；选择资料汇总的方式；确定资料审核的内容和方法；确定与历史资料衔接的方法和组织工作；安排时间进度的具体内容等。在此基础上进行调查资料整理的具体工作。

调查资料整理的内容主要包括资料数据处理与资料数据管理两个方面。其中，数据处理包括对资料的审核、整理、制表和绘图等一系列工作，调研数据的整理是处理环节的重要步骤，包括编码、分组和汇总等一系列工作。数据管理是利用计算机硬件和软件技术对数据进行有效的收集、存储、处理和应用的过程，其目的在于充分有效地发挥数据的作用，包括对初步整理后的信息资料的传输、更新与输出等一系列工作（见图7-1）。

1. 资料审核

对获取的各种资料进行核实和校对。对二手资料的审核侧重于来源、出处、真实性的审核，对原始资料的审核侧重于逻辑性、客观性、数字准确性等方面的校核。

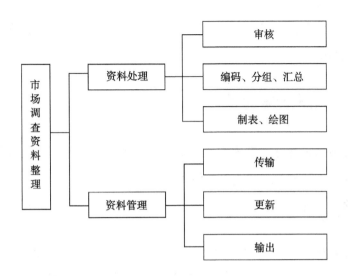

图7-1　市场调查资料整理的内容

2. 调查资料编码、分组和汇总

通过编码、分组与汇总，使大量的、分散的、零星的、无规律的资料变成系统的、有规律的资料。

3. 制表与绘图

通过对调查资料分组整理之后，再运用统计表和统计图的形式来表达调查资料，使枯燥的信息变得生动、形象，便于对比分析和理解。

4. 数据传输

数据传输就是依照适当的规程，经过一条或多条链路，在数据源（是提供某种所需要数据的器件或原始媒体，即获得数据的地方）和数据库（是接收某种所需要数据的器件或媒体，即接收数据的地方）之间传送数据的过程。也表示借助信道上的信号将数据从一处送往另一处的操作。

5. 数据更新

资料的系统积累，需要不断更新，建立资料信息数据库，便于今后分析历史问题、掌握变化规律、把握未来发展趋势。

6. 数据输出

数据输出是计算机对各类输入数据进行加工处理后，将结果以用户所要求的形式输出。

二、品质数据的整理

定性数据包括分类数据和顺序数据，它们的图表展示方法基本相同。通常可以用频数分布表和图形来描述。

（一）回顾资料

研究者在收集各种相关的定性资料以后，首先需要对所有这些资料（包括录音稿、磁带、录像带、田野笔记等）进行全面的回顾。其主要目的是使研究者再次沉浸到资料中，将注意力集中到资料中。通过对资料的回顾，可以起到如下的作用：

第一，唤起研究者对现场情景的记忆。这不仅包括被访者说了什么话，而且包括其情绪、语气、当时的气氛等。如果在现场即时进行分析，则这种回顾就会非常容易。

第二，唤起研究者当时对现场的感觉和经验，以便发现这些现场情景对研究的意义。实际上，研究者在重新阅读原始资料时，它所唤起的不仅是当时的现场感受，也许还有在阅读时的新的感受。所有这些感受都受到研究者个人背景、知识、客户目标等的影响，有助于研究者发现资料对于研究的意义。

第三，全面回顾和熟悉资料，也可以使研究者不至于一开始就陷入具体的细节之中迷失方向，而难以把握整体图景。熟悉文本不仅使研究者对文本有全面的了解和整体的把握，也能准确理解局部片段。

（二）筛选相关资料

对相关资料的筛选往往和资料回顾同步进行，在实际操作中的具体方法包括：

1. 做批注

阅读访谈录音稿时可以直接在上面做批注，标示出重点的信息。批注的具体形式有多种，如加下划线、加亮或突出显示、在边缘做笔记和评论等，这时研究者可以运用一些速记方法或代码。也有研究者采用便条将相关的批注贴在资料上，这不仅适用于访谈逐字稿，其他资料特别是收集的实物资料等也可以采用此法。

2. 做笔记

在观看录像或听录音时，研究者可以单独做一个笔记，按照访谈或座谈会的顺序记录下要点。

3. 直接摘引

有的研究者直接将筛选的过程融入资料的分类或子群体的比较过程中，将相关的资料直接从原始资料中挑选出来，并转换成研究报告中结构性的标题或分析性的框架。

（三）分类和归类

对于筛选出的重要资料，研究者还需要进一步分类和归类，以便将资料按照一定的主题、类别或概念组织起来，而这些主题、类别或概念是与研究的目标紧密相关的。因此，对资料进行分类和归类的过程，实际上是研究者将资料的内容与研究的目的联系起来的过程。

三、数值型数据的整理

（一）调查资料的接收

调查数据的整理计划应该在研究设计阶段就制定好，但真正着手整理是从仍在实施调查的现场中回收的第一份问卷开始的。因此，如果一旦发现问题，还可以及时地纠正或改进实施的工作。

研究者通常有必要非常仔细地控制数据收集和整理的过程。从实施一开始，就要通过实施主管，每天一次或至少每周两至三次地从每一个访问员或督导那里获取工作进度的报告。

完成的问卷就是获取调查数据的原始文件。设计一套系统来处理原始文件，并在接收资料的过程中自始至终地坚持这个工作系统。

按顺序的号码来记录所有接收的问卷是十分有用的。这些唯一的号码不但记录在原始文件上，同时记录在数据中。因此，如有必要进行查错时，研究者可以随时找到原始的资料。这些原始文件的识别号码可以手写，也可以用打号机，重要的是要注意所使用过的最后一个号码，以免重复编号。

（二）调查资料的检查

调查资料的检查一般是指对回收问卷的完整性和访问质量的检查。目的是要确定哪些问卷可以接受，哪些问卷要作废。这些检查常常是在实施或在进行的过程中就已经开始。如果是委托某个数据收集机构去实施的，那么研究者在实施工作结束后还要进行独立的检查。

（三）调查资料的校订

检查不满意的答案：为了增加准确性，对那些初步接受的问卷还要进一步地检查和校订。校订工作的第一步通常是检查问卷，找出任何属于下列情况之一的答案：字迹模糊的、不完全的、不一致的、模棱两可的和明显错误的。然后对这些不满意的答案作出适当的处理决定。

如果访问员记录做得不好，特别是当问了大量无结构的（开放的）问答题时，答案就可能会是字迹模糊的。如果有些问答题没有回答，答案就是不完全的。

处理不满意的答案：校订工作的第二步是处理不满意的答案。通常有以下三种处理办法：退回实施现场去获取较好的数据；按缺失值处理；整个问卷作废。

（四）调查资料的编码和录入

编码就是给每一个问答题的每一个可能答案分配一个代号，通常是一个数字。编码可以在设计问卷时进行，也可以在数据收集结束以后进行，分别叫事前编码和事后编码。

数据录入指的是将问卷或编码表中的每一项目对应的代码读到磁盘、磁带，或通过键盘直接输入计算机中。

对录入员也要进行培训，明确任务的具体要求及注意事项。

为了保证高度的准确性，有必要对录入的结果进行核查以发现是否有错误。

（五）缺失值处理

数据净化主要是尽可能地处理错误的或不合理的数据以及进行一致性检验。

在许多情况下，少量的缺失回答是可以容忍的。但是如果缺失值的比例超过了10%，就可能出现严重的问题。处理缺失值主要有以下四种方法：

1. 用一个样本统计量的值去代替缺失值

缺失值可以用一个样本统计量去代替，最典型的做法是使用变量的平均值。这样，由于该变量的平均值会保持不变，那么其他的统计量如标准差和相关系数等也不会受到很大的影响。

2. 用从一个统计模型中计算出来的值去代替缺失值

这种处理缺失值的方法就是利用由某些统计模型计算得到的比较合理的值来代替。

3. 将有缺失值的个案整个删除

将有缺失值的个案整个删除的方法，结果可能会导致很小的样本，因为很多被访者或多或少会有一些项目没有回答。删除大量数据并不是访问者所希望的，因为数据的收集是需要大量的经费和时间的。而且，有缺失回答的被访者与那些全部回答的被访者之间可能会有显著的差异。

4. 将有缺失值的个案保留，仅在相应的分析中做必要的删除

这种方法适用于样本量很大、缺失值很少、变量之间不是高度相关的调查。

第二节 调查资料的审核

较大规模的调研项目回收调查表量大，需要 1 名以上的审核员进行集中审核。在资料编校中，编校人员应解决的主要问题有：有无错误的回答、有无疏漏的回答、有无不一致的回答、有无所答非所问的回答、有无不确切不充分的回答等。

审核员之间的配合关系是在分份的基础上一卷到底，而不该是分段交叉作业。每名审核员各分配若干份调查表，并对每一份调查表从头审到尾，这样做有利于贯彻审核的一致性原则。而分段把关、流水作业有可能提高审核效率，但不利于贯彻一致性原则，因而是不可取的。

审核员通常具有较为丰富的审核经验和各方面的阅历。为了慎重起见，在审核工作开始之前，调研项目主持人要向审核人员交代清楚本项目的调查内容、调查表设计格式和特点、样本选择方式、访问员背景和工作进展状况。

一、审核的内容

1. 及时性审核
及时性审核是审核各被调查单位是否都是按规定日期填写和送出资

料的。

2. 完整性审核

完整性包括调查资料总体的完整性以及每份调查问卷的完整性。完整性审核是审核被调查单位是否都已进行过调查，问卷或调查表内的各个项目是否填写齐全。如果发现没有答案的问题，应该立即询问并进行填补；如果问卷中出现"不知道"的答案所占比重过大，应适当地加以处理说明。此外，应确保调查表中的资料清楚易懂。

3. 正确性审核

正确性审核又叫真实性审核，主要是审核调查资料的口径、计算方法、计量单位等是否符合要求并剔除不可靠的资料。例如调查人员在审核调查问卷时，可能发现某一被调查者的回答前后不一致，或者某一资料来源的数字和后来从其他资料来源收集的数字不一致，这就需要调查人员深入调查，探询原因，或剔除或调整资料，使之真实、准确。

正确性审核主要从两个方面入手：一是逻辑方面，即根据调查项目指标之间的内在联系和实际情况对资料进行逻辑判断，看看是否有不合情理或前后矛盾的情况；二是计算方面，主要是看各数字在调查方法和调查结果上有无错误等。

二、审核的基本步骤

1. 接收核查

接收核查问卷又称一审，接收问卷时对所有的问卷都应检查一遍，将无效的问卷剔除。

2. 编辑检查

编辑检查问卷又称二审，这是对问卷进行更为准确和精确的检查，主要检查回答问题的完整性、准确性、一致性以及是否清楚易懂等。

三、审核时应注意的问题

1. 开始的时间

审核工作应在资料搜集工作结束后立即开始。如果发现有错误，应该及时纠正并采取必要的补救措施，越早消除资料中的错误，对后期的资料分析工作越有利。

2. 调查的准确性

审核者应直接、及时地与信息源取得联系，核对调查得到的信息资料的准确性，以判断信息资料在传递过程中是否有失误，尤其应注意是否存在调查的片面性错误。片面性错误主要有两种：一种是根本性的，即从一开始就走错了路，选择了错误的资料来源；另一种是非根本性的，即虽然选择了正确的资料来源，但最终却引出了错误的推论。调查的各道工序都可能潜藏着片面性的错误。常见的有：

（1）错误地选择了没有代表性的样本。

（2）与找错的被访者接洽。

（3）调查者经验不足。

（4）因提问方式（如措辞）不当而导致对方不自觉地做出某些过于肯定或否定的回答。

（5）调查的回收率低（常见于邮寄调查）。

（6）过于相信了某些不够确定的文案资料来源。

四、审核工作的重点

实施审核的工作最后归到复查和追访上。集中审核的工作最后归到对调查出问题的处理上。尽管在现场作业中有较为严格的管理措施，又经过了负责任的实地审核，但集中上来的资料仍然不可避免地存在着这样或那样的问题，回收上来的调查表主要存在的问题是：不完全回答、明显的错误答案、因被访人欠缺兴趣而做的搪塞回答等。资料审核的重点应放在以下四类问题的查找、区分和处理上。

1. 不完整答卷

不完整的答卷分为三种情况：

第一种是大面积的无回答或相当多的问题无回答，对此应作废卷处理。这种情况是最彻底的一种处理方法，这种方法通常适用于不合格问卷占总样本量比例较小，而且问卷的废弃并不影响调研的结果等情况。

第二种是个别问题无回答，应作为有效调查表，在这种情况下，要求访问人员直接再与访问对象进行联系，重新填写不合格的部分。如果出现少量信息没有填写，而且与受访对象联系又不是很方便的情况，可以考虑进行缺失值处理，即在以后的统计分析中，将未填写的问题作为缺失项，值得注意的是，如果样本量太少，或者是缺失的变量是关键变量时，要尽量少用这种方法。

第三种是相当多的调查表对同一个问题无回答，仍作为有效调查表，这种"无回答"固然会对整个项目的资料分析工作造成一定的影响，但是反过来也会让调查组织者和调查表设计者思考如下问题：为什么相当多的被调查者对这一问题采取了"无回答"的方式？是否这个问题用词含糊不清而让被调查者无法理解，还是该问题太具敏感性或威胁性使被调查者不愿意回答，或是根本就无法给此问题找到现成的答案？

2. 明显错误答案

明显错误答案是指那些前后不一致的答案，或答非所问的答案。需要根据全卷答案的内在逻辑联系对某些前后不一致的地方进行修改，其他情况只好按"不详值"对待。

3. 缺乏兴趣回答

有些被调查者对问题的回答反映出他显然对所提的问题缺乏兴趣。例如，有人对连续30个7点量表都选择了"7"的回答，或者有人不按答案要求，在调查表上随笔一勾，一笔带过若干个问题。倘若这种缺乏兴趣回答仅属个别调查表，当彻底抛弃。倘若这种缺乏兴趣回答的问卷有一定的数目，且集中出现在同一个问题群上，就应该把这些调查表作为一个相对独立的子样本看待，在资料分析时给予适当的注意。对于最后判定按"不详值"处理的答案，审核员要用颜色醒目的笔明确注明"不详值"字样或其代码。

4. 对开放性问题打乱顺序的回答

在回答开放性问题时，被访人可能因兴趣浓厚而讲起来不绝口，在回答某一开放性问题时顺口把将要在该问题之后某处才会出现的另一个问题的答案也带了出来。访问员心知这正是下几步要问的，也就不加制止了。而当访问进行到那个问题时，访问员为了节省时间或免听"我上面已经回答过"这些话，自然跳过此题不问，于是答卷上留下一片空白。在审核中，如果发现上述情况，就应该把提前给出的答案照抄到它应该出现的地方来填补空白。

第三节　调查资料的编码、分组与汇总

一、调查资料的编码

编码就是将问卷或调查表中的文字信息转化为计算机能识别的数字符号，即给每一个问答题的每一个可能答案分配一个代号，通常是一个数字。

编码是将调查数据以简单的符号或文字加以简化、分类或代替，便于计算机的录入和分析。例如，对性别进行编码，可以简单地用 1 代表女性，用 2 代表男性。

（一）编码的主要作用

（1）减少数据的录入和分析的工作量，节省费用和时间，提高工作效率。

（2）将定性数据转化为定量数据，把整个问卷的信息转化为规范标准的数据库，进而可以利用统计软件，采用统计分析方法进行定量分析。

（3）减少误差。

（二）编码的原则

（1）直观性原则。编码应尽量使用简洁、易懂的符号。例如，用1，2，3，…，n 分别代表满意度等。

（2）标准化原则。编码必须做到标准规范。一般来说，每一个代码只能代表一个或一类数据，不能同时指代多个量，避免混淆和误解；代码设计要尽量等长。

（3）系统化原则。编码要以整体目标为基准，与整个数据处理系统相适应。

（4）可扩展性原则。编码应具有可扩展性和通用性，以便与其他分析系统连接。

（5）准确性原则。设计的代码要能准确有效地替代原信息。

（6）完整性原则。在转换信息形式的同时尽量不要丢失信息，或者减少信息的浪费。

（7）唯一性原则。设计的编码应该是唯一的，不能有重复存在的编码。

（三）常用的编码方法

1. 顺序编码法

顺序编码是指按照一定的顺序用连续的数字或字母进行编码的方式。

这种编码方式简单，易于管理，但不适用于分组处理。

2. 分组编码法

分组编码法又称为区间编码法。它是根据事物特性和信息资料分类处理的要求，把具有一定位数的代码单元分成若干个组（或区间），每一个组（或区间）的数字均代表一定的意义，所有项目都有同样的数码个数。这种方法使用广泛，容易记忆，处理简单，但若位数过多，可能造成系统维护上的困难。

3. 信息组编码法

这种方法是把信息资料区分为一定的组，每个组分配一定的组码。这种编码法能以较少的位数进行分组。但一旦编码体系确定，遇到某些组内资料增加，可能处理起来比较困难。

4. 表意式文字编码法

表意式文字编码法就是用数字、文字、符号等表明编码对象的属性，并按此进行市场信息资料编码的方法。例如，用 20TVC 表示 20 英寸彩色电视机，其中 20 表示规格，TV 代表电视，C 代表彩色。这种方法比较直观，易于理解，便于记忆。

5. 缩写编码法

这种方法是直接把人们习惯用的一些字母或数字用来表示大家都知道的意思。例如，用 kg 表示千克；用 mm 表示毫米等。

二、调查资料的分组

资料分组是资料整理的关键，为资料的统计分析做准备。资料分组是指根据社会调查的目的和要求，按照一定的原则或标志将收集的资料进行分类，将调查总体按照性质相同的或本质上有联系的同类信息资料分为若干组的一种资料整理方法。通过分组，调查者能直观地对整个调查的情况进行总体把握。资料分组具有两方面的含义：从现象总体角度看，它是

"分"的过程，是将现象总体中的各个单位划分为若干性质不同的组成部分；从现象个体角度看，它又是"合"的过程，是把现象总体中性质相同的单位组合成一组。资料分组的要求是，通过分组应起到组内同质、组间异质的效果。

（一）分组原则

1. 互斥原则
分好的各个组应该是相互排斥的，不能交叉混乱。

2. 穷尽原则
分组要包括所有的样本数据，不能遗漏。

3. 符合目的原则
分组标志应尽量从调查的目的出发。

（二）资料分组的类型

1. 按分组标志性质的不同划分
（1）按品质标志分组。按品质标志分组，就是按反映事物属性或性质的特征的品质标志进行的分组。如老年人按婚姻状况、户居方式、受教育水平分组；流浪儿童按外流原因、外流生活来源、流出地分组等。这种分组能直接反映事物性质的不同，给人以具体明确的概念。按品质标志分组有的比较简单，如上面所举之例均如此，它们随着分组标志的确定，组别也就基本确定了；有的则比较复杂，如对人口职业分类就比较复杂，其类别繁多，且各组界限很难划定。对于比较复杂的重要品质标志的分组，国家往往编有标准分类目录，以统一全国分组口径。

（2）按数量标志分组。按数量标志分组，就是按事物的数量特征进行分组。如分析贫困问题将贫困户按家庭人口分组，了解职工生活按经济收入分组，研究地区的社会保险按参保企业个数分组，等等。按数量标志分组，必须以分组结果能够反映被研究对象的不同类型和性质差异为前提。

2. 按分组标志数量的多少划分

(1) 简单分组。简单分组就是对研究对象只按一个标志进行的分组。如农村居民按家庭人均收入分组，妇女按初婚年龄分组，职工按性别分组等。它们分别只能从一个角度说明现象的分布状况和内部构成。对于同一总体采用两个或两个以上的标志进行简单分组，形成平行分组体系。在平行分组体系中，各简单分组的分组标志是平等的关系，无主次之分。

(2) 复合分组。复合分组就是对所研究对象选择两个或以上的标志进行层叠分组。即先按一个标志分组，然后，再对每一个组别按另一个标志进一步分组。复合分组在分组时，应根据分析的要求，确定分组标志的主次顺序，主要标志在先，次要标志在后。

三、分组资料的汇总

调查资料的汇总就是将分组后的资料数据按组别进行累加或分析，从总体上把握事物的性质和特征。

分组资料的汇总技术有手工汇总和电子计算机汇总两种。手工汇总技术的特点是所需工具少，方便灵活。但随着调查课题范围的扩展，调查深度也不断加深，所需处理的数据量越来越大，计算机处理技术成为调查人员进行资料分析的主要方式。

（一）手工汇总

1. 划记法

这是用点线符号（如"正"字）计算各组的单位数的方法。此方法简便易行，但只能汇总总体调查单位数，不能汇总标志值。一般在调查单位资料不多的情况下采用。

2. 过录法

过录法就是将调查资料先过录到事先设计好的汇总表中，并计算加总，然后再将其结果填入正式的统计汇总表中。

3. 折叠法

折叠法是将所有调查表中需要汇总的项目和数值折在边上，一张一张地叠在一起进行汇总计算。此方法不需过录，简便易行，适用于对标志值的汇总。

4. 卡片法

这是将每个调查单位需要汇总的项目和数字摘录在特制的卡片上，再根据卡片分组归类和汇总计算。此方法比划记法、过录法、折叠法的质量要高，适用于调查资料多、统计分组细的情况。卡片法的操作步骤为：编号；制作卡片；摘录；分组计数。

（二）计算机汇总

计算机汇总是资料汇总技术的新发展，是资料整理现代化的重要标志。在进行大规模的社会调查搜集资料的情况下，手工汇总既费时费力，又容易出差错。而计算机汇总优点显著：速度快，精度高，汇总量大，具有逻辑运算、自动工作和储存资料的功能。因此，一般都采用计算机技术进行汇总处理。

数据处理离不开软件的支持，数据处理软件包括：用以书写处理程序的各种程序设计语言及其编译程序，管理数据的文件系统和数据库系统，以及各种数据处理方法的应用软件包。为了保证数据安全可靠，还有一整套数据安全保密的技术。常用的数据录入与处理软件包括 Excel、Spss、Stata、EViews 等，各种处理软件虽然难易程度不一，但功能均非常强大，处理结果的准确性较高，数据处理者可根据自己的需要选择性地应用相关软件。

 **本章小结**

在整个调查研究过程中，资料整理具有重要的意义和作用。资料整理

是对调查资料的全面检查，是进一步分析研究资料的基础，也是保存资料的客观要求。资料整理既是资料收集工作的继续，又是资料分析的前提，即资料整理是由资料收集阶段过渡到资料分析研究阶段的中间环节。

调查资料整理的内容包括对资料的审核、编码、分组、汇总，对市场调查资料进行分析及对调查资料展示等一系列工作。进行资料审核时，需要明确审核的具体内容、审核的基本步骤、审核时应注意的问题、审核工作的重点等内容；进行调查资料的编码时，需要明确遵守的原则、编码方法等；分组时，需要明确遵守的原则、分组类型等；汇总时，可以选择手工汇总和计算机汇总；进行市场调查资料分析时，需要明确遵守的基本原则、分析方法等。

练习与思考

1. 简述调查资料审核的重要性及如何进行调查资料的审核。
2. 举例说明如何对市场调研资料进行统计分组。

第八章　描述性统计分析

本章学习目的

- 了解统计分析的基本原则与方法
- 熟悉掌握基本的描述统计量
- 灵活运用统计图表进行统计分析

某学院的满意程度调查

　　某学院有三个附属学院，分别是商贸学院、生物学院和医学院。近期高校管理层为了了解社会对本校学生的满意程度，以促进本校教学改革，进行了一项对本校毕业生的调查，随机抽取了 48 名毕业生组成样本，要求他们所在的工作单位对其工作表现、专业水平和外语水平三个方面的表现进行评分，评分由 0 到 10，分值越大表明满意程度越高。

　　学校管理层希望在调查分析报告中阐述以下几个问题：

　　(1) 用人单位对该校毕业生哪个方面最为满意？哪个方面最不满意？

应在哪些方面做出教学改革？

（2）用人单位对该校毕业生哪个方面的满意程度差别最大？什么原因？

（3）社会对三个学院的毕业生的满意程度是否一致？能否提出提高社会对该校毕业生的满意程度的建议？

分析报告中的有关问题属于单变量描述统计分析问题。

第一节　统计分析的基本原则与方法

一、统计分析的意义

1. 市场调研过程中十分必要的环节

通常通过各种途径收集的各类信息资料，尤其是各种第一手资料，大都处于杂乱的状态。即使是二手资料，也很难直接运用，必须经过必要的加工。通过加工会使收集的信息资料统一化、系统化和适用化。可以说，任何信息资料都必须经过一定的处理与分析。

2. 提高市场调研资料的价值

市场调研资料的分析过程是一个去粗取精、去伪存真、由此及彼、由表及里、综合提高的工程。它能大大提高信息的浓缩度、清晰度和准确性，从而大大提高调研资料的价值。

3. 产生新信息

通过对市场调研资料的分析，可以产生新的信息。在信息加工过程中，通过调查使已有的信息发生交合作用，从而有可能产生一些新的信息。

4. 发现市场调研过程中的不足

通常市场调研工作的各个阶段、各个具体环节会出现计划不周或工作偏差等问题。此时，对市场调研问题的定义可能并不全面，对市场调研的设计可能忽视了某些工作，信息资料的收集可能存在遗漏或者收集方法欠缺等。这些问题有可能在实施过程中，通过检查、监督、总结等活动被发现，并加以纠正。但是，很难避免有些问题未能被调查者所发现。在信息加工过程中往往能发现一些问题，通过及时反馈，就能够采取措施，对存在的问题加以纠正，对已经产生的不良后果加以补救。

二、市场调研资料分析的基本原则

大量的实践证明，为保证最终形成的信息资料的高质量，必须在资料分析的过程中遵循以下基本原则：

1. 准确性原则

准确性包含两层含义，一要真实，二要精确。真实是定性的要求，处理、分析的资料必须是真的而不是假情报、假信息。精确是定量的要求，即处理、分析的资料应尽量减少其误差和模糊度。

资料分析必须遵循准确性原则。准确是信息资料工作的生命。这是因为市场调研预测、资料分析是有关部门人员认识市场、做出决策、实施行动的依据。只有提供的资料是准确的，才会有正确的认识、正确的决策和正确的行动。不准确的信息资料不但无益，而且十分有害。

2. 系统性原则

系统性原则是指在资料分析过程中必须强调全面客观地反映市场的变化和特征，形成系统化的信息资料。系统性原则是在准确性的基础上的进一步要求。分析不能只针对问卷上的那些资料单独地进行，要全面考察各相关因素的现状及趋势，综合地分析。

市场调研资料分析不仅是对收集来的资料进行整理与运算，而且要进行大量的分析、综合、判断、演绎、推理，使处理和分析后的信息更全面、更科学。系统化要求更高的价值，更有利于使用，具有更强的指导作用。如果孤立地研究问题，就可能以偏概全，使分析结果产生很大的偏差。

3. 预测性原则

市场调查的目的不仅是了解现在的情况，更要通过现在的情况预测未来，以做出合理的决策。因此，在资料分析时，要注意考察各相关因素的变化趋势，用发展的眼光、动态的观点来把握事物的纵向发展轨迹，从而准确地引导有关部门做出决策。

4. 及时性原则

及时性原则是指在资料分析过程中要强调时间性，尽量提高其速度。首先，资料信息都有一定的时效性。在一定的时间区段内使用信息资料的效果最好，超过这一时间区段其使用效果就会降低，甚至无效。其次，在现代社会经济条件下，市场环境变化非常快，它在客观上要求信息资料的处理与分析与之同步。再次，有关部门的经营决策等要求市场调研者能及时提供所需的资料作为依据。最后，资料分析本身是一个过程，需要消耗一定的时间，如果不提高其效率和加快速度，很容易使资料出现滞后现象，影响其效用。

从整个市场信息工作来看，遵循及时性原则应包括及时收集信息、及时加工处理信息、及时反馈信息和及时传输信息等方面。

5. 适用性原则

适用性原则包含两层含义，一是指采用的资料分析方法要适当，二是指处理和分析后形成的信息要符合实际需要。资料分析方法有很多，它们各自具有优缺点和适用性，必须选择合适的方法才能使处理和分析形成后的信息符合实际需要。

适用的信息对于决策者具有重要意义。现代社会是信息爆炸的社会，决策者面临着大量的信息资料，不适用的信息资料会严重干扰决策者的决策行为。应该针对不同的需求，提供与之相适应的信息资料，才能达到市场调研预测的真正目的。

6. 经济性原则

经济性原则是指市场调研资料分析必须符合经济核算的要求，即用尽可能少的分析费用，形成尽可能多的有用的信息资料。任何经济工作都要考虑经济效益，实行经济核算，资料分析也必须遵循经济性原则。对市场信息的处理与分析，需要花费和投入一定的人力、物力和财力。遵循经济性原则，就是在保证一定信息数量和质量的前提下，尽可能节约费用开支，或者在一定的耗费下，形成尽可能多的有用信息。

遵循经济性原则，还应考虑投入与产出之间的对比关系。一般而言，产出的市场信息的数量、质量越高，花费的人力、物力和财力也越多。但是，从市场信息的实际使用效果来看，高的投入并不总是相应地产生高的使用效果。为此，进行投入与产出的比较，寻找一个最佳点是必要的。

三、统计资料分析方法

对市场调查收集整理的各种资料进行分析，需要运用多种分析方法。任何事物都是质和量的统一体，一定的质决定着一定的量，同时任何事物的质都受其数量的限制。因此，在市场调查中，相应的市场调查分析方法可以分为定性分析和定量分析的方法，只有这样才能全面地认识事物。

（一）定性分析方法

定性分析是对事物质的规定性进行分析研究的方法，即主要根据的是科学的观点、逻辑判断和推理，从非量化的资料中得出对事物的本质、发展变化的规律性的认识。定性分析可以确定事物质的界限。常用的定性分析方法包括以下四种：

1. 归纳分析法

市场调查中将整理后的资料进行归纳，可以概括出一些理论观点。归纳法分为完全归纳法和不完全归纳法，市场调查中一般只能用到不完全归纳法。

2. 演绎分析法

演绎分析法是把调查资料的整体分解为各个部分、方面、因素，形成分类资料，并通过对这些分类资料的研究把握其特征和本质，然后将这些通过分类研究得到的认识联结起来，形成对调查资料整体认识的逻辑方法。

3. 比较分析法

比较分析法是把两个或同类事物的调查资料相对比，确定它们之间的相同点和不同点，通过比较，就能在其众多的属性中找出其本质的内在规律。

4. 结构分析法

结构分析法是指通过调查资料分析某现象的结构及其各组成部分的功能，进而认识这一现象本质的方法。

（二）定量分析方法

定量分析方法是指从事物的数量特征方面入手，运用一定的统计学和数学分析方法进行数量分析，从而挖掘出事物的数量中所包含的事物本身的特性及规律性的分析方法。定量分析中最常用的方法是统计分析。统计分析是指对数据的收集、描述、分析和利用，在面对经济、商业及其他社会科学和自然科学中的不确定性时用以帮助推断和下决定。统计分为描述性统计和推断性统计，描述性统计主要是对一组数据进行概述和描绘，推断性统计是通过检测部分（称作样本）从而得到对整体（称作总体）的一般性认识的过程。

第二节　基本描述统计量

对样本数据的分析通常是从变量的描述统计分析入手的。通过变量的描述统计分析，能够掌握和了解样本数据的统计特征和总体分布形态，对于进一步数学建模，将起到重要的指导和参考作用。

为了实现上述功能，往往采用两种方式实现：第一，数值计算，即计算常见的描述统计量的值，通过数值来准确反映样本数据的统计特征；第二，图形绘制，即绘制常见的统计图形，通过图形来直观展现数据的分布特点，比较数据分布的异同。市场调查的原始资料和次级资料加工整理的最终结果，通常需要借助于一定的形式陈示或表现出来，以供调研者和用户阅读、分析和使用。市场调研数据陈示的方式主要有统计表和统计图。通常，数值计算和图形绘制是混合使用的，它们是相辅相成的。

通过频数分析把握数据的总体分布状况后，通常还需要对定距变量的分布特征有更为精确的认识，这就需要通过计算基本描述统计量等途径来实现。常见的描述统计量大致可以分为三类：第一类是描述集中趋势的统计量；第二类是描述离散趋势的统计量；第三类是描述分布形态的统计量，通常综合这三类统计量，就能够准确和清晰地把握数据的分布特征。

一、描述集中趋势的统计量

集中趋势是指一组数据向某一中心集中，在某一中心附近观测值数目较多，远离该中心的观测值数目较少。它反映的是一组数据所具有的共同趋势，即能够反映数据一般水平的"代表值"或"中心值"，因此，它是对一组数据进行分析的首要指标。描述集中趋势的统计量通常包括平均值、中位数、分位数、众数等。

1. 平均值

平均值在市场调研中很常用，只需用总数除以个数。因为平均值是由数字序列中所有值求和计算出来的，所以它容易被某个特大值或特小值所干扰。例如，对产品使用率的研究中，一小部分频繁使用者的数字会使得使用率的平均值无法真实反映样本中典型用户的使用率，致使计算出的平均使用率远远大于真正的平均值。均值容易受到统计数据中个别极端数据的影响，从而使均值代表某组统计数据的"平均水平"时失去意义，这时往往用"剔除极端值"的方法加以修正。均值由全部数据计算，包含了全部数据的信息，具有良好的数学性质，当数据接近对称分布时，具有较好的代表性；但对于偏态分布，其代表性较差。

设一组样本数据为 x_1，x_2，$\cdots$，x_n，样本量（样本数据的个数）为 n，则样本平均数用 $\bar{x}$ 表示；一组样本数据为 x_1，x_2，$\cdots$，x_N，样本量（样本数据的个数）为 N，则总体平均数用 μ 表示：

样本平均数又称简单平均数：$\bar{x} = \dfrac{x_1+x_2+\cdots+x_n}{n} = \dfrac{\sum\limits_{i=1}^{n} x_i}{n}$

总体平均数：$\mu = \dfrac{x_1+x_2+\cdots+x_N}{N} = \dfrac{\sum\limits_{i=1}^{N} x_i}{N}$

当不同属性拥有不同权重时，则：

加权平均数：$\bar{x} = \dfrac{x_1 f_1 + x_2 f_2 + \cdots + x_n f_n}{f_1 + f_2 + \cdots + f_n}$

对于带有分组的平均数，设各组的组中值为：M_1，M_2，$\cdots$，M_k，相应的频数为：f_1，f_2，$\cdots$，f_k，则：

样本加权平均数：$\bar{x} = \dfrac{M_1 f_1 + M_2 f_2 + \cdots + M_k f_k}{f_1 + f_2 + \cdots + f_k} = \dfrac{\sum\limits_{i=1}^{k} M_i f_i}{n}$

总体加权平均数：$\mu = \dfrac{M_1 f_1 + M_2 f_2 + \cdots + M_k f_k}{f_1 + f_2 + \cdots + f_k} = \dfrac{\sum\limits_{i=1}^{k} M_i f_i}{N}$

2. 中位数

中位数是一组数据按大小排序后，处于中间位置上的变量值。在数字序列中，比中位数大的数字和比中位数小的数字各占一半。这种度量方式的优点是不受数列两端极值的影响。在检验定序数据时，中位数是一个非常有用的工具。中位数是一组数据中间位置上的代表值，不受数据极端值的影响，对于偏态分布的数据，其代表性要比均值好。

计算中位数时，要先对 n 个数据进行排序，然后确定中位数的位置，最后确定中位数的具体数值。

设一组数据 x_1，x_2，$\cdots$，x_n，按照从小到大排序后为 $x_{(1)}$，$x_{(2)}$，$\cdots$，$x_{(n)}$，则中位数的计算公式为：

$$M_e = \begin{cases} x_{(\frac{n+1}{2})} & n \text{ 为奇数} \\[2ex] \dfrac{1}{2}\{x_{(\frac{n}{2})} + x_{(\frac{n}{2}+1)}\} & n \text{ 为偶数} \end{cases}$$

3. 分位数

与中位数类似的还有四分位数、十分位数、百分位数等。它们分别是用 3 个点、9 个点和 99 个点将数据 4 等分、10 等分和 100 等分后各分位点上的值。一组数据排序后处于 25% 和 75% 位置上的值，称为四分位数，也称四分位点。四分位数是通过 3 个点将全部数据等分为 4 部分，其中每部分包含 25% 的数据。很显然，中间的四分位数就是中位数，因此通常所说的四分位数是指处在 25% 位置上的数值（下四分位数）和处在 75% 位置上的数值（上四分位数）。

与中位数的计算方法类似，根据原始数据计算四分位数时，首先对数据进行排序，然后确定四分位数所在的位置，该位置上的数值就是四分位数。与中位数不同的是，四分位数位置的确定方法有多种，每种方法得到的结果会有一定差异，但差异不会很大。由于不同的统计软件使用的计算方法可能不一样，因此，对同一组数据用不同软件得到的四分位数结果也可能会有所差异，但不会影响对问题的分析。

设 25% 四分位数为 $Q_{25\%}$，75% 四分位数为 $Q_{75\%}$，根据四分位数的定义有：

$$Q_{25\%}位置 = \frac{n}{4}; \quad Q_{75\%}位置 = \frac{3n}{4}$$

四分位数的结果表明，至少有 25% 的数据小于或等于 $Q_{25\%}$，至少有 25% 的数据大于或等于 $Q_{75\%}$，$Q_{25\%}$ 和 $Q_{75\%}$ 之间包含了 50% 的数据。

4. 众数

众数表示一个数字序列中出现频率最多的值，它不是市场调研中常用的平均值，但它在观察序列的排序时非常有用。众数是一组数据分布的峰值，是一种位置的代表，当数据的分布具有明显的集中趋势时，尤其对于偏态分布，众数的代表性比均值好。如果某组统计数据中没有哪个数值出现较多的频率（次数），则可认为该组数无众数；如果有多个数据出现的次数（频率）较多，则认为有多个众数。在有多个众数的情况下，则对众数的关注度下降，因为多众数对描述数据位置无多大帮助。

二、描述离散趋势的统计量

离散趋势反映的是一组资料中各个观察值之间的差异或离散程度。对数据进行分析时，不仅要考察数据的集中趋势，还应该考察数据分布的疏密特征，即考查所有数据相对于"中心值"分布的疏密程度。常用的描述离散趋势的统计量有方差、标准差、极差、最大值、最小值、均值标准误差等。

1. 方差与标准差

方差是表明数值分散程度的指标，是各变量值与其均值离差平方的平均数。如果数据序列中的每个观察值都相同，那么方差就为零。当数值偏离平均值越远时，方差就越大。由于方差计算中使用了平方运算，因此方差的单位也是平方，方差只有在比较不同组数据的离散程度时才有数量大小上的意义。

标准差就是指数据"离散程度的测度值"距"均值"的距离，是方差的平方根（正）。由于标准差是对方差的开方运算，因此，其单位与原始数据的单位一致，它与均值及其他用同一单位测度的数据相比较也容易一些。

样本方差为 s^2，根据未分组数据计算，则：

$$样本方差：s^2 = \frac{\sum_{i=1}^{n}(x_i - \bar{x})^2}{n-1}，标准差：s = \sqrt{\frac{\sum_{i=1}^{n}(x_i - \bar{x})^2}{n-1}}$$

根据分组数据计算，则：

$$样本方差：s^2 = \frac{\sum_{i=1}^{k}(M_i - \bar{x})^2 f_i}{n-1}，标准差：s = \sqrt{\frac{\sum_{i=1}^{k}(M_i - \bar{x})^2 f_i}{n-1}}$$

样本方差为 δ^2，根据未分组数据计算，则：

$$样本方差：\delta^2 = \frac{\sum_{i=1}^{N}(x_i - \mu)^2}{N}，标准差：\delta = \sqrt{\frac{\sum_{i=1}^{N}(x_i - \mu)^2}{N}}$$

根据分组数据计算，则：

$$样本方差：\delta^2 = \frac{\sum_{i=1}^{k}(M_i - \mu)^2 f_i}{N}，标准差：\delta = \sqrt{\frac{\sum_{i=1}^{k}(M_i - \mu)^2 f_i}{N}}$$

2. 全距

全距又称极差，是最简单的测度离中趋势（分散程度）的指标，是一组数字中最大值与最小值之间的区间，即最大值与最小值之差。最小值即一组资料中各观察值的最小值，最大值即一组资料中各观察值的最大值。极差的计算公式为：

$$R = \max(x_i) - \min(x_i)$$

极差易受极端值的影响，同时由于极差只利用了数据两端的信息，没有反映中间数据的分散状况，因而不能准确描述数据的分散程度。

3. 四分位差

上四分位数与下四分位数之差，称为四分位差，也称为内距或四分间距，用 Q_d 表示。四分位差的计算公式为：

$$Q_d = Q_{75\%} - Q_{25\%}$$

四分位差反映了中间 50% 数据的离散程度。其数值越小，说明中间的数据越集中；数值越大，说明中间的数据越分散。四分位差不受极值的影响。

4. 均值标准误差

由于抽样误差的存在，使得样本数据不一定能够完全准确地反映总体，它与总体的真实值之间存在一定的差异。若干次抽样后会得到许多不同的样本均值，我们通常用均值标准误差来描述来自同一总体的不同样本之间均值的差异。

5. 离散系数

离散系数又称标准差系数、变异系数，是一组数据标准差与其均值的比，是测度数据离散程度的相对指标。对不同组数据，其离散程度既受其数据本身的水平的影响，也受数据计量单位的影响，因此对不同（性质）组别的数据，不好用离差或标准差来比较它们的离散程度。

标准差是反映数据差异水平的绝对值。一方面，标准差数值的大小受原始数据绝对值大小的影响，绝对值大的，标准差的值自然也就大，绝对值小的，标准差的值自然也就小；另一方面，标准差与原始数据的计量单位相同，采用不同计量单位计量的数据，其标准差的值也就不同。因此，对于不同组别的数据，如果原始数据的绝对值相差较大或计量单位不同时，就不能用标准差直接比较其离散程度，由于离散系数消除了来自这两方面的影响，因此可以用它进行不同数据组的比较。

一组数据的标准差与其相应的平均数之比，称为离散系数，也称为变异系数。离散系数的计算公式为：

$$\nu_s = \frac{s}{\bar{x}}$$

离散系数主要用于比较不同样本数据的离散程度。离散系数大说明数据的离散程度大，离散系数小说明数据的离散程度小。

三、描述分布形态的统计量

数据的分布形态特征就是考察数据分布是否对称、其偏斜程度以及陡缓程度。描述数据分布形态的统计量主要有偏度和峰度。

1. 偏度

反映数据分布形态对称性的统计量。当数据对称分布（正态分布）时，正负总偏差相互抵消，偏度值为0；当数据分布不对称时，正负总偏差不能完全抵消，偏度值大于0或小于0。偏度值大于0，表示正偏差值较大，为正偏或右偏；偏度值小于0，表示负偏差值较大，为负偏或左偏。偏度绝对值越大，说明数据分布形态的倾斜程度越大。

2. 峰度

描述变量取值分布形态陡缓程度的统计量。当数据呈正态分布时，峰度值为0；峰度值大于0，说明数据的分布比标准正态分布更陡峭，为尖峰分布；峰度值小于0，说明数据的分布比标准正态分布更平缓，为平峰分布。

第三节　统计表

统计表是以纵横交叉的线条所绘制表格来陈示数据的一种形式。用统计表陈示数据资料有两大优点：一是能有条理地、系统地排列数据，使人们阅读时一目了然，印象深刻；二是能合理地、科学地组织数据，便于人们阅读时对照比较。

1. 编制原则

（1）重点突出，简单明了。

（2）主谓分明，层次清楚。

（3）数据准确、可靠，文字和线条尽量从简。

2. 统计表结构

统计表从形式上看，是由总标题、横行标题、纵栏标题、指标数值四个部分构成，如表8-1所示。

表 8-1 婚姻、性别与时装购买选择分布表

时装购买选择	男　性			女　性		
	小计	已婚	未婚	小计	已婚	未婚
高档时装	71	25	46	69	25	44
中档时装	119	64	55	103	85	18
低档时装	30	1	29	58	40	18
被调查者人数	220	90	130	230	150	80

标题：概括表的主要内容，包括研究的时间、地点和研究内容，放在表的上方。

标目：分别用横标目和纵标目说明表格每行和每列数字的意义，注意标明指标的单位。

线条：至少用三条线，表格的顶线和底线将表格与文章的其他部分分隔开来，纵标目下横线将标目的文字区与表格的数字区分隔开来。部分表格可再用横线将合计分隔开，或用横线将两重纵标目分割开。其他竖线和斜线一概省去。

数字：用阿拉伯数字表示。无数字用"—"表示，缺失数字用"…"

表示，数值为 0 者记为"0"，不要留空项。数字按小数位对齐。

备注：表中数字区不要插入文字，也不列备注项。必须说明者标"＊"号，在表下方说明。

统计表从内容上看，由主词和宾词两大部分构成。主词是统计表所要说明的总体的各个构成部分或组别的名称，列在横行标题的位置。宾词是统计表所要说明的统计指标或变量的名称和数值，宾词中的指标名称列在纵栏标题的位置。有时为了编排的合理和使用的方便，主词和宾词的位置可以互换。

交叉列表分析是同时将两个或两个以上变量，按照一定顺序对应排列在一张表格中，以描述分析变量之间的相关关系的统计分析技术。进行交叉列表分析的变量必须是离散变量，而且只能是有限取值，否则先要进行分组。

交叉列表分析技术广泛应用于统计调查，其优点体现在三方面：一是将复杂的数据简单化，较为直观，一系列的交叉列表比多变量分析更为容易理解；二是方法简便易行，即使非专业的人员也能接受和使用；三是交叉列表分析的结果还能为数据的深度分析如相关分析、因子分析等提供基础。

3. 统计表基本类型

基本统计分析往往都是从频数分析开始的。通过频数分析能够了解变量取值的情况，对于把握数据的分布特征是非常有用的。频数分析，实际统计的是每一组中观测点的个数，而不考虑其实际值。当某变量的自然取值局限在几个有限的数值中，则频数分析就是统计该变量在各个取值点的个数分布情况；如果某变量的取值是某范围内的离散值，则需要将其取值区域划分为几个取值区间，频数分析就是统计该变量在各个取值区间中观测点个数的分布情况。频数分析的一个基本功能就是编制频数分布表，进行频数分析，主要涉及以下几个基本概念。

频数，即数值落在某个区间或某个取值点的个数。

百分比，即各频数占总样本的百分比。

有效百分比，即各个频数占有效样本数的百分比。

累计百分比，即各百分比逐级累加起来的结果，最终取值是100%。

首先，确定选择简单频数表和分组频数表。调查问卷中的每一个问答题或项目都可以用一个或多个变量来表示。在整理数据时，首要的也是最基本的工作就是给出各个变量的频数，对连续变量要先分段再求频数。如果调查所涉及的对象是属于不同类别的，则最好给出一份分组频数表。简单频数表或分组频数表是研究者向客户提供的最基础的结果之一。频数表最好是结合原始问卷一同给出，这样可以使客户对调查问答题的问法以及基本结果都做到一目了然。此外，频数表还应给出最基本的百分数，同时明示计算这些百分数的技术。因为复杂的市场调查问卷中有许多分叉，基于不同的基数，可以得到多个不同的百分数，一定要有明确的说明，以免引起不必要的误会。

其次，为进一步深入分析，提供尽可能多的参考信息，常用的做法是，在整理数据的最初阶段，做出有关变量之间的两两对应的相关表，即相关系数表。为此，对定性的变量（如性别、职业、偏爱的品牌、印象深刻的广告等）要先进行定量化的处理，常用的方法之一是采用哑变量。根据相关系数表，研究者可以进一步地分析其中一些变量间的关系，进一步构造或验证有关的定量模型。

相关系数表所引起的作用是探索性的，即研究者所关心的并不真正是变量间相关性的确切数值或大小，而是"哪些变量间可能是相关的，哪些变量间的关系是需要进一步研究分析的"，因此，有时在相关表中并不一定要将相关系数的具体数字列出。为了清晰地把握主要矛盾，只将显著相关的变量用星号（＊）标识就可以。

4. 统计表制作的注意事项

一个调查项目结束后，一般都需要制作大量的统计表格，其中有些表格是要放在报告之中的，有些表格是要放在附录之中的。制作统计表格时，需要注意以下几点：

第一，每个表都要有表头，即表的编号和标题，标题要简明扼要。表头要放在表格的上方。

第二，项目的顺序可以适当地排列。可以按照时间顺序进行排列，也可以按照大小进行排列等，这要根据需要或重要程度进行排列。

第三，尽量少用线条，报告中通常采用的是三线表，表格中的斜线、竖线、数与数之间的横线均可以省去，以空白来分隔各项数据。

第四，表格的层次不宜过多。

第五，分组要适当，不可过细，以免烦琐，表格内的频数太少也难以说明问题；也不可太粗，以免有掩盖差别的可能。

第六，给出必要的说明和标注，对表格的说明可以通过简明的标题或标注来实现，避免烦琐。

第七，应注明数据的来源。

第四节 统计图

统计图是根据统计数字，用几何图形、事物形象和地图等绘制的各种图形，它具有直观、形象、生动、具体等特点。统计图可以使复杂的统计数字简单化、通俗化、形象化，使人一目了然，便于理解和比较。因此，统计图在统计资料整理与分析中占有重要地位，并得到广泛应用。在解答资料分析测验中有关统计图的题目时，既要考察图的直观形象，又要注意核对数据，不要被表面形象所迷惑。

（一）绘制原则

（1）必须根据资料的性质、分析目的选用适当的统计图，由于统计图不能精确地显示数据大小，所以经常需要与统计表一起使用。

（2）一个图一般只表达一个中心内容，表达一个主题，即一个统计指标。

（3）绘制图形应注意准确、美观，图线粗细应用适当，定点准确，不同事物用不同线条（实线、虚线、点线）或颜色表示，给人以清晰的印象。

（二）统计图结构

标题：其作用是简明扼要地说明资料的内容、时间和地点，一般位于图的下方中央位置并编号，便于说明。

图域：制图空间。除圆图外，一般用直角坐标系第一象限的位置表示图域，或者用长方形的框架表示。

标目：分为纵标目和横标目，表示纵轴和横轴数字刻度的意义，一般有度量衡单位。

图例：对图中不同颜色或图案代表的指标注释。图例通常放在横标目与标题之间，如果图域部分有较大空间，也可以放在图域中。

刻度：纵轴与横轴上的坐标。刻度数值按从小到大的顺序，纵轴由下向上，横轴由左向右。绘图时按照统计指标数值的大小，适当选择坐标原点和刻度的间隔。

（三）统计图基本类型

频数分析的另一个基本功能是绘制统计图。统计图是一种最为直接的数据刻画方式，能够非常清晰直观地展示变量的取值状况。通常包括条形图、直方图、扇形统计图、折线统计图、茎叶统计图等几种基本统计图。

1. 条形统计图

用一个单位长度表示一定的数量，根据数量的多少，画成长短相应成比例的直条，并按一定顺序排列起来，这样的统计图，称为条形统计图。

条形统计图可以清楚地表明各种数量的多少，并且是统计图资料分析中最常用的图形。

条形统计图的特点：第一，能够使人们一眼看出各个数据的大小；第二，易于比较数据之间的差别；第三，能清楚地表示出数量的多少。

2. 直方图

直方图又称柱状图，由一系列高度不等的纵向条纹或线段表示数据分布的情况。一般用横轴表示数据类型，纵轴表示分布情况。

直方图的特点：利用直方图可以比较直观地看出分布状态，对分布状况一目了然。

3. 扇形统计图

扇形统计图，又叫百分数比较图、饼图等，以一个圆的面积表示事物的总体，以扇形面积表示占总体的百分数的统计图，叫作扇形统计图。扇形统计图可以比较清楚地反映出部分与部分、部分与整体之间的数量关系。

扇形统计图的特点：第一，用扇形的面积表示部分在总体中所占的百分比；第二，易于显示每组数据相对于总数的大小。

4. 折线统计图

以折线的上升或下降来表示统计数量的增减变化的统计图，叫作折线统计图。与条形统计图比较，折线统计图不仅可以表示数量的多少，而且可以反映同一事物在不同时间里的发展变化情况。折线图在生活中的运用非常普遍，虽然它不直接给出精确的数据，但只要掌握了一定的技巧，熟练运用"坐标法"也可以很快地确定某个具体的数据。折线统计图的特点是能够显示数据的变化趋势，反映事物的变化情况。

5. 茎叶统计图

茎叶统计图又称"枝叶统计图"，它的思路是将数组中的数按位数进行比较，将数的大小基本不变或变化不大的位作为一个主干（茎），将变化大的位的数作为分枝（叶），列在主干的后面，这样就可以清楚地看到每个主干后面的几个数、每个数具体是多少。

茎叶图的特点包括以下几点：一是从统计图上没有原始数据信息的损失，所有数据信息都可以从茎叶图中得到；二是茎叶图中的数据可以随时记录，随时添加，方便记录与表示；三是茎叶图只便于表示两位有效数字的数据，而且茎叶图只方便记录两组的数据，两个以上的数据虽然能够记录，但是没有表示两个记录那么直观、清晰。

（四）统计图制作的注意事项

一般来说，尽量采用图形来帮助理解调查的结果。一张精心设计的图形会起到非常重要的作用，统计图能够有效地、直观地表现尽可能多的信息。制作统计图时，需要注意以下几点：

（1）每张图都要有图的编号和标题，标题要简明扼要。图的编号和标题要放在统计图的下方。

（2）图标的意义及所表示的数量尽可能标记在对应的位置上。

（3）数据和作图用的笔墨之间的比例要恰当，避免太少或太多的标注、斜线、竖线、横线等，既要清楚又要简明。

（4）度量单位的选择要适当，使得图形的表现均衡，并使得所有的差异都是可视的和可解释的。

（5）颜色和纹理的选择要有一定的逻辑性。

（6）图形的安排要符合人们的阅读习惯。例如，西方人阅读的图形应符合从左到右的顺序，阿拉伯人是从右到左，中国人和日本人可能更习惯从上到下等。

（7）应注明数据的来源。

 **本章小结**

　　源于市场调查统计分析的重要意义，市场调研资料分析要遵循准确性、系统性、预测性、及时性、适用性、经济性的基本原则。明晰市场调查分析方法包括定性分析和定量分析的方法，并且其具体分析方法存在较大差异，只有区别把握才能全面地认识事物。描述统计量大致可以分为三类：第一类是描述集中趋势的统计量，第二类是描述离散趋势的统计量，第三类是描述分布形态的统计量，通常综合这三类统计量，就能够准确和清晰地把握数据的分布特征。进行市场调查资料展示时，可以选择统计表和统计图。

 练习与思考

　　1. 市场调研资料分析的基本原则有哪些？

　　2. 描述统计量有哪些分类？

　　3. 举例说明统计表与统计图的应用。

下篇　统计分析篇

第九章　参数估计

本章学习目的

- 了解参数估计的基本原理
- 理解总体均值的区间估计
- 理解总体比例的区间估计

> 　　学校网管中心为合理制定校园网络管理条例，需要掌握每天全校学生的平均上网时间。但由于时间及人力限制，无法就全校 10000 名学生展开全面调查，因而也无从计算每天全校学生平均上网时间的具体数值。为此，网管中心从全校 10000 名学生中随机抽取了 36 名学生，调查他们每天的上网时间，获得样本数据。
>
> 　　针对 36 名学生每天上网时间的样本数据，以 95% 的保证程度进行总体均值的区间估计。

第一节　推断统计

通过对样本数据的研究来推断总体特征主要出于以下两大原因：第一，总体数据无法全部收集到。对这类问题的研究，人们根本无法对所有产品做实验或进行成分提取，只能采用抽样技术，从总体中随机抽取一部分样品（样本）进行检测，进而推断总体特征。第二，在某些情况下虽然总体数据能够收集到，但操作时会耗费大量的人力、物力和财力。实际研究中为节约开销往往也采用抽样技术，对小部分人群进行调查获取数据，并以此推断总体的情况。

利用样本数据对总体特征的推断通常在以下两种情况下进行：第一，总体分布已知（如总体为正态分布）的情况下，根据样本数据对总体分布的统计参数（如均值、方差等）进行推断。第二，总体分布未知的情况下，根据样本数据对总体的分布形式或特征进行推断。

第二节　参数估计的基本原理

对总体特征的推断一般采用参数估计（点估计和区间估计）和假设检验两类方式实现。参数估计也就是用样本统计量去估计总体的参数。比如，用样本均值 $\bar{x}$ 估计总体均值 μ，用样本比例 p 估计总体比例 π，用样本方差 s^2 估计总体方差 δ^2，等等。如果我们将总体参数笼统地用一个符号 θ 来表示，那么参数估计也就是如何用样本统计量来估计总体参数 θ。

用来估计总体参数的统计量的名称，称为估计量（Estimator），用符号

$\hat{\theta}$ 表示。样本均值、样本比例、样本方差等都可以是一个估计量。估计总体参数时计算出来的估计量的具体数值，称为估计值（Estimate）。

我们要估计一个班学生考试的平均分数，从中抽出一个样本，全班的平均分数是未知的，称为参数，用 θ 表示，根据样本计算的平均分数 $\bar{x}$ 就是一个估计量，用 $\hat{\theta}$ 表示，假定计算出来的样本平均分数为 80 分，这个 80 分就是估计量的具体数值，称为估计值。

参数估计的方法有点估计和区间估计两种。用样本估计量 $\hat{\theta}$ 的值作为总体参数 θ 的估计值，称为参数的点估计。比如，用样本均值 $\bar{x}$ 直接作为总体均值 μ 的估计值，用样本比例 p 直接作为总体比例 π 的估计值，用样本方差 s^2 直接作为总体方差 δ^2 的估计值，等等。假定我们要估计一个班学生考试成绩的平均分数，根据一个随机抽出的样本计算的平均分数为 80 分，我们用 80 分作为全班考试成绩的平均分数的一个估计值，这就是点估计。再如，我们要估计一批产品的合格率，根据抽样结果合格率为 96%，并将 96% 直接作为这批产品合格率的估计值，这也是一个点估计。点估计无法知道估计值与总体参数的真实值的接近程度。因此，需要进行区间估计。

在点估计的基础上，给出总体参数估计的一个范围，称为参数的区间估计。总体参数的估计区间通常是由样本统计量加减抽样误差而得到的。与点估计不同，进行区间估计时，根据样本统计量的抽样分布我们能够对样本统计量与总体参数的接近程度给出一个概率度量。

样本统计量所构造的总体参数的估计区间，称为置信区间，其中区间的最小值称为置信下限，最大值称为置信上限。由于统计学家在某种程度上确信这个区间会包含真正的总体参数，所以给它取名为置信区间。原因是：如果我们抽取了许多不同的样本，比如说抽取 100 个样本，根据每一个样本构造一个置信区间，这样，由 100 个样本构造的总体参数的 100 个置信区间中，有 95% 的区间包含了总体参数的真值，而 5% 则没有包含，则 95% 这个值被称为置信水平。

将构造置信区间的步骤重复多次，置信区间中包含总体参数真值的次数所占的比率，称为置信水平，或称置信系数。在构造置信区间时，我们可以用所希望的值作为置信水平。比较常用的置信水平及正态分布曲线下右侧面积为 $\alpha/2$ 时的 z 值（$z_{\alpha/2}$）见表 9-1。

表 9-1 常用置信水平的 $z_{\alpha/2}$ 值

置信水平	α	$\alpha/2$	$z_{\alpha/2}$
90%	0.10	0.05	1.645
95%	0.05	0.025	1.96
99%	0.01	0.005	2.58

从表 9-1 可以看出：当样本量给定时，置信区间的宽度随着置信水平的增大而变宽。区间比较宽时，才会使这一区间有更大的可能性包含参数的真值；当置信水平固定时，置信区间的宽度随样本量的增大而减小，换言之，较大的样本所提供的有关总体的信息要比较小的样本多。

对置信区间的理解，需要注意以下几点：

（1）如果用某种方法构造的所有区间中有95%的区间包含总体参数的真值，5%的区间不包含总体参数的真值，那么，用该方法构造的区间称为置信水平为95%的置信区间。同样，其他置信水平的区间也可以用类似的方式进行表述。

（2）总体参数的真值是固定的，而用样本构造的区间则是不固定的，因此置信区间是一个随机区间，它会因样本的不同而变化，而且不是所有的区间都包含总体参数的真值。一个置信区间就像是为捕获未知参数而撒出去的网，不是所有撒网的地点都能捕获到参数。在实际问题中，估计时往往只抽取一个样本，此时所构造的是与该样本相联系的一定置信水平（比如95%）下的置信区间。我们只能希望这个区间是大量包含总体参数真值的区间中的一个，但它也可能是少数几个不包含参数真值的区间中的一个。

（3）使用一个较大的置信水平会得到一个比较宽的置信区间，而使用一个较大的样本则会得到一个较准确（较窄）的区间。直观地说，较宽的区间会有更大的可能性包含参数，但实际应用中，过宽的区间往往没有实际意义。另外，要求过于准确（过窄）的区间同样不一定有意义，因为过窄的区间虽然看上去很准确，但把握性就会降低，除非无限制增加样本量，而现实中样本量总是有限的。由此可见，区间估计总是要给结论留点余地。

第三节　总体均值的区间估计

在对总体均值进行区间估计时，需要考虑总体是否为正态分布，总体方差是否已知，用于估计的样本是大样本（$n \geqslant 30$）还是小样本（$n < 30$），等等。

但不管哪种情况，总体均值的置信区间都是由样本均值加减估计误差得到的。那么，怎样计算估计误差呢？

估计误差由两部分组成：一是点估计量的标准误差，它取决于样本统计量的抽样分布。二是置信水平为 $1-\alpha$ 时，统计量分布两侧面积各为 $\alpha/2$ 时的分位数值，它取决于事先所要求的可靠程度。因此，总体均值在 $1-\alpha$ 置信水平下的置信区间可一般性地表达为：$\bar{x} \pm$（分位数值×$\bar{x}$ 的标准误差）。

一、大样本的估计

在大样本（$n \geqslant 30$）情况下，由中心极限定理可知，样本均值 $\bar{x}$ 近似服从期望为 μ、方差为 σ^2/n 的正态分布。而样本均值经过标准化后则服从标准正态分布，即 $z = \dfrac{\bar{x}-\mu}{\sigma/\sqrt{n}} \sim N(0, 1)$。

当总体标准差 σ 已知时，标准化时使用 σ；当 σ 未知时，则用样本标

准差 s 代替。因此，可以由正态分布构建总体均值在 $1-\alpha$ 置信水平下的置信区间。

当总体方差 σ^2 已知时，总体均值 μ 在 $1-\alpha$ 置信水平下的置信区间为：

$$\bar{x} \pm z_{\alpha/2} \frac{\sigma}{\sqrt{n}}$$

式中，$\bar{x} - z_{\alpha/2} \frac{\sigma}{\sqrt{n}}$ 称为置信下限，$\bar{x} + z_{\alpha/2} \frac{\sigma}{\sqrt{n}}$ 称为置信上限；α 是事先所确定的一个概率值，它是总体均值不包括在置信区间的概率；$z_{\alpha/2}$ 是标准正态分布上侧面积为 $\alpha/2$ 时的 z 值；$z_{\alpha/2} \frac{\sigma}{\sqrt{n}}$ 是估计误差。

当总体方差 σ^2 未知时，$\bar{x} \pm z_{\alpha/2} \frac{\sigma}{\sqrt{n}}$ 中的 σ 可以用样本标准差 s 代替，这时总体均值 μ 在 $1-\alpha$ 置信水平下的置信区间为：$\bar{x} \pm z_{\alpha/2} \frac{s}{\sqrt{n}}$

例题：一家保险公司收集到由 36 位投保个人组成的随机样本，得到每位投保人的年龄（单位：周岁），如表 9-2 所示。确定投保人平均年龄的 90% 的置信区间。

表 9-2　36 个投保人年龄的数据

23	35	39	27	36	44
36	42	46	43	31	33
42	53	45	54	47	24
34	28	39	36	44	40
39	49	38	34	48	50
34	39	45	48	45	32

解：已知 $n=36$，$1-\alpha=90\%$，查得 $z_{\alpha/2}=1.645$。由于总体方差未知，但为大样本，可用样本方差来代替总体方差。根据样本数据计算的样本均值和标准差分别为：$\bar{x}=39.5$，$s=7.77$。

根据式 $\bar{x}\pm z_{\alpha/2}\dfrac{s}{\sqrt{n}}=39.5\pm1.645\times\dfrac{7.77}{\sqrt{36}}=39.5\pm2.13$，即（37.4，41.6），

因此投保人平均年龄的 90% 的置信区间为 37.4~41.6 岁。

二、小样本的估计

在小样本（$n<30$）情况下，对总体均值的估计都建立在总体服从正态分布的假定前提下。

如果正态总体的 σ 已知，样本均值经过标准化后仍然服从标准正态分布，此时可根据正态分布使用式 $\bar{x}\pm z_{\alpha/2}\dfrac{\sigma}{\sqrt{n}}$ 建立总体均值的置信区间。

如果正态总体的 σ 未知，样本均值经过标准化后则服从自由度为 $n-1$ 的 T 分布，即 $t=\dfrac{\bar{x}-\mu}{s/\sqrt{n}}\sim t\,(n-1)$。这时要使用 T 分布构建总体均值的置信区间。在 $1-\alpha$ 置信水平下，总体均值的置信区间为：$\bar{x}\pm t_{\alpha/2}\dfrac{s}{\sqrt{n}}$。

例题： 一家食品生产企业以生产袋装食品为主，按规定每袋的标准重量应为 100 克。为检查每袋重量是否符合要求，企业质检部门从某天生产的一批食品中随机抽取 25 袋，测得每袋重量如表 9-3 所示。假定食品重量服从正态分布，且总体标准差为 10 克。估计该天生产的食品平均重量的置信区间（置信水平为 95%）。

表 9-3 25 袋食品的重量

112.5	101.0	103.0	102.0	100.5
102.6	107.5	95.0	108.8	115.6
100.0	123.5	102.0	101.6	102.2
116.6	95.4	97.8	108.6	105.0
136.8	102.8	101.5	98.4	93.3

解： 由于总体服从正态分布，且已知 $\sigma=10$，虽然是小样本，但样本均值经标准化后服从标准正态分布，因此可按式 $\bar{x}\pm z_{\alpha/2}\dfrac{\sigma}{\sqrt{n}}$ 来建立置信区间。

$z_{\alpha/2}=1.96$，由样本数据计算的样本均值 $\bar{x}=105.36$。根据 $\bar{x}\pm z_{\alpha/2}\dfrac{\sigma}{\sqrt{n}}=$

$105.36\pm1.96\times\dfrac{10}{\sqrt{25}}=105.36\pm3.92$，即（101.44，109.28），因此该批食品平均重量的 95% 的置信区间为 101.44~109.28 克。

例题： 已知某种灯泡的使用寿命服从正态分布，现从一批灯泡中随机抽取 16 只，测得其使用寿命（单位：小时）如表 9-4 所示，建立该批灯泡平均使用寿命的 95% 的置信区间。

表 9-4　随机抽取的灯泡寿命

1510	1450	1480	1460	1520	1480	1490	1460
1480	1510	1530	1470	1500	1520	1510	1470

解： 由于总体服从正态分布，但 σ 为未知，且为小样本，因此需要用 T 分布来建立总体均值的置信区间。

根据样本数据可得：

$\bar{x}=1490$（小时）

未分组数据 $s=\sqrt{\dfrac{\sum\limits_{i=1}^{n}(x_i-\bar{x})^2}{n-1}}=24.77$（小时）

$t_{\alpha/2}(n-1)=t_{0.025}(16-1)=2.131$

由式 $\bar{x}\pm t_{\alpha/2}\dfrac{s}{\sqrt{n}}=1490\pm2.131\times\dfrac{24.77}{\sqrt{16}}=1490\pm13.2$，即（1476.8，1503.2），因此该批灯泡平均使用寿命的 95% 的置信区间为 1476.8~1503.2 小时。

第四节 总体比例的区间估计

由样本比例 p 的抽样分布可知，当样本量足够大时，比例 p 近似服从期望值 $E(p) = \pi$、方差 $\sigma_p^2 = \dfrac{\pi(1-\pi)}{n}$ 的正态分布。而样本比例经标准化后则服从标准正态分布，即 $z = \dfrac{p-\pi}{\sqrt{\pi(1-\pi)/n}} \sim N(0, 1)$。因此，可由正态分布建立总体比例的置信区间。

与总体均值的区间估计类似，总体比例的置信区间是 π 的点估计值 $p \pm$ 估计误差得到的，π 在 $1-\alpha$ 置信水平下的置信区间可一般地表达为：

$p \pm$（分位数值 $\times p$ 的标准误差）

式中，（分位数值 $\times p$ 的标准误差）是估计误差。因此，总体比例 π 在 $1-\alpha$ 置信水平下的置信区间为：

$$p \pm z_{\alpha/2} \sqrt{\frac{p(1-p)}{n}}$$

式中，$z_{\alpha/2}$ 是标准正态分布上侧面积为 $\alpha/2$ 时的 z 值；$z_{\alpha/2} \sqrt{\dfrac{p(1-p)}{n}}$ 是估计误差。

例题：某城市想估计下岗职工中女性所占的比例，随机抽取 100 名下岗职工，其中 65 人为女性。用 95% 的置信水平估计该城市下岗职工中女性比例的置信区间。

解：已知 $n = 100$，$z_{\alpha/2} = 1.96$

由抽样结果计算的样本比例 $p = 65 \div 100 = 65\%$

根据式 $p \pm z_{\alpha/2} \sqrt{\dfrac{p(1-p)}{n}} = 65\% \pm 1.96 \times \sqrt{\dfrac{65\% \times (1-65\%)}{100}} = 65\% \pm$

9.35%，即（55.65%，74.35%），因此该城市下岗职工中女性比例的95%的置信区间为 55.65%~74.35%。

本章小结

参数估计也就是用样本统计量去估计总体的参数。用来估计总体参数的统计量的名称，称为估计量。样本均值、样本比例、样本方差等都可以是一个估计量。估计总体参数时计算出来的估计量的具体数值，称为估计值。参数估计的方法有点估计和区间估计两种。用样本估计量 $\hat{\theta}$ 的值作为总体参数 θ 的估计值，称为参数的点估计。点估计无法知道估计值与总体参数的真实值的接近程度。因此，需要进行区间估计。在点估计的基础上，给出总体参数估计的一个范围，称为参数的区间估计。样本统计量所构造的总体参数的估计区间，称为置信区间，其中区间的最小值称为置信下限，最大位称为置信上限。将构造置信区间的步骤重复多次，置信区间中包含总体参数真值的次数所占的比率，称为置信水平，或称置信系数。

练习与思考

1. 简述参数估计的基本原理。
2. 如何进行总体均值的区间估计？
3. 如何进行总体比例的区间估计？

第十章 假设检验

本章学习目的

- 理解假设检验
- 理解两类错误与显著性水平
- 理解检验统计量

对某地区的家庭人均住房面积的平均值进行假设检验

首先提出一个假设：某地区的家庭人均住房面积平均值为 20 平方米。为验证该假设是否成立应充分利用样本数据。如果样本数据中，家庭人均住房面积平均值为 25 平方米，显然与 20 平方米存在一定的差距，此时能否立即拒绝先前的假设呢？答案是不能。主要原因是有可能存在抽样误差，即样本（25 平方米）与假设（20 平方米）之间的差距有可能是系统误差，也有可能是由于抽样误差造成的。抽样误差的存在会出现某批样本（被访家庭）的人均住房面积 25 平方米，也会出现另外一批样本（被访家庭）的人均住房面积 19 平方米或是 22 平方米或是其他值。因此，此时需要确认样本数据的信息与假设之间的差距究竟是哪种原因造成的。依据的原理便是小概率原理。它首先计算在假设成立的条件下，样本值或更极端值发生的概率。例如，如果家庭人均住房面积的平均值确实为 20 平方米，那么 25 平方米（或更极端值）发生的概率有多大。如果 25 平方米（或更极端值）发生的概率极大，则没有理由认为 20 平方米的假设是不成立的；反之，如果 25 平方米（或更极端值）发生的概率极小，依据小概率事件在一次实验中是几乎不会发生的原理，它应是件不该发生的事件。但事实却是：这件本不应发生的事件（25 平方米或更极端值）却恰恰在这一次实验中发生了。由于样本展现给我们的是真实的，对此只能认为 20 平方米的假设是不成立的。

（资料来源：（节选）薛薇. 基于 SPSS 的数据分析 [M]. 北京：中国人民大学出版社，2006：143.）

第一节　参数检验

假设检验的假设是关于总体的一个普遍性论断，这个检验是验证从样本得出的结论能否推论到总体。假设检验的基本思路是首先对总体参数值提出假设，然后利用样本告知的信息去验证先前提出的假设是否成立。如果样本数据不能够充分证明和支持假设，则在一定的概率条件下，应拒绝该假设；相反，如果样本数据不能够充分证明和支持假设是不成立的，则不能推翻假设成立的合理性和真实性。上述假设检验推断过程所依据的基本信念是小概率原理，即发生概率很小的随机事件，在某一次特定的实验中是几乎不可能发生的。

现实生活中,人们经常要对某个"假设"做出判断,确定它是真的还是假的。在研究领域,研究者在检验一种新的理论时,首先要提出一种自己认为是正确的看法,即假设。用统计语言来说,"假设"就是对总体参数的一种事先猜想。

对总体参数的具体数值所做的陈述,称为假设或统计假设。一个假设的提出总是以一定的理由为基础的,但这些理由通常又是不完全充分的,因而产生了"检验"的需求,也就是要进行判断,假设检验就是利用样本信息判断假设是否成立的过程。

先对总体参数提出某种假设,然后利用样本信息判断假设是否成立的过程,称为假设检验。在假设检验中,首先需要提出两种假设,即原假设和备择假设。原假设或称零假设通常是指将研究者想收集证据予以反对的假设,用 H_0 表示。原假设所表达的含义是指参数没有变化或变量之间没有关系。备择假设或称研究假设通常是指将研究者想收集证据予以支持的假设,用 H_1 或 H_a 表示。备择假设所表达的含义是总体参数发生了变化或变量之间有某种关系。备择假设通常用于支持自己的看法。确定原假设和备择假设在假设检验中十分重要,它直接关系到检验的结论。

例题:一家研究机构估计某城市中家庭拥有汽车的比例超过30%。为验证这一估计是否正确,该研究机构随机抽取了一个样本进行检验。试陈述用于检验的原假设与备择假设。

解:设该城市中家庭拥有汽车的比例真值为 π。显然,研究者想收集证据予以支持的假设是"该城市中家庭拥有汽车的比例超过30%"。因此建立的原假设与备择假设应为:

H_0:$\pi \leqslant 30\%$(家庭拥有汽车的比例不超过30%)

H_1:$\pi > 30\%$(家庭拥有汽车的比例超过30%)

通过上面的例子我们可以得到建立假设的几点认识:

第一,原假设和备择假设是一个完备的事件组,而且相互对立。这意味着,在一项假设检验中,原假设和备择假设必有一个成立,而且只有一个成立。

第二，在建立假设时，通常是先确定备择假设，然后再确定原假设。这样做的原因是备择假设是我们所关心的，是想予以支持或证实的，因而比较清楚，容易确定。由于原假设和备择假设是对立的，因而只要确定了备择假设，原假设就很容易确定出来。

第三，在假设检验中，等号总是放在原假设上。

第四，尽管我们已经给出了原假设与备择假设的定义，依据这样的定义通常就能确定两个假设的内容，但它们本质上是带有一定的主观色彩的，因为所谓的"研究者想收集证据予以支持的假设"和"研究者想要收集证据予以反对的假设"显然最终仍都取决于研究者本人的意志。所以，在面对某一实际问题时，由于不同的研究者有不同的研究目的，即使对同一问题也可能提出截然相反的原假设和备择假设，这是十分正常的，也并不违背我们关于原假设与备择假设的最初定义。无论怎样确定假设的形式，只要它们符合研究者的最终目的，便是合理的。

在假设检验中，研究者感兴趣的备择假设的内容，可以是原假设 H_0 某一特定方向的变化，也可以是没有特定方向的变化。备择假设具有特定的方向性，并含有符号">"或"<"的假设检验，称为单侧检验或单尾检验。备择假设没有特定的方向性，并含有符号"≠"的假设检验，称为双侧检验或双尾检验。在单侧检验中，由于研究者感兴趣的方向不同，又可分为左侧检验和右侧检验。如果研究者感兴趣的备择假设的方向为"<"，则称为左侧检验；如果研究者感兴趣的备择假设的方向为">"，则称为右侧检验。例如，$H_1：\pi>30\%$ 则属于右侧检验。

表 10-1 假设检验的基本形式

假设	双侧检验	单侧检验	
		左侧检验	右侧检验
原假设	$H_0：\mu=\mu_0$	$H_0：\mu\geq\mu_0$	$H_0：\mu\leq\mu_0$
备择假设	$H_1：\mu\neq\mu_0$	$H_1：\mu<\mu_0$	$H_1：\mu>\mu_0$

注：设 μ 为总体参数（μ 代表总体均值），μ_0 为假设的参数的具体数值。

第二节 两类错误与显著性水平

假设检验的目的是根据样本信息做出决策，也就是做出是否拒绝原假设而倾向于备择假设的决策。显然，研究者总是希望能作出正确的决策，但由于决策是建立在样本信息的基础之上的，而样本又是随机的，因而就有可能犯错误。

原假设与备择假设不能同时成立，要么拒绝原假设 H_0，要么不拒绝 H_0。我们所希望的情况是：当原假设 H_0 正确时没有拒绝它，当原假设 H_0 不正确时拒绝它。但我们无法保证不犯错误。

假设检验过程中可能发生两类错误。

当原假设为真时拒绝原假设 H_0，所犯的错误称为第 I 类错误（又称弃真错误）。犯第 I 类错误的概率通常记为 α。

当原假设为假时接受原假设 H_0，所犯的错误称为第 II 类错误（又称取伪错误）。犯第 II 类错误的概率通常记为 β。

表 10-2 假设检验中的结论及其后果

决策结果	实际情况	
	H_0 为真	H_0 为假
未拒绝 H_0	正确决策	第 II 类错误 β
拒绝 H_0	第 I 类错误 α	正确决策

人们自然希望犯两类错误的概率都尽可能小，但实际上难以做到，要使 α 和 β 同时减小的唯一办法是增加样本量。但样本量的增加又会受许多

因素的限制，所以人们只能在两类错误的发生概率之间进行平衡，以使 α 和 β 控制在能够接受的范围内。至于假设检验中先控制哪类错误，一般来说，发生哪一类错误的后果更为严重，就应该首要控制哪类错误发生的概率。但由于犯第 I 类错误的概率是可以由研究者控制的，因此在假设检验中，人们往往先控制第 I 类错误的发生概率。

假设检验中犯第 I 类错误的概率，称为显著性水平，记为 α。显著性水平是人们事先指定的犯第 I 类错误的概率 α 的最大允许值。常被用于检验结论的可靠性。显著性水平 α 越小，犯第 I 类错误的可能性自然就越小，但犯第 II 类错误的可能性则随之增大。在实际应用中，显著性水平是我们事先给出的一个值，但究竟确定一个多大的显著性水平值是合适的呢？一般情况下，人们认为犯第 I 类错误的后果更严重一些，因此通常会取一个较小的 α 值。英国著名的统计学家罗纳德·费希尔在他的研究中把小概率的标准定为 0.05，所以作为一个普遍适用的原则，人们通常选择显著性水平为 0.05 或比 0.05 更小的概率。常用的显著性水平有 $\alpha = 0.01$、$\alpha = 0.05$、$\alpha = 0.1$ 等，当然也可以取其他值。

确定了显著性水平，就等于控制了犯第 I 类错误的概率，但犯第 II 类错误的概率却是不确定的。在拒绝原假设 H_0 时，我们犯错误的概率不超过给定的显著性水平 α，但当样本观测显示没有充分的理由拒绝原假设时，我们也无法确切知道第 II 类错误发生的概率。因此，在假设检验中我们采用"不拒绝 H_0"而不采用"接受 H_0"的表述方法，这种说法实质上并未做出明确结论，在多数场合下便避免了第 II 类错误发生的风险。因为"接受 H_0"所得结论的可靠性将由第 II 类错误的概率 β 来测量，而 β 的控制又相对复杂。

第三节　假设检验的基本步骤

假设检验可以总结成以下四大基本步骤：

第一，提出原假设（记为 H_0）。即根据推断检验的目标，对推断的总体参数或分布提出一个基本假设。

第二，选择检验统计量。在假设检验中，样本值（或更极端值）发生的概率并不直接由样本数据得到，而是通过计算检验统计量观测值发生的概率而间接得到。这些检验统计量服从或近似服从某种已知的理论分布。对于不同的假设检验问题以及不同的总体条件，会有不同的选择检验统计量的理论、方法和策略，这是统计学家研究的课题。应用中只需要依据实际，明确问题。

第三，计算检验统计量观测值发生的概率。选定检验统计量之后，在认为原假设成立的条件下，利用样本数据便可计算出检验统计量观测值发生的概率，即概率 P-值或称为相伴概率（指该检验统计量在某个特定的极端区域取值在 H_0 成立时的概率），该概率值间接地给出了样本值（或更极端值）在原假设成立条件下发生的概率。对此可以依据一定的标准来判定其发生的概率是否为小概率，是否是一个小概率事件。

第四，给定显著性水平并做出统计决策。显著性水平 α 是指原假设正确但却被错误地拒绝了的概率或风险，一般人为确定为 0.05 或 0.01 等，意味着不拒绝原假设正确的可能性（概率）为95%或99%。事实上，虽然小概率原理告诉我们，小概率事件在一次实验中几乎是不会发生的，但这并不意味着小概率事件就一定不会发生。由于抽样的随机性，在一次实验中观察到小概率事件的可能性是存在的，如果遵循小概率原理而拒绝了原本正确的原假设，该错误发生的概率便是 α。

市场调查与统计分析

得到检验统计量的概率 P-值后的决策就是要判定应拒绝原假设还是不应拒绝原假设。如果检验统计量的概率 P-值小于显著性水平 α，则认为如果此时拒绝原假设犯错误的可能性小于显著性水平 α，其概率低于预先控制的水平，不太可能犯错误，可以拒绝原假设；反之，如果检验统计量的概率 P-值大于显著性水平 α，则认为如果此时拒绝原假设犯错误的可能性大于显著性水平 α，其概率比预先控制的水平高，很有可能犯错误，不应拒绝原假设。

从另一个角度讲，得到检验统计量的概率 P-值后的决策就是要判定：这个事件是一个小概率事件还是一个非小概率事件。由于显著性水平 α 是在原假设成立时检验统计量值落在某个极端区域的概率值，因此如果 α 等于 0.05（或 0.01）则认为：如果原假设是成立的，那么检验统计量值落到某个极端区域的概率是 0.05（或 0.01），它是我们预期中的小概率。当检验统计量的概率 P-值小于显著性水平 α 时，则认为：如果原假设是成立的，检验统计量的观测值（或更极端值）发生的概率是一个较预期中的小概率事件更小概率的事件，由小概率原理，它本是不可能发生的，它的发生是原假设不成立导致的，应拒绝原假设。反之，当检验统计量的概率 P-值大于 α 时，则认为如果原假设是成立的，检验统计量的观测值（或更极端值）发生的概率较预期的小概率事件来说是一个非小概率的事件，它发生是极有可能的，没有充足的理由说明原假设是不成立的，不应拒绝原假设。

总之，通过上述四步便可完成假设检验。在利用 SPSS 进行假设检验时，应明确第一步中假设检验的原假设，第二步和第三步是 SPSS 自动完成的，第四步的决策需要人工判定，即人为确定显著性水平 α，并与检验统计量的概率 P-值相比较进而做出决策。

232

第四节 检验统计量

检验统计量是根据样本观测结果计算得到的,并据以对原假设和备择假设做出决策的某个样本统计量。

检验统计量简单来说就是用来决定是否可以拒绝原假设的证据。检验统计量的值是利用样本数据计算得到的,它代表了样本中的信息。检验统计量的绝对值越大,拒绝原假设的理由越充分,反之,不拒绝原假设的理由越充分。

对于假设检验,其检验统计量的异常取值有两个方向,即概率分布曲线的左侧(对应于过小的值)和右侧(对应于过大的值)。

一般情况下,概率分布函数曲线两侧尾端的小概率事件都要考虑(即双侧检验)。如果事先有把握确定其中的一侧不可能取值,则仅需对另一侧的小概率事件进行检验即可(单侧检验)。

在用"查表法"进行统计推断时,基于单侧小概率事件检验的临界值表称"单尾表",基于双侧小概率事件检验的临界值表称"双尾表"。除 T 分布临界值表是双尾表外,大多数的检验临界值表均为单尾表。

在显著性水平一定的情况下(例如 $\alpha = 0.05$),对于单尾表,单侧检验时仍使用 α 进行统计推断,双侧检验则用 $\alpha/2$ 进行统计推断;对于双尾表,单侧检验时改用 2α 进行统计推断,双侧检验则用 α 进行统计推断。

在统计软件(如 SPSS 或 SAS 统计软件)给出的计算结果中,已标注出所计算的相伴概率是单侧还是双侧,对应于上述的单尾表和双尾表。

单尾检验和双尾检验的区别在于它们拒绝 H_0 的标准。单尾检验允许在差异相对较小时拒绝 H_0,这个差异被规定了方向。而双尾检验需要相对较大的差异,这个差异不依赖于方向。

所有的研究者都同意单尾检验与双尾检验不同。一些研究者认为，双尾检验更为严格，比单尾检验更令人信服。因为双尾检验要求更多的证据来拒绝 H_0，因此提供了更强的证据说明处理存在效应。另一些研究者倾向于使用单尾检验，因为它更为敏感，即在单尾检验中相对较小的处理效应也可能是显著的，但是，它可能不能达到双尾检验的显著性要求。

那么，我们是应该使用单尾检验还是双尾检验？通常，双尾检验被用于没有强烈方向性期望的实验研究中，或是存在两个可竞争的预测时。例如，当一种理论预测分数增加，而另一种理论预测分数减少时，应当使用双尾检验。应当使用单尾检验的情况包括在进行实验前已经有方向性预测，或强烈需要做出方向性预测时。本质上就是考虑问题的角度，比如问平均体重是不是 50kg，这就是双边的，它是个不等号；如果问是否小于 50kg，那就是右侧检验；如果问是否大于 50kg，那就是左侧检验。

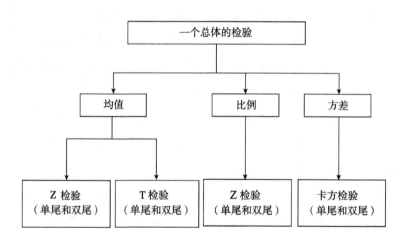

图 10-1　一个总体参数的检验

1. Z 检验

Z 检验（Z Test）是一般用于大样本（即样本容量大于 30）平均值差异性检验的方法。它用标准正态分布的理论来推断差异发生的概率，从而比较两个平均数的差异是否显著。在国内也被称作 u 检验。

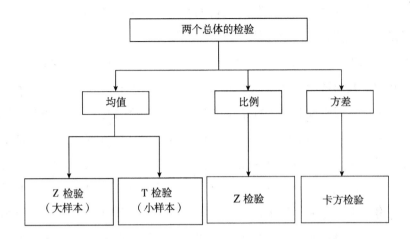

图 10-2　两个正态总体参数的检验

当已知标准差时，验证一组数的均值是否与某一期望值相等时，用 Z 检验。

2. T 检验

T 检验，亦称 student T 检验，主要用于样本含量较小（例如 $n<30$），总体标准差 σ 未知的正态分布资料。T 检验用 T 分布理论来推论差异发生的概率，从而比较两个平均数的差异是否显著。

3. 卡方检验

卡方检验是用途非常广的一种假设检验方法，它在分类资料统计推断中的应用包括：两个率或两个构成比比较的卡方检验；多个率或多个构成比比较的卡方检验。

卡方检验就是统计样本的实际观测值与理论推断值之间的偏离程度，实际观测值与理论推断值之间的偏离程度就决定卡方值的大小，卡方值越大，越不符合；卡方值越小，偏差越小，越趋于符合；若两个值完全相等时，卡方值就为 0，表明理论值完全符合。

4. F 检验

F 检验又叫方差齐性检验。其中要判断两个总体方差是否相等，就可以用 F 检验。从两个研究总体中随机抽取样本，要对这两个样本进行比较的时候，首先要判断两个总体方差是否相同，即方差齐性。若两个总体方差相等，则直接用 T 检验，若不相等，可采用变量变换或秩和检验等方法。其中要判断两个总体方差是否相等，就可以用 F 检验。

简单地说就是检验两个样本的方差是否有显著性差异，这是选择何种 T 检验（等方差双样本检验，异方差双样本检验）的前提条件。若是单组设计，必须给出一个标准值或总体均值，同时，提供一组定量的观测结果，应用 T 检验的前提条件就是该组资料必须服从正态分布；若是配对设计，每对数据的差值必须服从正态分布；若是成组设计，个体之间应相互独立，两组资料均取自正态分布的总体，并满足方差齐性。之所以需要这些前提条件，是因为必须在这样的前提下所计算出的 T 统计量才服从 T 分布，而 T 检验正是以 T 分布作为其理论依据的检验方法。简单来说就是使用 T 检验是有条件的，其中之一就是要符合方差齐次性，这点需要 F 检验来验证。

 **本章小结**

假设检验的假设是关于总体的一个普遍性论断。假设检验的基本思路是首先对总体参数值提出假设，然后再利用样本告知的信息去验证先前提出的假设是否成立。假设检验的目的是根据样本信息做出决策，也就是做出是否拒绝原假设而倾向于备择假设的决策。假设检验就是利用样本信息判断假设是否成立的过程。检验统计量是根据样本观测结果计算得到的，并据以对原假设和备择假设做出决策的某个样本统计量。

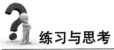**练习与思考**

1. 如何理解两类错误？

2. 显著性水平的判断标准是什么？如何解释？

3. 简述常用的检验统计量的具体方法有哪些。

第十一章　平均数的差异检验：T 检验

 本章学习目的

- 掌握单样本 T 检验
- 掌握独立样本 T 检验
- 掌握配对样本 T 检验

研究减肥茶是否具有显著的减肥效果

　　为研究某种减肥茶是否有显著的减肥效果，需要对肥胖人群喝茶前与喝茶后的体重进行分析。数据收集时可以采用独立抽样方式，首先从肥胖人群中随机抽取部分志愿者并记录下他们喝茶前的体重。喝茶一段时间以后，重新测量这些肥胖志愿者喝茶后的体重。这样获得的两组样本，需要对其进行进一步分析。

第一节　单样本 T 检验

一、统计原理

单样本 T 检验用以检验样本均值与已知总体均值之间是否存在差异。统计的前提是样本总体服从正态分布。例如，随机测查某地区高考数学成绩，已知该地区考生高考数学成绩的均值为 85.6，利用单样本 T 检验比较该地区考生高考数学成绩与全国所有考生的高考数学成绩的均值（78.8）是否存在显著性差异。

计算公式为：

$$t = \frac{\overline{D}}{\frac{S}{\sqrt{n}}}$$

式中，$\overline{D}$ 是样本均值和检验值的差。因为总体方差未知，所以用样本方差 S 代替总体方差，n 为样本数。

SPSS 将自动计算 T 值。单样本 T 检验的零假设为 H_0：样本均值和总体均值之间不存在显著差异。由于该统计量服从 $n-1$ 个自由度的 T 分布，SPSS 将根据 T 分布表给出 T 值对应的相伴概率值。如果相伴概率值小于或等于用户设想的显著性水平 α，则拒绝 H_0，认为样本均值和总体均值之间存在显著性差异。相反，相伴概率大于显著性水平 α，则接受 H_0，可认为样本均值和总体均值之间不存在显著性差异。

二、基本步骤

单样本 T 检验作为假设检验的一种方法，其基本步骤与假设检验是完全相同的。

1. 提出原假设

单样本 T 检验的原假设 H_0 为：总体均值与检验值之间不存在显著差异，表述为 H_0：$\mu=\mu_0$。μ 为总体均值，μ_0 为检验值。

2. 选择检验统计量

对单个总体均值的推断是建立在单个样本均值的基础之上的，也就是希望利用样本均值去估计总体均值。由于抽样误差的存在，虽然样本均值呈现出了差异性，但样本均值的抽样分布却是可以确定的。当总体分布为正态分布 $N(\mu,\ \delta^2)$ 时，样本均值的抽样分布仍为正态分布，该正态分布的均值为 μ，方差为 δ^2/n，即：

$$\overline{X} \sim N\left(\mu,\ \frac{\delta^2}{n}\right)$$

式中，μ 为总体均值，当原假设成立时，$\mu=\mu_0$；δ^2 为总体方差；n 为样本数。总体分布近似服从正态分布时，当样本数 n 较大时，由中心极限定理得知样本均值也近似服从式 $\overline{X} \sim N\left(\mu,\ \frac{\delta^2}{n}\right)$ 的正态分布。于是可构造 Z 检验统计量，Z 统计量定义为：

$$Z = \frac{\overline{X}-\mu}{\sqrt{\dfrac{\delta^2}{n}}}$$

式中，Z 统计量服从标准正态分布。

通常总体方差是未知的，此时可以用样本方差 S^2 替代，得到的检验统计量为 T 统计量，数学定义为：

$$t = \frac{\overline{X} - \mu}{\sqrt{\dfrac{S^2}{n}}}$$

式中，T 统计量服从 $n-1$ 个自由度的 T 分布。单样本 T 检验的检验统计量即为 T 统计量。当认为原假设成立时 μ 用 μ_0 代入。

3. 计算检验统计量观测值和概率 P-值

该步目的是计算检验统计量的观测值和相应的概率 P-值。SPSS 自动将样本均值、μ_0、样本方差、样本数代入式 $t = \dfrac{\overline{X} - \mu}{\sqrt{\dfrac{S^2}{n}}}$，计算出 T 统计量的观测值和对应的概率 P-值。

4. 给定显著性水平 α，并做出决策

给定显著性水平 α，与检验统计量的概率 P-值作比较。如果概率P-值小于显著性水平 α，则应拒绝原假设，认为总体均值与检验值之间存在显著差异；反之，如果概率 P-值大于显著性水平 α，则不应拒绝原假设，认为总体均值与检验值之间无显著差异。

第二节　独立样本 T 检验

一、统计原理

独立样本 T 检验用以检验独立的正态总体下样本均值之间是否存在显著差异。检验前，要求进行比较的两样本相互独立，并且服从正态分布。例如，在某大学随机抽取若干个大学一年级学生，分析他们的大学入学考试成绩在性别上是否存在显著差异。这个问题就是一个独立样本的 T 检验

问题，它满足检验的前提条件。首先，男女学生是来自性别不同的两个总体，这两个总体显然是独立的；其次，入学考试成绩可以认为服从正态分布。

在具体的计算中需要通过两步来完成：第一，利用 F 检验判断两总体的方差是否相同；第二，根据第一步的结果，决定 T 统计量和自由度计算公式，进而对 T 检验的结论做出判断。

1. 判断两总体的方差是否相同

SPSS 采用 Levence F 方法检验两总体方差是否相同。首先计算两个样本的均值，计算每个样本和本组样本均值的差，并对差取绝对值，得到两组绝对值差值序列。然后利用单因素方差分析方法，判断这两组绝对值序列之间是否存在显著差异，即判断平均离差是否存在显著差异，从而间接判断两组方差是否存在显著差异。

在统计过程中，SPSS 将自动计算 F 统计量，并根据 F 分布表给出统计量对应的相伴概率与显著性水平 α 进行比较，从而判断方差是否相同。

2. 根据第一步的结果，决定 T 统计量和自由度计算公式

（1）两总体方差未知且相同情况下，T 统计量计算公式为：

$$t = \frac{\overline{x_1} - \overline{x_2}}{\sqrt{(S_P^2/n_1) + (S_P^2/n_2)}}, \quad \text{其中：} S_P^2 = \frac{(n_1-1)\ S_1^2 + (n_2-1)\ S_2^2}{n_1+n_2-1}$$

这里 T 统计量服从 n_1+n_2-2 个自由度的 T 分布。

（2）两总体方差未知且不同情况下，T 统计量计算公式为：

$$t = \frac{\overline{x_1} - \overline{x_2}}{\sqrt{(S_1^2/n_1) + (S_2^2/n_2)}}$$

T 统计量仍然服从 T 分布，但自由度采用修正的自由度：

$$f = \frac{\dfrac{S_1^2}{n_1} + \dfrac{S_2^2}{n_2}}{\dfrac{\left(\dfrac{S_1^2}{n_1}\right)^2}{n_1} + \dfrac{\left(\dfrac{S_2^2}{n_2}\right)^2}{n_2}}$$

从两种情况下的 T 统计量计算公式可以看出，如果待检验的两样本均值差异较小，T 值较小，则说明两个样本的均值不存在显著差异；相反，T 值越大，说明两样本的均值存在显著差异。

在 SPSS 中，将会根据计算的 T 值和 T 分布表给出相应的相伴概率值。如果相伴概率值小于或等于用户设想的显著性水平 α，则拒绝 H_0，认为两总体均值之间存在显著性差异。相反，相伴概率大于显著性水平 α，则接受 H_0，可认为两总体均值之间不存在显著性差异。

二、基本步骤

两独立样本 T 检验作为假设检验的一种方法，其基本步骤与假设检验完全相同。

1. 提出零假设

两独立样本 T 检验的原假设 H_0 为：两总体均值无显著差异，表述为：H_0：$\mu_1 - \mu_2 = 0$。μ_1，μ_2 分别为第一个和第二个总体的均值。

2. 选择检验统计量

对两总体均值差的推断是建立在两总体样本均值差的基础之上的，也就是希望利用两组样本均值的差去估计两总体均值的差。因此，应关注两样本均值的抽样分布。当两总体分布分别为 $N(\mu_1, \delta_1^2)$ 和 $N(\mu_2, \delta_2^2)$ 时，两样本均值差的抽样分布仍为正态分布，该正态分布的均值为 $\mu_1 - \mu_2$，方差为 δ_{12}^2。在不同的情况下，δ_{12}^2 有不同的计算方式。

第一种情况：当两总体方差未知且相等，即 $\delta_1 = \delta_2$ 时，采用合并的方差作为两总体方差的估计，数学定义为：

$$S_P^2 = \frac{(n_1-1)\ S_1^2 + (n_2-1)\ S_2^2}{n_1+n_2-2}$$

式中，S_1^2、S_2^2 分别为第一组和第二组样本的方差；n_1、n_2 分别为第一组和第二组的样本数。此时两样本均值差的抽样分布的方差 δ_{12}^2 为：

$$\delta_{12}^2 = \frac{S_P^2}{n_1} + \frac{S_P^2}{n_2}$$

第二种情况：当两总体方差未知且不相等，即 $\delta_1 \neq \delta_2$ 时，分别采用各自的方差，此时两样本均值差的抽样分布的方差 δ_{12}^2 为：

$$\delta_{12}^2 = \frac{S_1^2}{n_1} + \frac{S_2^2}{n_2}$$

于是，两总体均值差检验的统计量为 T 统计量，数学定义为：

$$t = \frac{\overline{X}_1 - \overline{X}_2 - (\mu_1 - \mu_2)}{\sqrt{\delta_{12}^2}}$$

式中，由于 $\mu_1 - \mu_2 = 0$（原假设），所以可略去。在上述第一种情况下，T 统计量服从 $n_1 + n_2 - 2$ 个自由度的 T 分布；在第二种情况下，服从修正自由度的 T 分布，修正的自由度定义为：

$$f = \frac{\dfrac{S_1^2}{n_1} + \dfrac{S_2^2}{n_2}}{\dfrac{\left(\dfrac{S_1^2}{n_1}\right)^2}{n_1} + \dfrac{\left(\dfrac{S_2^2}{n_2}\right)^2}{n_2}}$$

可见，两总体方差是否相等是决定如何计算抽样分布方差的关键。因此，有必要通过有效的方式对其进行统计检验。

3. 计算检验统计量观测值和概率 P-值

该步的目的是计算 F 统计量和 T 统计量的观测值以及相应的概率 P-值。SPSS 将自动依据单因素方差分析的方法计算 F 统计量和概率 P-值，并自动将两组样本的均值、样本数、抽样分布方程等代入式 $t = \dfrac{\overline{X}_1 - \overline{X}_2 - (\mu_1 - \mu_2)}{\sqrt{\delta_{12}^2}}$，计算出 T 统计量的观测值和对应的概率 P-值。

4. 给定显著性水平 α，并做出决策

当给定了显著性水平 α 后，SPSS 中的统计决策应通过以下两步完成：

第一步，利用 F 检验判断两总体的方差是否相等，并据此决定抽样分布方差和自由度的计算方法和计算结果。如果 F 检验统计量的概率 P-值小于显著性水平 α，则应拒绝原假设，认为两总体方差有显著差异，应选择

由 $\delta_{12}^2 = \dfrac{S_1^2}{n_1} + \dfrac{S_2^2}{n_2}$ 和 $t = \dfrac{\overline{X}_1 - \overline{X}_2 - (\mu_1 - \mu_2)}{\sqrt{\delta_{12}^2}}$ 计算出的结果；反之，如果概率 P-值

大于显著性水平 α，则不应拒绝原假设，认为两总体方差无显著差异，应

选择由 $S_P^2 = \dfrac{(n_1 - 1)\ S_1^2 + (n_2 - 1)\ S_2^2}{n_1 + n_2 - 2}$ 和 $\delta_{12}^2 = \dfrac{S_P^2}{n_1} + \dfrac{S_P^2}{n_2}$ 计算出的结果。

第二步，利用 T 检验判断两总体均值是否存在显著差异。如果 T 检验统计量的概率 P-值小于显著性水平 α，则应拒绝原假设，认为两总体均值有显著差异；反之，如果概率 P-值大于显著性水平 α，则不应拒绝原假设，认为两总体均值无显著差异。

第三节　配对样本 T 检验

一、统计原理

配对样本 T 检验是根据样本数据对样本来自的两配对总体的均值是否有显著差异进行判断。配对样本 T 检验的前提条件为：第一，两样本必须是配对的。这里有两层意思，一是两样本的观察值数目相同，二是两样本的观察值的顺序不随意更改。第二，样本来自的两个总体必须服从正态分布。例如，针对实验前学习成绩和智商相同的两组学生，分别进行不同教

学方法的训练，进行一段时间实验教学后，比较参与实验的两组学生的学习成绩是否存在显著性差异。

计算公式为：

$$t = \frac{\overline{D}}{\dfrac{S}{\sqrt{n}}}$$

式中，$\overline{D}$ 是配对样本差值序列的平均差。

SPSS 将自动计算 T 值。配对样本 T 检验的零假设为 H_0：配对样本的总体均值之间不存在显著差异。由于该统计量服从 $n-1$ 个自由度的 T 分布，SPSS 将根据 T 分布表给出 T 值对应的相伴概率值。如果相伴概率值小于或等于用户设想的显著性水平 α，则拒绝 H_0，认为两总体均值之间存在显著性差异。相反，相伴概率值大于显著性水平 α，则接受 H_0，可认为两总体均值之间不存在显著性差异。

二、基本步骤

两配对样本 T 检验作为假设检验的一种方法，其基本步骤与假设检验完全相同。

1. 提出原假设

两配对样本 T 检验的原假设 H_0 为：两总体均值无显著差异，表述为：H_0：$\mu_1 - \mu_2 = 0$。μ_1、μ_2 分别为第一个和第二个总体的均值。

2. 选择检验统计量

两配对样本 T 检验所采用的检验统计量与单样本 T 检验类似，也采用 T 统计量。其思路是：首先，对两组样本分别计算出每对观察值的差值得到差值样本；其次，利用差值样本，通过对其均值是否显著为 0 的检验来推断两总体均值的差是否显著为 0。显而易见，如果差值序列的均值与 0 有显著差异，则可以认为两总体的均值有显著差异；反之，如果差值序列的均值与 0 无显著差异，则可以认为两总体均值不存在显著差异。

从配对样本 T 检验的实现思路不难看出，配对样本 T 检验问题是通过转化成单样本 T 检验来实现的，即最终转化成对差值序列总体均值是否显著为 0 做检验。正是如此，它必须要求样本配对，观察值数目相同且次序不可随意更改。

3. 计算检验统计量观测值和概率 P-值

该步的目的是计算 T 统计量的观测值以及相应的概率 P-值。SPSS 将计算两组样本的差值，并将相应数据代入式 $t = \dfrac{\overline{X} - \mu}{\sqrt{\dfrac{S^2}{n}}}$，计算出 T 统计量的观测值和对应的概率 P-值。

4. 给定显著性水平 α，并做出决策

给定显著性水平 α，与检验统计量的概率 P-值作比较。如果概率 P-值小于显著性水平 α，则应拒绝原假设，认为差值序列的总体均值与 0 有显著不同，两总体的均值有显著差异；反之，如果概率 P-值大于显著性水平 α，则不应拒绝原假设，认为差值序列的总体均值与 0 无显著不同，两总体均不存在显著差异。

 本章小结

在所有数值特征中，均值是反映总体一般水平的最重要的特征。通常需要比较样本均值与总体均值之间的差异，称为"均值差异的显著性检验"。T 检验是用 T 分布理论来推论差异发生的概率，从而比较两个平均数的差异是否显著。T 检验分为单总体检验和双总体检验。单总体 T 检验是检验一个样本平均数与一个已知的总体平均数的差异是否显著。双总体 T 检验是检验两个样本平均数与其各自所代表的总体的差异是否显著。

练习与思考

1. 如何进行单样本 T 检验？

2. 如何进行独立样本 T 检验？

3. 如何进行配对样本 T 检验？

第十二章 平均数的方差分析

 本章学习目的

- 了解方差分析的基本原理
- 能够合理选择方差分析方法

研究品种对产量的影响

假设在农业种子研究中，有 4 种不同的小麦种子，分别是品种 1、品种 2、品种 3、品种 4，播种到条件相同的 20 块实验田中，得到 4 组共 20 个关于产量的实验数据。

表 12-1　不同种子的产量数据

产量　　　　　品种	品种			
	品种 1	品种 2	品种 3	品种 4
观测值 1	38	38	44	44
观测值 2	39	39	43	47

续表

品种 产量	品种			
	品种1	品种2	品种3	品种4
观测值3	42	40	40	45
观测值4	40	44	44	45
观测值5	41	43	45	46
平均产量	40	40.8	43.2	45.4

　　检验4组产量数据的均值是否有差异。该结果在统计上是否具有显著性？在本试验中种子的"品种"就是分类型自变量，而"产量"则是数值型因变量。检验自变量对因变量的影响就是检验4组产量数据的均值是否有差异。

第一节　方差分析的原理

　　在单因素试验中，涉及两个变量，一个是分类型自变量，一个是数值型因变量，研究分类型自变量对数值型因变量的影响就是方差分析的主要目的。T检验是用来比较两组总体均值是否相等（是否存在显著差异），而比较两组以上的总体均值是否相等（是否存在显著差异）时，就需要使用方差分析。方差分析（ANOVA）一般用于检验两组或两组以上的均值差异。最简单的方差分析必须有一个定量（定距或定比）的因变量（如支付意愿），一个或多个自变量。例如，产品使用状态：频繁使用者、普通使用者、少量使用者，方差分析的自变量又称为因子，必须是定类变量。

一、方差分析的基本假定

方差分析在理论上应满足 3 个基本的前提条件。

条件 1：k 个总体都服从正态分布；

条件 2：k 个总体的方差相等；

条件 3：k 个样本之间是独立的。

需要说明的是，这些条件在一定程度上是可以放宽的，如果总体服从正态分布的条件不能满足，方差分析的结果不会受到太大的影响；如果各个总体方差相等的条件不能满足，在各组样本容量相差不大时，只要最大方差与最小方差之比小于 3，可视为方差齐同，分析结果都是稳定的。所以一般情况下，我们都认为以上条件都是被满足的。

方差分析是要检验多个正态总体的均值是否相等，由于只能得到样本，所以可以比较多个样本的均值是否有明显差异，从样本均值的差异程度来推断总体均值的差距。

二、方差分析的原理

方差分析的基本原理是分析数据误差的来源，通过比较这些误差来判断总体均值是否相等。

在同一水平（如品种 1）下，样本的各个观测值是不同的。由于这些数据来自同一总体，所以我们认为它们的差异是由于抽样的随机性造成的，我们称这样的误差为随机误差。

在不同水平（如不同品种）下，各样本所有的观测值也是不同的。由于这些数据来自不同的总体，所以这种差异可能是由于抽样随机性造成的（随机误差）；也可能是由于不同的品种造成的，我们将由不同水平造成的误差称为系统误差。

衡量因素同一水平下的样本数据误差称为组内误差；衡量因素不同水平下各样本间的误差，称为组间误差。显然，组内误差只包含随机误差，而组间误差包含随机误差和系统误差。如果不同水平（不同品种）对产量没有影响，那么组间误差只包含系统误差，这时，组间误差与组内误差经过平均后的比值会很接近 1；反之，如果不同水平（不同品种）对产量有明显的影响，这时，组间误差要比组内误差大，两者经过平均后的比值会大于 1，当这个比值大到一定程度时，我们就有理由相信，不同水平（不同品种）对产量是有显著影响的。

方差分析的目的是检验各个水平的均值（μ_1，μ_1，…，μ_k）是否相等，达到这个目的的手段则是进行方差比较。由于方差是反映观测值之间差异的，所以在进行方差比较时，弄清差异产生的来源是十分重要的。

通过分析可以发现，观测值之间的差异来自两个方面：一方面，由因子中不同水平造成的差异。例如，不同档次最低生活保证金水平下的不同就业人数，可以称之为系统性差异。另一方面，由于选择样本的随机性所产生的差异。例如，相同最低生活保证金水平下不同地区的不同就业人数，可以称之为随机性差异。

两个方面所产生差异的大小，可以分别用两个方差来计量。如果把不同的因子视为不同组，那么可以把反映不同水平之间差异的方差称为组间方差，它既包含系统性差异，也包含随机性差异。例如，不同最低生活保证金水平下的就业人数既与最低生活保证金档次有关，又与不同地区有关。而只反映同种水平下不同样本单位之间差异的方差称为组内方差，它仅包含随机性差异。

如果不同的水平对结果没有影响，那么在组间方差中仅有随机性差异而没有系统性差异。此种情况下的组间方差与组内方差就应该很近似，两个方差的比值就会接近 1。相反，如果不同的水平对结果产生影响，那么在组间方差中就不仅有随机性差异，而且还有系统性差异。在这种情况下，组间方差就会大于组内方差，两者的比值就会大于 1。不同水平对结果的影响越大，组间方差与组内方差的比值就越大。当这个比值大到一定程度，或者说达到某个临界点时，就可以做出不同水平之间存在显著性差异的判断。由此可见，方差分析就是通过不同方差的比较，做出拒绝或者不能拒绝零假设（不同水平的均值相等）的判断。

1. 组内方差和组间方差

在方差分析中，组间方差和组内方差之比是一个统计量。数理统计已经证明，这个统计量服从 F 分布，$F = \dfrac{组间方差}{组内方差}$，方差分析的基本方法就是利用 F 分布进行假设检验。

组内离差平方和（SSE）是由不可控因素（如不可控制的个体差异、随机因素、测量误差等）引起的与自变量无关的变差，它反映样本内部的变异情况，计算公式为 $SSE = \sum\limits_{j=1}^{k} \sum\limits_{i=1}^{n_j} (x_{ij} - \bar{x}_j)^2$。

组间离差平方和（SSA）也称为解释的变差，它是各组（不同水平）均值与所有样本总均值离差平方之和，它反映样本间的变异性，其计算公式为 $SSA = \sum\limits_{j=1}^{k} n_j (\bar{x}_j - \bar{\bar{x}})^2$，式中，SSA 代表组间离差平方和；$n_j$ 代表第 j 个水平的样本容量；$\bar{x}_j$ 代表第 j 个水平下观测数值的均值。

此外，要考虑所有数据合并后的整体变异性，这一结果称为总离差平方和，也称为总变差，是所有数据中每个数据与总平均数离差平方之和，它反映了全部数据的变异情况，其计算公式为 $SST = \sum\limits_{j=1}^{k} \sum\limits_{i=1}^{n_j} (x_{ij} - \bar{\bar{x}})^2$，式中，SST 代表总离差平方和；$x_{ij}$ 代表每个具体数据；$\bar{\bar{x}}$ 代表所有数据的总均值。$\bar{\bar{x}} = \dfrac{\sum\limits_{j=1}^{k} \sum\limits_{i=1}^{n_j} x_{ij}}{n_T}$，式中，$n_T$ 代表所有样本容量，$n_T = n_1 + n_2 + \cdots + n_k$。如果每个样本容量都相等，即为 n，那么所有样本数据的总均值就等于 k 个样本均值的算术平均数，即 $\bar{\bar{x}} = \dfrac{\sum\limits_{j=1}^{k} \bar{x}_j}{k}$ 。

SST 衡量了整体全部数据的变异性，SSA 衡量了组间的变异性，SSE 衡量了组内的变异性。三者关系如下：$SST = SSA + SSE$。

2. 组内均方差和组间均方差

之前的分析可以认为，SST 可以分解为：SSA 和 SSE 两部分，而其中 SSA 既包含随机误差又包含系统误差，SSE 则仅包含随机误差。若 SSA 占有 SST 较大份额，SSA 会明显较 SSE 大，则说明不同组的均值有明显差异，反之亦然。

但是，SSA 与 SSE 的大小，会受到样本容量的影响。当样本容量变大时，SSE 会比 SSA 增大得快。为了更有可比性，就必须在比较之前先将两者进行平均，就是将处理平方和（SSA）与误差平方和（SSE）分别除以各自的自由度，可以得出处理均方与误差均方，分别记为 MSA 和 MSE，在这里的"均方"是"离差平方和的平均"的简称。

SSA 和 SSE 的自由度分别是多少呢？因为 SSA 表示的是 k 个样本间的变异性，所以自由度为 $k-1$；SSE 共有 k 个约束条件，SSE 的自由度为 (n_{T-k})。

SSA、SSE 分别被它们的自由度相除便得到组间方差（MSA）和组内方差（MSE），在方差分析中分别称 MSA 为处理均方，MSE 为误差均方。

$$MSA = \frac{SSA}{k-1}, \quad MSE = \frac{SSE}{n_T - k}$$

在零假设成立时组间方差与组内方差的比值服从 F 分布，$F = \dfrac{MSA}{MSE}$。因此可以设定一个显著性水平 α，通过对这个 F 统计量的检验做出拒绝或不能拒绝零假设（各个总体的均值相等）的决策。

3. 方差分析分类

在方差分析中，实际测量的、作为结果的变量称为响应变量或因变量。而作为原因的、把观测结果分成几个组以进行比较的变量称为因子或自变量。在方差分析中，因子的不同表现，也就是每个因子的不同取值称为因子水平（简称水平）。单因子方差分析用于检验单个因子取不同水平时因变量的均值是否有显著差异，只涉及一个因子。如果涉及两个或两个以上因子，就称为多因子方差分析。例如，如果除了产品使用状态外，研究者还想了解忠诚用户和非忠诚用户在支付意愿方面的差异，就可以进行多因子方差分析。如果自变量中既包含定类变量也包含定量变量，这种分析就称为协方差分析。例如，在不考虑收入的前提下，了解各产品使用组和各忠诚度组在支付意愿上的差别，就要采用协方差分析。这时定类自变量（产品使用状态和品牌忠诚度）仍然作为因子，定量自变量（收入）作为协变量。

第二节　单因素方差分析

一、含义

单因素方差分析是研究在某单一因素影响过程中，因变量在各个因素水平下的平均值之间的差异检验。例如：男女消费者在品牌忠诚度上有显著差异吗？各个细分市场的人均产品消费量是否有显著差异？接触不同电视广告的人群对品牌的评价有显著差异吗？顾客对商店的熟悉程度（高、中、低）对购买意愿有什么影响？不同的标价方式对购买意愿和购买量是否有显著影响？等等。

二、基本步骤

方差分析问题属于推断统计中的假设检验问题，其基本步骤与假设检验完全一致。

1. 提出原假设

单因素方差分析的原假设 H_0 是：控制变量不同水平下观测变量各总体的均值无显著差异，控制变量不同水平下的效应同时为 0，记为：$\mu_1 = \mu_2 = \cdots = \mu_k = 0$，意味着控制变量不同水平的变化没有对观测变量产生显著影响。

2. 选择检验统计量

方差分析采用的检验统计量是 F 统计量，F 统计量服从 $(k-1, n-k)$ 个自由度的 F 分布。其中，n 为总样本数，$k-1$ 和 $n-k$ 分别为 *SSA* 和 *SSE* 的自由度。数学定义为：

$$F = \frac{MSA}{MSE}$$

式中，MSA 是平均组间平方和；MSE 是平均组内平方和，其目的是消除水平数和样本数对分析带来的影响。F 统计量服从 $(k-1, n-k)$ 个自由度的 F 分布。

3. 计算检验统计量的观测值和概率 P-值

该步骤的目的是计算检验统计量的观测值和相应的概率 P-值。*SPSS* 自动将相关数据代入式 $F = \dfrac{MSA}{MSE}$，计算出 F 统计量的观测值和对应的概率 P-值。如果控制变量对观测变量造成了显著影响，观测变量总的变差中控制变量所占的比例相对于随机变量必然较大，F 值显著大于 1；反之，如果控制变量没有对观测变量造成显著影响，观测变量的变差应归结为随机变量造成的，F 值接近 1。

4. 给定显著性水平 α，并做出决策

给定显著性水平 α，与检验统计量的概率 P-值作比较。如果概率 P-值小于显著性水平 α，则应拒绝原假设，认为控制变量不同水平下观测变量各总体的均值存在显著差异，控制变量的各个效应不同时为 0，控制变量的不同水平对观测变量产生了显著影响；反之，如果概率 P-值大于显著性

水平 α，则不应拒绝原假设，认为控制变量不同水平下观测变量各总体的均值无显著差异，控制变量的各个效应同时为 0，控制变量的不同水平对观测变量没有产生显著影响。

　　例题：某连锁商店为了考察不同促销水平对销售额的影响开展了一项研究："店内促销对销售额的影响"。随机将 30 家分店分为三组，然后开展三种不同强度（高、中、低）的促销活动，同时对每家店的销售额进行 1 个月的追踪。

表 12-2　不同促销组的平均月销售额

促销水平	商店数	月均销售额（万元）
高	10	830
中	10	620
低	10	370
合计	30	606

　　单从业绩表看，促销强度大的组销售额也较大，但促销强度对销售额的作用在统计上是否显著？

表 12-3　月均销售额的方差分析

方差来源	离差平方和	自由度	均方 MS	F 值	P 值
组间	1060670	2	530335	17.943	0.000
组内	798000	27	29556		
总离差	1858670	29	64092		

　　单因素方差分析的 SPSS 操作步骤：打开页面—分析——一般线性模型—单变量—单因素设置—确定。

第三节　多因素方差分析

一、含义

多因素方差分析是分析几个因素同时影响一个因变量的统计分析方法，即研究多个因素的不同水平对实验结果的影响以及各因素相互作用对实验的影响。例如：广告水平和价格水平的相互作用如何影响商品销售？不同学历、职业和年龄的消费者对品牌的态度是否有显著差异？不同性别的被试对不同类型（功能型和情感型）广告诉求的反应是否有显著差别？等等。

为了回答上述问题，可以使用多因素方差分析，考察各因子对因变量的作用及其交互作用。交互作用是指一个因子对因变量的作用与另一个因子的水平（类别）有关。进行多因素方差分析的过程与单因子方差分析类似。

二、基本步骤

方差分析问题属于推断统计中的假设检验问题，其基本步骤与假设检验完全一致。

1. 提出原假设

多因素方差分析的原假设 H_0 是：各控制变量不同水平下观测变量各总体的均值无显著差异，控制变量各效应和交互作用效应同时为 0，记为：

$a_1 = a_2 = \cdots = a_k = 0$

$b_1 = b_2 = \cdots = b_k = 0$

$(ab)_{11} = (ab)_{12} = \cdots = (ab)_{kr} = 0$

这意味着控制变量和它们的交互作用没有对观测变量产生显著影响。

2. 选择检验统计量

在多因素方差分析中，控制变量可以进一步划分为固定效应和随机效应两种类型。其中，固定效应通常指控制变量的各个水平是可以严格控制的，它们给观测变量带来的影响是固定的，如温度、品种等；随机效应是指控制变量的各个水平无法进行严格的控制，它们给观测变量带来的影响是随机的，如城市规模、受教育水平等。一般区分固定效应和随机效应是比较困难的。由于这两种效应的存在，多因素方差分析模型也有固定效应模型和随机效应模型之分。这两种模型分解观测变量变差的方式是完全相同的，主要差别体现在检验统计量的构造方面，多因素方差分析采用的检验统计量仍为 F 统计。如果有 A、B 两个控制变量，通常对应三个 F 检验统计量。

在固定效应模型中，各 F 检验统计量为：

$$F_A = \frac{MSA}{MSE}$$

$$F_B = \frac{MSB}{MSE}$$

$$F_{AB} = \frac{MSAB}{MSE}$$

在随机效应模型中，各 F 检验统计量为：

$$F_A = \frac{MSA}{MSAB}$$

$$F_B = \frac{MSB}{MSAB}$$

$$F_{AB} = \frac{MSAB}{MSE}$$

3. 计算检验统计量观测值和概率 P-值

该步的目的是计算检验统计量的观测值和相应的概率 P-值。*SPSS* 自动将相关数据代入各式，计算出各个 F 统计量的观测值和对应的概率P-值。

4. 给定显著性水平 α，并做出决策

给定显著性水平 α，依次与各个检验统计量的概率 P-值作比较。在固定效应模型中，如果 F_A 的概率 P-值小于显著性水平 α，则应拒绝原假设，认为控制变量 A 不同水平下观测变量各总体的均值存在显著差异，控制变量 A 各个效应不同时为 0，控制变量 A 的不同水平对观测变量产生了显著影响；反之，如果 F_A 的概率 P-值大于显著性水平 α，则不应拒绝原假设，认为控制变量 A 不同水平下观测变量各总体均值无显著差异，控制变量 A 的各个效应同时为 0，控制变量 A 的不同水平对观测变量没有产生显著影响。对控制变量 B 和 A、B 交互作用的推断同理；在随机效应模型中，应首先对 A、B 的交互作用是否显著进行推断，然后再分别依次对 A、B 的效应进行检验。

多因素方差分析的 SPSS 操作步骤：打开页面—分析——一般线性模型—单变量—多因素设置—确定。

第四节　协方差分析

协方差分析是将那些很难控制的因素作为协变量，在排除协变量影响的条件下，分析控制因素对实验变量的影响，从而更加准确地对控制因素进行分析研究。即在剔除某一个或多个协变量对因变量的影响后，比较各因素不同水平的差异以及分析各因素间是否存在交互作用，考察某个（组）特定自变量对因变量的作用时，通常需要控制其他相关变量的影响。例如：比较不同性别、年龄组消费者购买某产品的数量时，需要考虑收入的影响；比较不同广告诉求对品牌评价的影响时，有必要控制被试对该品牌的已有态度；研究不同价格水平如何影响食品的消费量时，考虑家庭规模也很重要；等等。

协方差分析可以帮助我们控制其他相关变量的因变量，更准确地估计特定自变量的影响。该方法要求至少有一个定类的自变量（称为因子）和一个定量的自变量（称为协变量）。因为主要关心的是因子的作用，需要去除由协变量产生的因变量变差，然后对调整后的数据进行方差分析。可以用 F 检验来检验单个协变量的作用及其联合效应是否显著，根据协变量的系数判断协变量对因变量的作用。

协方差分析的 SPSS 操作步骤：打开页面—分析——一般线性模型—单变量—协变量设置—确定。

 本章小结

方差分析（ANOVA）一般用于检验两组或两组以上的均值差异。方差分析的基本原理是分析数据误差的来源，通过比较这些误差来判断总体均值是否相等。衡量因素同一水平下的样本数据误差称为组内误差；衡量因素不同水平下各样本间的误差，称为组间误差。显然，组内误差只包含随机误差，而组间误差包含随机误差和系统误差。方差分析的目的是检验各个水平的均值（μ_1，μ_1，…，μ_k）是否相等，达到这个目的的手段则是进行方差比较。方差分析的类型主要包括单因素方差分析、多因素方差分析、协方差分析三类。在实际应用中需要根据不同的研究目标，科学地选择方差分析的类型。

 练习与思考

1. 如何进行单因素方差分析？
2. 如何进行多因素方差分析？
3. 如何进行协方差分析？

第十三章　线性关系分析：相关与回归分析

 本章学习目的

- 了解相关分析的具体内容
- 掌握相关分析的基本方法
- 了解回归分析的目的与用途
- 理解回归分析中的核心概念
- 掌握回归分析的基本步骤

变量的关系

在商务与经济活动中，一种现象与另一种现象之间往往存在着相互依存、相互影响的关系，需要对这类关系进行分析，以便找出关系的程度，发现它们之间的规律。当用变量来反映这些现象的特征时，便表现为变量之间的关系。其中如果 y 依 x 变化，则称 y 为因变量，称 x 为自变量。变量之间的关系可以归为两种：

一是函数关系，是指当一个或几个变量取一定的值时，另一个变量有确定值与之对应，变量之间这种依一定的函数形式表现出来的——对应的关系。例如某种商品的销售额（y）与销售量（x）之间的关系，可表示为 y=px（p 为单价）。

二是相关关系，是指变量之间存在的不确定性数量依存关系，即一个变量的取值不能由另一个变量唯一确定，当变量取某个值时，变量 y 的取值可能有几个，虽然不确定，但它仍按某种规律在一定的范围内变化。这种关系称为不确定性的相关关系。相关与回归分析正是对这类相关关系从不同角度进行分析和研究。相关分析主要研究两个变量之间（线性）相关的方向和相关的程度。

第一节　相关分析

一、相关分析的原理

相关分析是测定变量之间关系密切程度的方法，它指出变量之间是否有相关关系、是正相关还是负相关、是直线相关还是曲线相关以及相关关系的密切程度的高低，但它不能说明一个现象发生变化时，另一个变量将会发生多大的变化，也就是说，它不能说明两个变量之间的一般关系值。相关分析的主要目的是描述两个变量之间线性关系的方向和密切程度，但无法给出变量间关系的具体形式，也无法从一个变量推测另一个变量。

1. 变量之间是否存在关系

要回答这一问题，首先要依据研究者的理论知识和实践经验，对客观现象之间是否存在相关关系，以及存在什么样的关系做出基本判断，同时可以借助相关图表进行判断。

2. 变量之间大致存在什么样的关系

相关分析常用图形（散点图）和数值（相关系数）两种方法来揭示事物之间统计关系的强弱程度。

散点图是研究相关关系的直观方法。散点图是以直角坐标系的横轴代表变量 x，纵轴代表变量 y，将两个变量间相对应的变量值用坐标点的形式描绘出来，用来反映两变量之间相关关系的图形，从图 13-1 中可以大概看出变量之间关系的形态和强度。

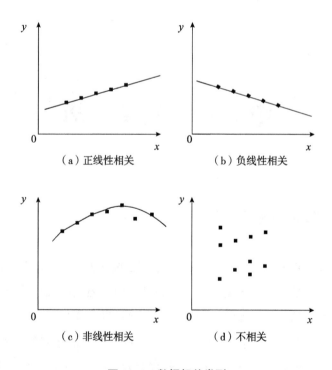

（a）正线性相关　　　（b）负线性相关

（c）非线性相关　　　（d）不相关

图 13-1　数据相关类型

借助散点图，可以大致判断出数据相关的类型。可以从以下几个角度判别：

（1）从相关方向看，变量间的关系可分为正相关和负相关。当两个变量的变化方向相同时，即当一个变量的数值增加（或减少）时，另一个变量的数值也随之增加（或减少），即同方向变化，称为正相关，如收入与消费的关系；当两个变量的变化方向相反时，即当一个变量的数值增加（或减少）时，另一个变量的数值随之减少（或增加），称为负相关，如价格与销售量的关系。

（2）从相关形式看，变量间的关系可分为线性相关和非线性相关。当两个变量的关系大致呈现线性关系时，称为线性相关；如果散点图类似于某种曲线，则称为非线性相关。

（3）从相关程度看，变量间的关系可分为完全相关、不完全相关和不相关。当一个变量完全由另一个变量的数量变化所确定时，这两个变量之间的关系为完全相关。完全相关就是函数关系。当两个变量彼此互不影响、其数量变化各自独立时，称为不相关。两个变量之间的关系介于完全相关和不相关之间，称为不完全相关，大部分现象之间的相关关系都属于不完全相关。

（4）从变量多少看，变量间的关系可分为单相关、复相关和偏相关。两个变量的相关关系，称为单相关；一个变量对应两个以上变量的相关关系，称为复相关，如某种商品的需求与其价格水平以及收入水平之间的相关关系；多个变量时假定其他变量不变，其中两个变量的相关关系称为偏相关。

3. 变量之间的关系强度如何

对两个变量之间的相关关系分析称为单相关分析。对其关系强度的分析，需进行测度，常使用的测量指标就是单相关系数（也称简单相关系数，简称相关系数），它是度量两个变量之间线性关系强度的一个统计量，根据总体与样本的数据不同，有总体相关系数和样本相关系数。通常以 ρ

表示总体相关系数，以 r 表示样本相关系数。

那么，如何判断变量之间的相关强度呢？这要用相关系数的结果来衡量。

不论数据多少，数值的大小、计量单位如何，相关系数 r 的值都会位于 [-1，1]。

通常，若 $-1 \leqslant r < 0$，为负数，变量之间关系就是负相关；$0 < r \leqslant 1$，为正数，变量之间则为正相关。

|r|越趋于1，表示关系越强；|r|越趋于0，表示关系越弱；|r|=1，为完全相关。

在一般判断的基础上，也有一些经验判断可参考：

|r|$\geqslant$0.8 时，可视为两个变量之间高度相关；

0.5$\leqslant$|r|<0.8 时，可视为中度相关；

0.3$\leqslant$|r|<0.5 时，可视为低度相关；

|r|<0.3 时，说明两个变量之间的相关程度极弱，可视为不相关。

4. 样本所反映的变量之间的关系能否代表总体变量之间的关系

相关系数一般都是利用样本数据计算的，因而带有一定的随机性，样本容量越小其可信程度就越差。如前所述，抽取的样本不同，r 的计算结果也会有差异。能否根据抽选出的样本相关程度说明总体之间也相关？样本相关系数是否可靠？这需要检验说明。

相关系数的显著性检验可分为两类：一是对总体相关系数是否等于 0 进行检验；二是对总体相关系数是否等于某一个给定的不为 0 的数值进行检验。常选择总体相关系数 ρ 是否等于 0 进行检验。

检验时，需要考察 r 的抽样分布，根据抽样分布，才能构造出检验的统计量。比如当样本来自正态总体时，随着 n 的增大，r 的抽样分布趋于正态分布，尤其是在总体相关系数 ρ 很小或接近 0 时，趋于正态分布的趋势非常明显。检验时，不论样本容量大小，常常采用 *R. A. Fisher* 的 *T* 检验。

二、相关分析的类型

1. 简单双变量相关分析

双变量分析的目的是确定两个变量之间的相关性，测量它们之间的预测或解释的能力。例如，研究我国 GDP 与税收收入的关系、研究性别与志向的关系。

表 13-1 我国 GDP 与税收收入数据

年份	2004	2005	2006	2007	2008
GDP（万元）	159878	183217	211924	257306	300670
税收收入（万元）	25723	30867	37637	49449	57862

表 13-2 性别与志向数据

志向	男	女	合计
快乐家庭	10	30	40
理想工作	40	10	50
增广见闻	10	0	10
合计	60	40	100

2. 偏相关分析

相关分析通过计算两个变量之间的相关系数，分析变量之间线性相关的程度。在多元相关分析中，由于受到其他变量的影响，Pearson 相关系数只是从表面上反映两个变量相关的性质，往往不能真实地反映变量之间的线性相关程度，甚至会给人们造成相关的假象。因此，在某些场合，简单的 Pearson 相关系数并不是刻画相关关系的本质性统计量。当我们将其他变量固定，而计算某两个变量之间的相关系数，称之为偏相关系数。偏相关系数才是真正反映两个变量之间相关关系的统计量。

偏相关分析用于计算变量之间的偏相关系数，可以判断哪些自变量对因变量的影响较大，而选择作为必须考虑的自变量。至于那些对因变量影响较小的自变量，则可以舍弃，不予以考虑，以利于更准确地判断变量之间的相关关系和相关程度。这样在计算多元回归分析时，可以只保留起主要作用的自变量，用较少的自变量描述因变量的平均变动值。

偏相关系数的数值和简单相关系数的数值是不同的。在计算简单相关系数时，所有其他自变量不予以考虑；在计算偏相关系数时，要考虑其他自变量对因变量的影响，只不过是把其他自变量当作常数处理。例如，研究重庆市某县 GDP 及其影响因素。

表 13-3　重庆市某县 GDP 及其影响因素的历史数据

年份	GDP（万元）	全社会固定资产投资（万元）	公路里程（公里）	户籍人口数（万人）
1998	110039	32198	2181	39.58
1999	125332	54859	2676	39.57
2000	139802	67145	2676	39.53
2001	159307	81356	2704	39.5
2002	184957	185190	2665	39.57
2003	208245	171715	2665	39.7
2004	256694	202670	2665	39.84
2005	398796	281775	2950	40.1

第二节 相关分析与回归分析的区别与联系

一、区别

相关分析与回归分析的区别表现在以下三方面：

（1）相关分析所研究的两个变量是对等关系，回归分析所研究的两个变量不是对等关系，必须根据研究目的，先确定其中一个是自变量，另一个是因变量。

（2）对两个变量 x 和 y 来说，相关分析只能计算出一个反映两个变量之间相关密切程度的相关系数，计算中改变 x 和 y 的地位不影响相关系数的数值。回归分析有时可以根据研究目的不同分别建立两个不同的回归方程，如可以 x 为自变量，y 为因变量，得出 y 对 x 的回归方程；也可以 y 为自变量，x 为因变量，得出 x 对 y 的回归方程。

（3）相关分析对资料的要求是，两个变量都必须是随机变量，而回归分析对资料的要求是，自变量是可以控制的变量，因变量是随机变量。

二、联系

1. 相关分析是回归分析的基础和前提

如果缺少相关分析，没有从性质上说明现象之间是否有相关关系，也没有对相关关系的密切程度做出判断，就不能进行回归分析，否则即便勉强进行了回归分析，也是没有意义的。

2. 回归分析是相关分析的深入和继续

仅仅说明现象间具有密切相关关系是不够的，只有进行回归分析，拟合了回归方程，才可能进行有关分析的回归预测，相关分析才有实际意义。因此，如果仅有回归分析而缺乏相关分析，会因为缺乏必要的基础和前提而影响回归分析的可靠性；如果仅有相关分析而缺乏回归分析，也会降低相关分析的意义。只有把两者结合起来，才能达到统计分析的目的。

第三节　回归分析

一、回归分析的原理

回归分析是指对具有相关关系的现象，根据其关系形态，选择一个合适的数学模型（回归方程），用来近似地表示变量之间的平均变化关系。它实际上是相关现象之间不确定、不规则的数量关系的一般化、规则化。采用的方法是配合直线或曲线，用这条直线或曲线来代表现象之间的一般数量关系。这条直线或曲线称为回归直线或曲线，它们的方程式称为直线回归方程或曲线回归方程。

回归分析不仅可以揭示变量 x 对变量 y 的影响大小、确定变量之间相互关系的具体形式（回归方程）、确定一个变量对另一个变量的影响程度，还可以由回归方程进行预测和控制。在回归分析中，被预测或被解释的变量，称为因变量，用 y 表示；用来预测或用来解释因变量的一个或多个变量，称为自变量，用 x 表示。

1. 回归分析的目的

（1）确定因变量与自变量之间是否存在关系；

（2）判断因变量与自变量之间关系的强度与方向；

（3）根据有关自变量的信息对因变量进行预测（根据所建立的估计方程用自变量 x 来估计或预测因变量 y 的取值）；

（4）在控制其他相关自变量的条件下，评估某一变量的独立作用。

2. 回归分析的作用

（1）估计各种营销变量对营销目标变量的影响，如广告、价格、促销和销量、市场份额和品牌形象的影响。

（2）研究影响购买者知识、态度与行为的主要因素，如消费者满意度和忠诚度的影响因素分析。

（3）选址研究，如根据商圈的人口规模、收入水平、交通流量等估计预期销量，对候选地址进行评估。

（4）市场预测，如根据不同地区的人口规模、结构、经济发展水平和自然环境状况对产品的市场容量进行预测。

3. 回归分析的主要步骤

（1）绘制散点图；

（2）对有关变量进行初步检查；

（3）确定模型的形式；

（4）估计模型的参数；

（5）进行显著性检验；

（6）评价模型的拟合优度；

（7）检查有关基本假设是否成立。

二、回归分析的类型

市场经济现象间的因果关系可以从不同的角度和范围进行分析研究，从而形成不同类型的回归分析预测法。

1. 根据回归模型自变量的多少分类

如果研究的因果关系只涉及两个变量，即根据一个自变量与一个因变量之间的因果关系建立的模型，叫作一元回归分析模型，其相应的方程式 $\hat{y}=f(x_1)$ 称作一元回归方程式；如果研究的因果关系涉及两个以上变量，即根据一个因变量与两个或两个以上自变量之间的因果关系建立的模型，叫作多元回归分析模型，其相应的方程式 $\hat{y}=f(x_1, x_2, \cdots, x_n)$ 称作多元回归方程式。

2. 根据回归模型是否存在线性关系分类

如果研究的回归模型的自变量与因变量的关系呈线性变化，如耐用消费品销售量与居民收入的关系，基本上呈线性变化关系，则其回归模型就称作线性回归模型；反之，如果研究的回归模型的自变量与因变量间的关系呈非线性的变化，如某商品的流通费用率与销售额的变化关系是双曲线型，则其回归模型就称作非线性回归模型。非线性回归分析通常可转化为线性回归来处理，称作非线性回归分析的线性化。线性回归分析方法是最基本的方法，也是市场预测方法中的一种重要预测方法。

三、主要的回归分析模型

1. 一元线性回归

在回归分析中，只涉及一个自变量的回归，称为一元回归；若因变量 y 与自变量 x 之间为线性关系，称为一元线性回归。描述因变量 y 如何依赖于自变量 x 和误差项 ε 的方程，称为回归模型。对于只涉及一个自变量的一元线性回归模型可表示为：$y=\beta_0+\beta_1 x+\varepsilon$。

在一元线性回归模型中，y 是 x 的线性函数 $(\beta_0+\beta_1 x)$ 部分加上误差项 ε。$\beta_0+\beta_1 x$ 反映了由于 x 的变化而引起的 y 的线性变化；ε 是被称为误差项的随机变量，它反映了除 x 和 y 之间的线性关系之外的随机因素对 y 的影响，是不能由 x 和 y 之间的线性关系所解释的变异性。式中的 β_0 和 β_1 称为模型的参数。

总体回归参数 β_0 和 β_1 是未知的，需要利用样本数据去估计它们。用

样本统计量 $\hat{\beta}_0$ 和 $\hat{\beta}_1$ 估计回归模型中的未知参数 β_0 和 β_1 时，我们就得到了估计的回归方程。对于一元线性回归，估计的回归方程形式为：$\hat{y} = \hat{\beta}_0 + \hat{\beta}_1 x$，式中，$\hat{\beta}_0$ 是估计的回归直线在 y 轴上的截距，$\hat{\beta}_1$ 是直线的斜率，它表示对于一个给定的 x 值，$\hat{y}$ 是 y 的估计值。$\hat{\beta}_1$ 表示每变动一个单位，y 的平均变动值。

回归直线 $\hat{y}_i = \hat{\beta}_0 + \hat{\beta}_1 x_i$ 在一定程度上描述了变量 x 与 y 之间的数量关系，根据这一方程，我们可根据自变量 x 的取值来估计或预测因变量 y 的取值。但估计或预测的精度取决于回归直线对观测数据的拟合程度。如果各观测数据的散点都落在这一直线上，那么这条直线就是对数据的完全拟合，此时用 x 来估计 y 是没有误差的。各观察点越是紧密围绕直线，说明直线对观测数据的拟合程度越好，反之则越差。我们把回归直线与各观测点的接近程度称为回归直线对数据的拟合优度，为说明直线的拟合优度，我们需要计算判定系数。判定系数是对估计的回归方程拟合优度的度量。判定系数 R^2 测度了回归直线对观测数据的拟合程度，它反映了在因变量 y 的总变差中由 x 与 y 之间的线性关系所解释的比例。R^2 的取值范围是 $[0，1]$。R^2 越接近于 1，表明回归平方和占总平方和的比例越大，回归直线与各观测点越接近，用 x 的变化来解释 y 值变差的部分就越多，回归直线的拟合程度就越好；反之，R^2 越接近于 0，回归直线的拟合程度就越差。

2. 多元线性回归

在错综复杂的社会经济现象的综合变动中，一个现象发生变化往往是多种因素共同催生变化的结果，一元线性回归把众多影响因素简化忽略，不予考虑，只是为了突出某一因素变化，单纯考虑一个解释变量对现象的影响作用。但其他因素的影响是客观存在的，突出主要因素并非只能用一个影响因素对现象进行解释，相反，适当增加自变量的个数，把对现象产生重要影响的若干因素同时进行考虑，能更为准确地测定因变量的变动情况，因此，建立多元线性回归和曲线回归模型，便于对现象进行更为深入、系统的分析。

多元线性回归和曲线回归的建模、计算、检验，预测分析的原理、原则和方法与一元线性回归分析基本相同，只是计算工作量要大得多。在计算机已经十分普及的情况下，利用专门的统计应用软件和通用的办公应用软件，如 SAS 软件、SPSS 软件以及 Excel 软件等，都能比较容易地解决多元回归与曲线回归的复杂计算问题。

建立多元线性回归模型，设因变量 y 受到多个自变量 x_1，x_2，x_3，…，x_p 的影响，则因变量 y 依自变量变化的线性回归模型为：

$$y = \beta_0 + \beta_1 x_1 + \beta_2 x_2 + \cdots + \beta_p x_p + \varepsilon$$

式中，y 为因变量，x_1，x_2，x_3，…，x_p 为可以控制并测量的自变量，β_0，β_1，β_2，…，β_p 为待定参数，称为回归系数，ε 为随机误差项，并假定其数学期望为 0。

当我们采用样本资料对总体资料进行抽样估计时，样本回归方程为：

$$\hat{y} = \hat{\beta}_0 + \hat{\beta}_1 x_1 + \hat{\beta}_2 x_2 + \cdots + \hat{\beta}_p x_p$$

式中，$\hat{y}$ 为多元线性回归方程的估计值，$\hat{\beta}_0$，$\hat{\beta}_1$，$\hat{\beta}_2$，…，$\hat{\beta}_p$ 分别是 y 对 x_1，x_2，x_3，…，x_p 的样本回归系数，也是总体回归系数的估计值。

估计方程是根据样本数据得出的，它是否真实地反映了变量 x 和 y 之间的关系，则需要通过检验后才能证实。回归分析中的显著性检验主要包括两个方面的内容：一是线性关系的检验；二是回归系数的检验。

线性关系所检验的是自变量 x 和因变量 y 之间的线性关系是否显著，或者说，它们之间是否能够用一个线性模型 $y = \beta_0 + \beta_1 x + \varepsilon$ 来表示。为检验两个变量之间的线性关系是否显著，我们需要构造用于检验的一个统计量 F。

方差分析表除给出了检验统计的 F 值外，还给出了用于检验的显著性 F，即 Significance F，它相当于用于检验的 P 值。除了可以用统计量进行决策外，还可以利用 Significance F 得出相同的结论，而且十分简单。具体方法是：将 Significance F 的值与给定的显著性水平 α 的值进行比较，如果

Significance F 的值小于 α 的值，拒绝原假设 H_0，表明因变量 y 与自变量 x 之间有显著的线性关系；如果 Significance F 的值大于 α 的值，不能拒绝原假设 H_0，表明因变量 y 与自变量 x 之间没有显著的线性关系。

回归系数的显著性检验是检验自变量对因变量的影响是否显著的问题。在一元线性回归模型 $y=\beta_0+\beta_1x+\varepsilon$ 中，如果回归系数 $\beta_1=0$，则回归线是一条水平线，表明因变量 y 的取值不依赖于自变量 x，即两个变量之间没有线性关系。如果回归系数 $\beta_1\neq0$，就可以得出两个变量之间存在线性关系的结论。因此，回归系数的显著性检验就是检验回归系数 β_1 是否等于 0。

在实际应用中，我们可以直接利用参数估计表进行检验。该表除了给出检验的统计量外，还给出了用于检验的 P-值（P-value）。检验时可直接将 P-value 与给定的显著性水平 α 进行比较。若 P-value<α，则拒绝假设 H_0；若 P-value>α，则不能拒绝假设 H_0。

在多元回归分析中，F 检验只用来检验总体回归关系的显著性，T 检验则用来检验各个回归系数的显著性。

3. 非线性回归

非线性回归分析是探讨因变量和一组自变量之间的非线性相关模型的统计方法。线性回归模型要求变量之间必须是线性关系，曲线估计只能处理能够通过变量变换化为线性关系的非线性问题，因此这些方法都有一定的局限性。相反的，非线性回归可以估计因变量和自变量之间具有任意关系的模型，用户根据自身需要可随意设定估计方程的具体形式。因此，本方法在实际应用中有很大的实用价值。

非线性回归模型一般可以表示为如下形式：

$$y_i=\hat{y}+e_i=f(x,\theta)+e_i$$

式中，$f(x,\theta)$ 为期望函数，该模型的结构和线性回归模型非常相似，所不同的是期望函数可能为任意形式，甚至在有的情况下没有显性关系式，回归方程中参数的估计是通过迭代方法获得的。

4. Logistic 回归

Logistic 回归的因变量可以是二分类的，也可以是多分类的，但是二分类的更为常用，也更加容易解释，多分类的可以使用 softmax 方法进行处理。实际中最为常用的就是二分类的 Logistic 回归。

Logistic 回归模型的适用条件如下：

（1）因变量为二分类的分类变量或某事件的发生率，并且是数值型变量。但是需要注意，重复计数现象指标不适用于 Logistic 回归。

（2）残差和因变量都要服从二项分布。二项分布对应的是分类变量，所以不是正态分布，进而不是用最小二乘法，而是用最大似然法来解决方程估计和检验问题。

（3）自变量和 Logistic 概率是线性关系。

（4）各观测对象之间相互独立。

 **本章小结**

相关分析和回归分析在市场研究中占有重要的地位。相关分析的主要目的是描述两个变量之间线性关系的方向和密切程度，但无法给出变量间关系的具体形式，也无法从一个变量推测另一个变量。相关分析常用图形（散点图）和数值（相关系数）两种方法来揭示事物之间统计关系的强弱程度。对两个变量之间的相关关系分析称为单相关分析。对其关系强度的分析，需进行测度，常使用的测量指标就是单相关系数。我们将其他变量固定，而计算某两个变量之间的相关系数，称之为偏相关系数。偏相关系数才是真正反映两个变量之间相关性的统计量。偏相关分析用于计算变量之间的偏相关系数，可以判断哪些自变量对因变量的影响较大，而选择作为必须考虑的自变量。回归分析是指对具有相关关系的现象，根据其关系形态，选择一个合适的数学模型（回归方程），用来近似地表示变量之间的平均变化关系。它实际上是相关现象之间不确定、不规则的数量关系的

一般化、规则化。

 练习与思考

1. 简述相关分析的原理。
2. 简述回归分析的原理。
3. 如何科学地选择相关分析类型？
4. 如何科学地选择回归分析类型？

第十四章　时间序列分析

 本章学习目的

- 掌握平稳序列的预测
- 掌握有趋势序列的预测
- 掌握复合型序列的分解预测

财政收入的多因素分析

　　财政收入是指一个国家政府凭借政府的特殊权力，按照有关的法律和法规在一定时期内（一般为一年）取得的各种形式收入的总和，包括税收、企事业收入、国家能源交通重点建设基金收入、债务收入、规费收入、罚没收入等。财政收入水平高低是反映一国经济实力的重要标志。

　　在一定时期内，财政收入规模大小可能受许多因素的影响，例如，国民生产总值大小、社会从业人员多少、税收规模大小、税率高低等因素。

分析具体解释变量对财政收入的影响程度，你觉得应该如何操作呢？

第一节　时间序列及其分解

时间序列是一种常见的数据形式。比如，经济数据大多数都以时间序列的形式给出。

按时间顺序记录的一组数据，称为时间序列。时间序列可以分为平稳序列和非平稳序列两大类。

基本上不存在趋势的序列，称为平稳序列。包含趋势性、季节性或周期性的序列，称为非平稳序列。

非平稳序列可能只含有其中的一种成分，也可能是几种成分的组合。时间序列在长时期内呈现出来的某种持续上升或持续下降的变动，称为趋势，也称长期趋势。时间序列在一年内重复出现的周期性波动，称为季节性，也称季节变动。时间序列中呈现出来的围绕长期趋势的一种波浪形或振荡式变动，称为周期性，也称循环波动。

除此之外，还有些偶然性因素会对时间序列产生影响，致使时间序列呈现出某种随机波动，称为随机性或不规则波动。时间序列中除去趋势、周期性和季节性之后的偶然性波动，称为随机性或不规则波动。

这样，我们可以将时间序列的构成要素分为四种，即趋势（T）、季节性或季节变动（S）、周期性或循环波动（C）、随机性或不规则波动（I）。传统时间序列分析的一项主要内容就是把这些影响因素从时间序列中分离出来，并将它们之间的关系用一定的数学关系式予以表达，然后分别进行分析。

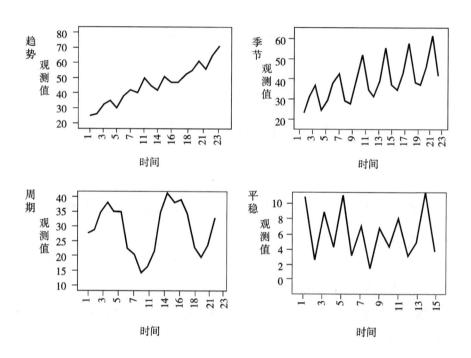

图 14-1　时间序列的构成要素

按四种因素对时间序列的影响方式不同，时间序列可分解为多种模型，如乘法模型、加法模型、混合模型等。其中最常用的是乘法模型，其表现形式为：

$$Y_t = T_t \times S_t \times C_t \times I_t$$

本章所介绍的时间序列分解方法就是以乘法模型作为基础的。

第二节　时间序列的描述性分析

一、图形描述

在对时间序列进行分析时，最好是先作一个图形，然后通过图形观察数据随时间的变化模式及变化趋势，作图是观察时间序列形态的一种有效方法，它对于我们进一步分析会有很大帮助。

例题：1990~2011 年我国啤酒产量、轿车产量、金属切削机床产量和棉花产量的时间序列。

表 14-1　我国 4 类产品产量

	A	B	C	D	E
	年份	啤酒产量 （万千升）	轿车产量 （万辆）	金属切削机床产量 （万台）	棉花产量 （万吨）
1	1990	692.0	3.5	13.5	450.8
2	1991	838.0	6.9	16.4	567.5
3	1992	1021.0	16.2	22.9	450.8
4	1993	1192.0	22.3	26.2	373.9
5	1994	1415.0	26.9	20.7	434.1
6	1995	1568.8	33.7	20.3	476.8
7	1996	1681.9	38.3	17.7	420.3
8	1997	1888.9	48.6	18.7	460.3
9	1998	1987.7	50.7	11.9	450.1

续表

	A	B	C	D	E
	年份	啤酒产量（万千升）	轿车产量（万辆）	金属切削机床产量（万台）	棉花产量（万吨）
10	1999	2098 8	57.1	14.2	382.9
11	2000	2231.3	60.7	17.7	441.7
12	2001	2288.9	70.4	25.6	532.4
13	2002	2402.7	109.2	30.9	491.6
14	2003	2540.5	207.1	30.6	486.0
15	2004	2948.6	227.6	48.7	632.4
16	2005	3126.1	277.0	51.1	571.4
17	2006	3543.6	386.9	57.3	753.3
18	2007	3954.1	479.8	64.7	762.4
19	2008	4156.9	503.8	71.7	749.2
20	2009	4162.2	748.5	58.6	637.7
21	2010	4490.2	957.6	69.7	596.1
22	2011	4834.5	1012.7	88.7	658.9

绘制图形观察其所包含的成分。

二、增长率分析

在一些经济分析中常使用增长率。增长率是对现象在不同时间的变化状况所做的描述。由于对比的基期不同，增长率有不同的计算方法。这里主要介绍增长率、平均增长率的计算方法。

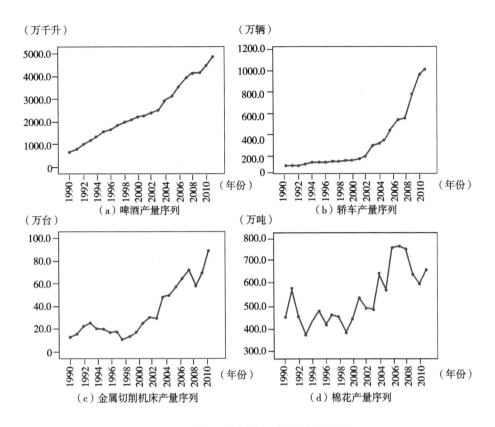

图 14-2 我国 4 类产品产量的时间序列图

1. 增长率

时间序列中报告期观察值与基期观察值之比减 1 后的结果，称为增长率，也称增长速度，用%表示。

由于对比的基期不同，增长率可以分为环比增长率和定基增长率。环比增长率报告期观察值与前一时期观察值之比减 1，说明现象逐期增长变化的程度；定基长率是报告期观察值与某一固定时期观察值之比减 1，说明现象在整个观察期内总的增长变化程度。

设增长率为 G，则环比增长率和定基增长率可表示为：

环比增长率:

$$G_i = \frac{Y_i - Y_{i-1}}{Y_{i-1}} = \frac{Y_i}{Y_{i-1}} - 1 \ (i = 1, \ 2, \ \cdots, \ n)$$

定基增长率:

$$G_i = \frac{Y_i - Y_0}{Y_0} = \frac{Y_i}{Y_0} - 1 \ (i = 1, \ 2, \ \cdots, \ n)$$

式中,Y_0 表示用于对比的固定基期的观察值。

2. 平均增长率

时间序列中各逐期环比值(也称环比发展速度)的几何平均数减 1 后的结果,称为平均增长率,也称平均发展速度。

平均增长率用于描述现象在整个观察期内平均增长变化的程度,计算公式为:

$$\overline{G} = \sqrt[n]{\frac{Y_1}{Y_0} \times \frac{Y_2}{Y_1} \times \cdots \times \frac{Y_n}{Y_{n-1}}} = \sqrt[n]{\frac{Y_n}{Y_0}} - 1$$

式中,$\overline{G}$ 表示平均增长率,n 为环比值的个数。

例题: 2003~2012 年我国人均国内生产总值时间序列如表 14-2 所示,计算 2003~2012 年的平均增长率。

表 14-2　我国人均国内生产总值

年份	2003	2004	2005	2006	2007	2008	2009	2010	2011	2012
人均GDP(元)	10541.97	12355.58	14185.36	16499.70	20169.46	23707.71	25607.53	30015.05	35197.79	38459.47

解:

$$\overline{G} = \sqrt[n]{\frac{Y_n}{Y_0}} - 1 = \sqrt[9]{\frac{38459.47}{10541.97}} - 1$$

对于大多数时间序列,特别是有关社会经济现象的时间序列,我们经常利用增长率来描述其增长状况。尽管增长的计算与分析都比较简单，但在实际应用中，有时也会出现误用乃至滥用的情况。因此，在应用增长率分析实际问题时，应注意以下两点：

第一，当时间序列中的观察值出现 0 或负数时，不宜计算增长率。比如，假定某企业连续五年的利润额分别为 5 万元、2 万元、0 元、−3 万元、2 万元，对这一序列计算增长率，要么不符合数学公理，要么无法解释其实际意义。在这种情况下，适宜直接用绝对数进行分析。

第二，在有些情况下，不能单纯就增长率论增长率，要注意增长率与绝对水平的结合分析。

第三节 预测方法的选择与评估

选择什么样的方法进行预测，首先取决于历史数据模型，即时间序列所包含的成分；其次取决于所能获得的历史数据的多少，有些方法只需要少量的数据就能进行预测，而有些方法则需要的数据较多；最后取决于所要求的预测期的长短，有些方法只能进行短期预测。

表 14-3 预测方法的选择

预测方法	适合的数据模式	对数据的要求	预测期
移动平均	平稳序列	数据个数与移动平均的步长相等	非常短
简单指数平滑	平稳序列	5 个以上	短期
Holt 指数平滑	线性趋势	5 个以上	短期至中期
一元线性回归	线性趋势	10 个以上	短期至中期
指数模型	非线性趋势	10 个以上	短期至中期
多项式函数	非线性趋势	10 个以上	短期至中期

预测方法	适合的数据模式	对数据的要求	预测期
Winter 指数平滑	趋势和季节成分	至少有四个周期的季度或月份数据	短期至中期
季节性多元回归	趋势和季节成分	至少有四个周期的季度或月份数据	短期、中期、长期
分解预测	趋势、季节和循环成分	至少有四个周期的季度或月份数据	短期、中期、长期
ARIMA (p, d, q) 模型	平稳或可平稳化的序列	至少为 50	短期、中期、长期

在选择出预测方法并利用该种方法进行预测后，反过来需要对所选择的方法进行评估，以确定所选择的方法是否正确。

一种预测方法的好坏取决于预测误差的大小。预测误差是预测值与实际值的差距，度量方法有平均误差、平均绝对误差、均方误差、平均百分比误差和平均绝对百分比误差等。

对于同一个时间序列有几种可供选择的方法时，以预测误差最小者为宜。其中较为常用的是均方误差。

均方误差是误差平方和的平均数，用 MSE 表示，计算公式为：

$$MSE = \frac{\sum_{i=1}^{n}(Y_i - F_i)^2}{n}$$

式中，Y_i 是第 i 期的实际值，F_i 是第 i 期的预测值，n 为预测误差的个数。

第四节 时间序列分析方法的应用

一、平稳序列的预测

如果序列中只含有随机成分，用平滑方法进行预测比较合适，主要有移动平均法和指数平滑法等，这些方法是通过对时间序列进行平滑以消除其随机波动，因而也称为平滑法。平滑法既可用于短期预测，也可以用于对时间序列进行平滑以描述序列的趋势（包括线性趋势和非线性趋势）。

1. 移动平均法

通过对时间序列逐期递移求得平均数作为预测值的预测方法，称为移动平均法。

移动平均法选择固定长度的移动间隔，然后对时间序列逐期移动求得平均数作为下一期的预测值。设移动间隔为 k（$1<k<t$），则 $t+1$ 期的移动平均预测值为：

$$F_{t+1}=\overline{Y}_t=\frac{Y_{t-k+1}+Y_{t-k+2}+\cdots+Y_{t-1}+Y_t}{k}$$

移动平均法只使用最近 k 期的数据，每次计算移动平均值时的移动间隔都为 k。至于多长的移动间隔较为合理，可在预测时采用不同的移动间隔进行预测，然后选择一个使均方误差达到最小的移动间隔。

例题：2003~2012 年我国 CPI 数据，分别选取移动间隔 $k=3$ 和 $k=5$ 进行移动平均预测，计算出预测误差与预测后时间序列。

表 14-4   2003~2012 年我国 CPI 数据

年份	CPI	$k=3$	预测误差	误差平方	$k=5$	预测误差	误差平方
2003	101.20						
2004	103.90						
2005	101.80						
2006	101.50	102.30	−0.8000	0.6400			
2007	104.80	102.40	2.4000	5.7600			
2008	105.90	102.70	3.2000	10.2400	102.64	3.26	10.6276
2009	99.30	104.07	−4.7667	22.7211	103.58	−4.28	18.3184
2010	103.30	103.33	−0.0333	0.0011	102.66	0.64	0.4096
2011	105.40	102.83	2.5667	6.5878	102.96	2.44	5.9536
2012	102.60	102.67	−0.0667	0.0044	103.74	−1.14	1.2996
2013		103.77			103.30		
合计				45.9544			36.6088
均方误差				45.9544/7			36.6088/5

用 Excel 进行移动平均预测，操作步骤：工具—数据分析—移动平均—确定。在输入区域框中输入原始数据的区域，在间隔框中输入移动间隔长度，在输出区域框中选择预测结果的输出位置。

2. 指数平滑法

对过去的观察值加权平均进行预测，使得第 t 期的指数平滑值等于第 t 期实际观察值与第 t 期指数平滑值的加权平均值，这样的一种预测方法称为指数平滑法。

由于观察值的时间离预测期越远，其权数也跟着呈指数形式下降，因而称为指数平滑。就一次指数平滑而言，第 $t+1$ 期的预测值是第 t 期实际值 Y_t 与第 t 期预测值 F_t 的线性组合，其预测模型为：

$$F_{t+1} = \alpha Y_t + (1-\alpha) F_t$$

式中，α 为平滑系数（$0 < \alpha < 1$）。

由于在开始计算时，还没有第 1 个时期的预测值 F_1，通常可以设 F_1 等于第 1 期的实际值，即 $F_1=Y_1$。

使用指数平滑法预测的关键是确定一个合适的平滑系数 α。因为不同的 α 对预测结果会产生不同的影响。当 $\alpha=0$ 时，预测值仅仅是重复上一期的预测结果；当 $\alpha=1$ 时，预测值就是上一期的实际值。α 越接近 1，模型对时间序列变化的反应就越及时，因为它对当前的实际值赋予了比预测值更大的权数。同样，α 越接近 0，意味着对当前的预测值赋予更大的权数，因此，模型对时间序列变化的反应就越慢。一般来说，当时间序列有较大的随机波动时，宜选较大的 α，以便能很快跟上近期的变化，当序列的随机波动较小时，宜选较小的 α。但实际应用时，还应考虑预测误差。预测时可选择几个 α 进行比较，然后找出预测误差最小的作为最后的 α 值。

例题：2003~2012 年我国 CPI 数据如表 14-5 所示，分别选取 $\alpha=0.3$ 和 $\alpha=0.5$ 进行指数平滑预测，计算出预测误差与预测后时间序列。

表 14-5 2003~2012 年我国 CPI 数据

年份	CPI	$\alpha=0.3$	预测误差	误差平方	$\alpha=0.5$	预测误差	误差平方
2003	101.20						
2004	103.90	101.20	2.7000	7.2900	101.20	2.7000	7.2900
2005	101.80	102.01	-0.2100	0.0441	102.55	-0.7500	0.5625
2006	101.50	101.95	-0.4470	0.1998	102.18	-0.6750	0.4556
2007	104.80	101.81	2.9871	8.9228	101.84	2.9625	8.7764
2008	105.90	102.71	3.1910	10.1823	103.32	2.5813	6.6629
2009	99.30	103.67	-4.3663	19.0648	104.61	-5.3094	28.1895
2010	103.30	102.36	0.9436	0.8903	101.95	1.3453	1.8099
2011	105.40	102.64	2.7605	7.6204	102.63	2.7727	7.6876
2012	102.60	103.47	-0.8676	0.7528	104.01	-1.4137	1.9985
2013		103.21			103.31		
合计				54.9672			63.4328

用 Excel 进行指数平滑预测，操作步骤：工具—数据分析—指数平滑—确定。在输入区域框中输入原始数据的区域，在阻尼系数（阻尼系数 $=1-\alpha$）中输入 $1-\alpha$ 的值，在输出区域框中选择预测结果的输出位置。

二、有趋势序列的预测

前述平滑法都可以用于描述时间序列的趋势，包括线性趋势和非线性趋势。当用这些方法进行预测时，要注意它们一般只适合于平稳时间序列，当序列存在明显的趋势时，这些方法就不再适用，这时应进行趋势外推预测。时间序列的趋势可以分为线性趋势和非线性趋势两大类，如果这种趋势能够延续到未来，可以利用趋势进行外推预测。时间序列有常数增减的线性趋势和不同形态的非线性趋势。

（一）线性趋势预测

线性趋势是指现象随着时间的推移而呈现出稳定增长或下降的线性变化规律。

表 14-6　2003～2012 年人均 GDP

年份	2003	2004	2005	2006	2007	2008	2009	2010	2011	2012
人均 GDP（元）	10541.97	12355.58	14185.36	16499.70	20169.46	23707.71	25607.53	30015.05	35197.79	38459.47

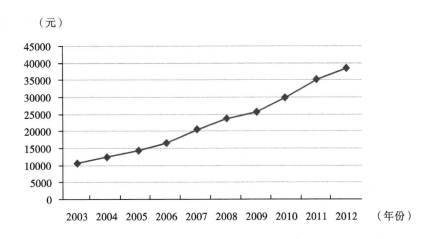

图14-3　人均GDP序列

图14-3中的人均GDP序列就有明显的线性趋势。如果这种趋势能延续到未来，就可以利用这种趋势预测未来的人均GDP。

当现象的发展按线性趋势变化时，可以用下列线性趋势方程来描述：

$$\hat{Y}_t = a + bt$$

式中，$\hat{Y}_t$代表时间序列Y_t的趋势值；t代表时间标号；a代表趋势线在Y轴上的截距；b是趋势线的斜率，表示时间t变动一个单位时，观察值的平均变动数量。

趋势方程中的两个待定系数a和b通常按最小二乘法求得。使因变量的观察值Y_t与估计值$\hat{Y}_t$之间的离差平方和达到最小来求得a和b的方法，称为最小二乘法。根据最小二乘法得到的趋势线中的a和b的公式如下：

$$\begin{cases} b = \dfrac{n\sum tY - \sum t \sum Y}{n\sum t^2 - (\sum t)^2} \\ a = \overline{Y} - b\overline{t} \end{cases}$$

通过趋势方程我们可以计算出各期的趋势值，并通过这些趋势值来分析序列的变化趋势及模式。此外，也可以利用趋势方程进行外推预测。趋势预测的误差可用线性回归中的估计标准误差来衡量，计算公式为：

$$s_e = \sqrt{\frac{\sum_{i=1}^{n} (Y_i - \hat{Y}_i)^2}{n - m}}$$

式中，m 为趋势方程中未知常数的个数，对于线性趋势方程 $m = 2$。

例题：根据表中的人均 GDP 数据，用直线趋势方程预测 2013 年的人均 GDP，并给出各年的预测值和预测误差。

解：根据最小二乘法求得的线性趋势方程为：

$$\hat{Y}_t = 5295.2 + 3159.4t$$

将 $t = 1$，2，$\cdots$，10 代入式中，求得预测值和预测误差。

（二）非线性趋势预测

序列中的趋势通常可以认为是由于某些固定的因素作用于同一方向所形成的。若这些因素随着时间的推移按线性变化，则可以对时间序列配合趋势直线；若呈现出某种非线性趋势，则需要配合适当的趋势曲线。非线性趋势有各种各样的形态，这里只介绍指数曲线。

指数曲线用于描述以几何级数递增或递减的现象，即时间序列的观察值 Y_t 按指数规律变化，或者说时间序列的逐期观察值按一定的增长率增长或衰减。大多数经济序列都有指数变化趋势。指数曲线的一般形式为：

$$\hat{Y}_t = ab^t$$

式中，a、b 为待定系数。

若 $b > 1$，增长率随着时间 t 的增加而增加；若 $b < 1$，增长率随着时间 t 的增加降低；若 $a > 0$，$b < 1$，趋势值 $\hat{Y}_t$ 逐渐降低到以 0 为极限。

为确定指数曲线中的待定系数 a 和 b，可采取"线性化"手段将其化为对数直线形式，即两端取对数得：$\lg \hat{Y}_t = \lg a + t \lg b$，然后根据最小二乘法原理，按直线形式得到求解 $\lg a$ 和 $\lg b$ 的标准方程：

$$\begin{cases} \sum \lg Y = n\lg a + \lg b \sum t \\ \sum t\lg Y = \lg a \sum t + \lg b \sum t^2 \end{cases}$$

求出 $\lg a$ 和 $\lg b$ 后，再取其反对数，即得常数 a 和 b。

例题：根据表中的轿车产量数据，用指数曲线预测 2013 年的轿车产量，并计算出各期的预测值和预测误差。

表 14-7 轿车产量数据

年份	2003	2004	2005	2006	2007	2008	2009	2010	2011	2012
轿车产量（万辆）	207.08	227.63	277.01	386.94	479.78	503.81	748.48	957.59	1012.67	1077.00

解：求得指数曲线方程为：

$$\hat{Y}_t = 163.217 \times (1.225)^t$$

将 $t = 1, 2, \cdots, 10$ 代入趋势方程得到各期的预测值。

指数曲线反映了现象的相对发展变化程度，因而对不同序列的指数曲线可以进行比较，以分析各自的相对增长程度。

如果将轿车产量的指数曲线改为：

$$\hat{Y}_t = 163.217 \times (1+0.225)^t$$

可以清楚地看出：轿车产量的年平均增长率为 22.5%。

（三）复合型序列的分解预测

复合型序列是指含有趋势性、季节性、周期性和随机成分的序列。对这类序列进行分析的一般方法就是将时间序列的各个因素依次分解出来，然后再进行预测。

由于分析周期性成分需要有多年的数据，实际中很难得到多年的数据来发现周期性成分，因此，采用的分解模型为：

$$Y_t = T_t \times S_t \times I_t$$

通常，时间序列的构成要素分为四种，即趋势（T）、季节性或季节变动（S）、周期性或循环波动（C）、随机性或不规则波动（I）。

对这类序列的预测方法主要有季节性多元回归模型、季节自回归模型和时间序列分解法预测等。本节主要介绍时间序列分解法预测。

分解法预测通常按下面的步骤进行：

第一步：确定并分离季节成分。计算季节指数，以确定时间序列中的季节成分，将季节成分从时间序列中分离出去，即用每一个时间序列观测值除以相应的季节指数，以消除季节成分。

第二步：建立预测模型并进行预测。对消除季节成分的时间序列建立适当的预测模型，并根据这一模型进行预测。

第三步：计算出最后的预测值。用预测值乘以相应的季节指数，得到最终的预测值。

1. 确定并分离季节成分

季节性因素分析是通过季节指数来表示各年的季节成分，以此来描述各年的季节变动模式。

例题：一家啤酒生产企业 2007~2012 年各季度的啤酒销售量数据（单位：万吨）如表 14-8 所示。预测 2013 年各季度的啤酒销售量，并将实际值和预测值绘成图形进行比较。

表 14-8　某啤酒生产企业各季度的销量数据

年份	季　度			
	1	2	3	4
2007	25	32	37	26

续表

年份	季　度			
	1	2	3	4
2008	30	38	42	30
2009	29	39	50	35
2010	30	39	51	37
2011	29	42	55	38
2012	31	43	54	41

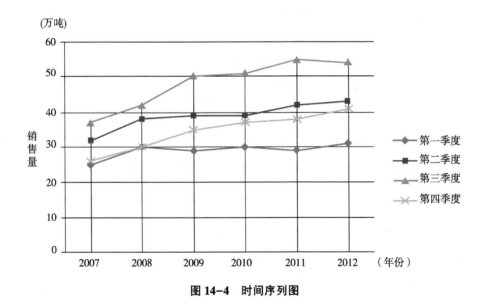

图 14-4　时间序列图

从图 14-4 可以看出，啤酒销售量具有明显的季节成分，而且后面年份的销售量比前面的年份高，因此其中还含有趋势成分，但其周期性则难以判断。可以认定啤酒销售量序列是一个含有季节成分和趋势成分的时间序列。

为了预测啤酒销售量，首先要确定季节成分，并从序列中将季节成分剔除，然后根据剔除季节成分的序列选择适当的预测模型并进行预测。

（1）计算季节指数。

季节指数刻画了序列在一个年度内各月或季的典型季节特征。在乘法模型中，季节指数是以其平均数等于100%为条件而构成的，它反映了某一月份或季度的数值占全年平均数值的大小。如果现象的发展没有季节变动，则各期的季节指数应等于100%；如果某一月份或季度有明显的季节变化，则各期的季节指数应大于或小于100%。因此，季节变动的程度是根据各季节指数与其平均数（100%）的偏差程度来测定的。

常用移动平均趋势剔除法计算季节指数，该方法的基本步骤是：

第一，计算移动平均值（季度数据采用4项移动平均，月份数据则采用12项移动平均），并将其结果进行"中心化"处理，也就是将移动平均的结果再进行一次二项的移动平均，即得出"中心化移动平均值"（CMA）。

第二，计算移动平均的比值，也称为季节比率，即将序列的各观察值除以相应的中心化移动平均值，然后再计算出各比值的季度（或月份）平均值。

第三，季节指数调整。由于各季节指数的平均数应等于1或100%，因此第二步计算的季节比率的平均值不等于1时，需要进行调整。具体方法是：将第二步计算的每个季节比率的平均值除以它们的总平均值。

例题：

表14-9　季节指数的计算过程说明

年份	季度	时间标号 （t）	销售量 （Y）	4项移动平均	中心化移动平均值 （CMA）	比值 （Y/CMA）
2007	1	1	25			
	2	2	32			
	3	3	37		30.625	1.208163
	4	4	26		32	0.8125

续表

年份	季度	时间标号 (t)	销售量 (Y)	4项移动平均	中心化移动平均值 (CMA)	比值 (Y/CMA)
2008	1	5	30	30	33. 375	0. 898876
	2	6	38	31. 25	34. 5	1. 101449
	3	7	42	32. 75	34. 875	1. 204301
	4	8	30	34	34. 875	0. 860215
2009	1	9	29	35	36	0. 805556
	2	10	39	34. 75	37. 625	1. 036545
	3	11	50	35	38. 375	1. 302932
	4	12	35	37	38. 5	0. 909091
2010	1	13	30	38. 25	38. 625	0. 776699
	2	14	39	38. 5	39	1
	3	15	51	38. 5	39. 125	1. 303514
	4	16	37	38. 75	39. 375	0. 939683
2011	1	17	29	39. 25	40. 25	0. 720497
	2	18	42	39	40. 875	1. 027523
	3	19	55	39. 75	41. 25	1. 333333
	4	20	38	40. 75	41. 625	0. 912913
2012	1	21	31	41	41. 625	0. 744745
	2	22	43	41. 5	41. 875	1. 026866
	3	23	54	41. 75		
	4	24	41	41. 5		

为计算各比值的平均数和季节指数，需要按季度重新排列：

表 14-10　按季度重新排列的平均数和季节指数

年份	季　度				均值
	1	2	3	4	
2007			1.208163	0.8125	
2008	0.898876	1.101449	1.204301	0.860215	
2009	0.805556	1.036545	1.302932	0.909091	
2010	0.776699	1	1.303514	0.939683	
2011	0.720497	1.027523	1.333333	0.912913	
2012	0.744745	1.026866			
合计	3.946373	5.192383	6.352244	4.434401	
平均	0.789275	1.038477	1.270449	0.88688	0.99627
季节指数	0.79223	1.042365	1.275205	0.890201	1

为了反映啤酒销售量的季节变动，可以将季节指数绘制成图形：

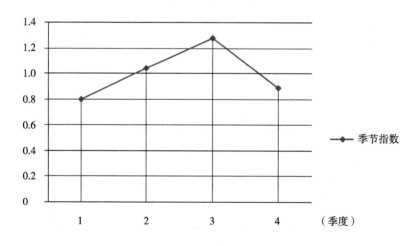

图 14-5　啤酒销售量的季节变动图

　　从图 14-5 可以看出，啤酒销售量的旺季是第三季度，淡季是第一季度。

（2）分离季节成分。

有了季节指数后，就可将各实际观察值分别除以相应的季节指数，将季节性从时间序列中分离出去。用公式表示即为：

$$\frac{Y}{S} = \frac{T \times S \times I}{S} = T \times I$$

结果即为季节成分分离后的序列，它反映了在没有季节因素影响的情况下时间序列的变化形态。

2. 建立预测模型进行预测

从图 14-5 可以看出，剔除季节成分后的啤酒销售量具有明显的线性趋势。因此，可用一元线性模型来预测各季度的啤酒销售量。

3. 计算出最后的预测值

根据分离季节性因素的序列确定的线性趋势方程为：

$$\hat{Y}_t = 30.6067 + 0.5592t$$

得到 2007~2012 年各季度的预测值，将回归预测值乘以相应的季节指数，得到预测值。

本章小结

按时间顺序记录的一组数据，称为时间序列。时间序列可以分为平稳序列和非平稳序列两大类。基本上不存在趋势的序列，称为平稳序列。包含趋势性、季节性或周期性的序列，称为非平稳序列。在对时间序列进行分析时，最好是先作一个图形，然后通过图形观察数据随时间的变化模式及变化趋势。在一些经济分析中常使用增长率。增长率是对现象在不同时间的变化状况所做的描述。选择什么样的方法进行预测，首先取决于历史数据模型，即时间序列所包含的成分；其次取决于所能获得的历史数据的多少。

练习与思考

1. 如何进行时间序列的描述性分析？

2. 如何进行平稳序列的预测？

3. 如何进行有趋势序列的预测？

第十五章　统计指数

 本章学习目的

- 了解指数的含义与分类
- 理解加权综合指数
- 理解加权平均指数

根据资料作决策，囤积货物可以创造高价吗？

　　宏运贸易公司是经营粮油副食品的批发公司，基于前 4 年消费物价指数的变化，他们认为今后两年内消费物价指数将有大幅度的上涨，为此该公司计划囤积粮食至下一年即第 6 年以创高价，试判断这个计划可行吗？

第一节　指数的含义与分类

在日常生活中，我们经常会听到或看到各种价格指数的统计数字，例如零售价格指数、销售价格指数、股票价格指数等。指数的编制最早起源于物价指数，用于反映价格的变动。广义地讲，任何两个数值对比形成的相对数都可以称为指数；狭义地讲，指数是用于测定多个项目在不同场合下综合变动的一种相对数。从指数理论和方法上看，指数所研究的主要是狭义的指数。因此，本章所讨论的主要是狭义的指数。

从不同角度出发，指数可以分为以下几种主要类型：

1. **按反映的内容不同**

可分为数量指数和质量指数。数量指数反映数量变动水平，如产品产量指数、商品销售量指数等；质量指数反映事物内含质量的变动水平，如价格指数、产品成本指数等。

2. **按计入指数的项目多少不同**

可分为个体指数和综合指数。个体指数是反映一个项目或变量变动的相对数，如一种商品的价格或销售量的相对变动水平；综合指数是反映多个项目或变量综合变动的相对数，如多种商品的价格或销售量的综合变动水平。

3. **按计算形式的不同**

可分为简单指数和加权指数。简单指数又称不加权指数，它把计入指数的各个项目的重要性视为相同；加权指数则对计入指数的项目依据重要程度赋予不同的权数，然后再进行计算。目前应用的主要是加权指数。

4. 按对比场合的不同

可分为时间性指数和区域性指数。其中时间性指数中又有定基指数和环比指数之分。在指数序列中，若所有各期指数均是使用同一基期计算的，称为定基指数；若所有各期指数均是以上一个时期为基期计算的，称为环比指数。

第二节　加权综合指数

在计算指数时，对计入指数的各个项目依据其重要程度赋予不同的权数，这种通过加权方法计算的指数称为加权指数。通过加权可以提高指数的准确性和代表性。加权指数因所采用的权数不同有加权综合指数、加权平均指数等不同形式。

通过加权来测定一组项目的综合变动状况，这样的指数称为加权综合指数。对于加权综合指数，若所测定的是一组项目的数量变动状况，则称为数量指数，如产品产量指数、商品销售量指数等；若所测定的是一组项目的质量变动状况，则称为质量指数，如价格指数、产品成本指数等。但由于权数可以固定在不同时期，因而加权综合指数有不同的计算公式。

1. 价格指数

价格指数用于反映多个产品或商品项目在不同时期的价格综合变动情况。通常情况下，在计算价格指数时，将相应的产量或销售量固定在报告期。用 I_p 表示价格指数，其计算公式为：

$$I_p = \frac{\sum p_1 q_1}{\sum p_0 q_1}$$

式中，p_0 和 p_1 分别表示一组项目基期和报告期的价格；q_1 表示一组项目报告期的产量或销售量。

例题：设某粮油零售市场 2014 年和 2015 年 3 种商品的零售价格和销售量如表 15-1 所示。试以报告期销售量为权数，计算 3 种商品的价格指数。

表 15-1　3 种商品的销售情况

商品名称	计量单位	单价（元）		销售量	
		2014 年	2015 年	2014 年	2015 年
粳米	t	2600	3000	120	150
标准粉	t	2300	2100	150	200
花生油	kg	9.8	10.5	1500	1600

解：

$$I_q = \frac{\sum p_1 q_1}{\sum p_0 q_1} = \frac{886800}{865680} = 102.44\%$$

计算结果表明，与 2014 年相比，2015 年该粮油零售市场 3 种商品的零售价格平均上涨了 2.44%。

2. 销售量指数

销售量指数用于反映多个产品或商品项目在不同时期的销售量变动情况。通常情况下，在计算销售量指数时，将相应价格（或生产成本）固定在基期。用 I_q 表示销售量指数，其计算公式为：

$$I_q = \frac{\sum p_0 q_1}{\sum p_0 q_0}$$

例题：设某粮油零售市场 2014 年和 2015 年 3 种商品的零售价格和销售量如表 15-2 所示。试以报告期销售量为权数，计算 3 种商品的销售量指数。

表 15-2　3 种商品的销售情况

商品名称	计量单位	单价（元）		销售量	
		2014 年	2015 年	2014 年	2015 年
粳米	t	2600	3000	120	150
标准粉	t	2300	2100	150	200
花生油	kg	9.8	10.5	1500	1600

解：

$$I_q = \frac{\sum p_0 q_1}{\sum p_0 q_0} = \frac{865680}{671700} = 128.88\%$$

计算结果表明，与 2014 年相比，2015 年该粮油零售市场 3 种商品的销售量平均上升了 28.88%。

第三节　加权平均指数

以某一时期的总量为权数对个体指数加权平均计算的指数，称为加权平均指数。加权平均指数中，作为权数的总量通常为价值总量，如商品销售额或产品销售额等。加权平均指数可被看作加权综合指数的另一种形式。

1. 价格指数

加权平均价格指数通常是用报告期的销售额 $p_1 q_1$ 为权数，对个体价格指数 p_1/p_0 加权平均计算出来的，其计算公式为：

$$I_p = \frac{\sum p_1 q_1}{\sum \dfrac{p_1 q_1}{p_1/p_0}}$$

例题：某企业生产3种产品，有关资料如表15-3所示，试计算3种产品的价格指数和销售量指数。

表15-3 某企业生产3种产品的有关数据

产品名称	计量单位	销售额（万元）		个体价格指数	个体销售量指数
		基期（p_0q_0）	报告期（p_1q_1）	p_1/p_0	q_1/q_0
甲	件	200	220	1.14	1.03
乙	台	50	50	1.05	0.98
丙	箱	120	150	1.20	1.10

解：

$$I_p = \frac{\sum p_1q_1}{\sum \dfrac{p_1q_1}{p_1/p_0}} = \frac{220+50+150}{\dfrac{220}{1.14}+\dfrac{50}{1.05}+\dfrac{150}{1.20}} = 114.88\%$$

计算结果表明，报告期与基期相比，该企业3种产品的销售价格平均提高了14.88%。

2. 销售量指数

加权平均销售量指数通常是用基期的销售额 p_0q_0 为权数，对个体销售量指数 q_1/q_0 加权平均计算出来的。其计算公式为：

$$I_q = \frac{\sum \dfrac{q_1}{q_0}p_0q_0}{\sum p_0q_0}$$

例题：某企业生产3种产品，有关资料如表15-4所示，试计算3种产品的价格指数和销售量指数。

表 15-4 某企业生产 3 种产品的有关数据

产品名称	计量单位	销售额（万元）		个体价格指数	个体销售量指数
		基期（p_0q_0）	报告期（p_1q_1）	p_1/p_0	q_1/q_0
甲	件	200	220	1.14	1.03
乙	台	50	50	1.05	0.98
丙	箱	120	150	1.20	1.10

解：

$$I_q = \frac{\sum \frac{q_1}{q_0} p_0 q_0}{\sum p_0 q_0} = \frac{1.03 \times 200 + 0.98 \times 50 + 1.10 \times 120}{200 + 50 + 120} = 104.59\%$$

计算结果表明，报告期与基期相比，该企业 3 种产品的销售量平均提高了 4.59%。

第四节 价值指数与指数体系

在实际应用中，不仅要确定单个指数的计算方法，更重要的是要确定由几个指数组成的指数体系，以便对相互联系的社会现象做更深入的分析。

由两个不同时期的价值总量对比形成的指数，称为价值指数。

价值总量通常可以分解为若干个构成因素，如商品销售额是销售量（q）与销售价格（p）的乘积。因此，价值指数的一般形式可以写为：

$$v = \frac{\sum p_1 q_1}{\sum p_0 q_0}$$

为分析价值指数变动中各因素的影响方向和程度，可以对价值指数进行分解，得到各个因素指数，如商品销售额指数可分解为销售量与价格两个因素指数。

由价值指数及其若干个因素指数构成的数量关系式，称为指数体系。

在指数体系中，价值指数与各因素指数之间的数量关系表现为两个方面：一是从相对量来看，价值指数等于各因素指数的乘积，如商品销售额指数=价格指数×销售量指数；二是从绝对量来看，价值总量的变动差额等于各因素指数变动差额之和。

因此，指数体系可表示为：

$$\frac{\sum p_1 q_1}{\sum p_0 q_0} = \frac{\sum p_1 q_1}{\sum p_0 q_1} \times \frac{\sum p_0 q_1}{\sum p_0 q_0}$$

就绝对水平看其关系式为：

$$\sum p_1 q_1 - \sum p_0 q_0 = \left(\sum p_1 q_1 - \sum p_0 q_1 \right) + \left(\sum p_0 q_1 - \sum p_0 q_0 \right)$$

例题：利用表 15-5 中的数据，利用指数体系分析价格和销售量的变动对销售额的影响。

表 15-5　某粮油零售市场 3 种商品的价格和销售量

商品名称	计量单位	单价（元）		销售量	
		2014 年	2015 年	2014 年	2015 年
粳米	t	2600	3000	120	150
标准粉	t	2300	2100	150	200
花生油	kg	9.8	10.5	1500	1600

解：

$$销售额指数 = \frac{\sum p_1 q_1}{\sum p_0 q_0} = \frac{886800}{671700} = 132.02\%$$

$$价格指数 = \frac{\sum p_1 q_1}{\sum p_0 q_1} = \frac{886800}{865680} = 102.44\%$$

$$销售量指数 = \frac{\sum p_0 q_1}{\sum p_0 q_0} = \frac{865680}{671700} = 128.88\%$$

三者之间的数量关系为：

$$132.02\% = 102.44\% \times 128.88\%$$

即 2015 年与 2014 年相比，该粮油零售市场 3 种商品的销售额提高了 32.02%，其中，零售价格的变动使销售额提高了 2.44%，销售量的变动使销售额提高了 28.88%。

从绝对变动水平来看：

销售额变动 $= \sum p_1 q_1 - \sum p_0 q_0 = 886800 - 671700 = 215100$（元）

价格变动的影响额 $= \sum p_1 q_1 - \sum p_0 q_1 = 886800 - 865680 = 21120$（元）

销售量变动的影响额 $= \sum p_0 q_1 - \sum p_0 q_0 = 865680 - 671700 = 193980$（元）

三者之间的数量关系为：

$$215100（元）= 21120（元）+ 193980（元）$$

即 2015 年与 2014 年相比，该粮油市场 3 种商品的销售额增加了 215100 元，其中，由于零售价格的变动使销售额增加了 21120 元，由于销售量的变动使销售额增加了 193980 元。

 **本章小结**

在计算指数时，对计入指数的各个项目依据其重要程度赋予不同的权数，这种通过加权方法计算的指数称为加权指数。加权指数因所采用的权数不同有加权综合指数、加权平均指数等不同形式。通过加权来测定一组项目的综合变动状况，这样的指数称为加权综合指数。以某一时期的总量为权数对个体指数加权平均计算的指数，称为加权平均指数。加权平均指数中，作为权数的总量通常为价值总量，如商品销售额或产品销售额等。加权平均指数可被看作加权综合指数的另一种形式。在实际应用中，不仅

要确定单个指数的计算方法，更重要的是要确定由几个指数组成的指数体系，以便对相互联系的社会现象进行更深入的分析。

 练习与思考

1. 指数的含义是什么？
2. 如何运用加权综合指数进行市场分析？
3. 如何运用加权平均指数进行市场分析？
4. 如何运用指数体系进行市场分析？

第十六章　市场调查报告的写作

 本章学习目的

- 了解市场调查报告的重要性
- 掌握市场调查报告的主要内容
- 明确市场调查报告的写作要领
- 掌握用比较完美的写作形式准确表达市场调查研究的成果

　　美国纽约的调研人员约翰·斯皮尔伯格（John Speilberg）曾谈起他为美国一家最大的糖果制造商精心准备的长达 250 页的报告（包括图表和统计数据）的故事。在经历了大约 6 个月的艰苦调查后，约翰直接向公司 3 名最高决策者口头汇报：他信心百倍，自以为他的报告中有许多重大发现，包括若干个可开发的新细分市场和若干个产品理念方面的创意。

　　然而，在听了一个小时的充满事实、数据和图表的汇报后，糖果公司的总经理站起来说道："打住吧，约翰，我听了一个多小时枯燥无聊的数字，完全给搞糊涂了，我想我并不需要一份比字典还厚得多的报告。明天早晨 8 点前务必把一份 5 页纸的摘要放到我的办公桌上。”说完就离开了房间。在此，约翰得到了将使其受益于整个职业生涯的教训。

（资料来源：（节选）（美）小卡尔·迈克丹尼尔，罗杰·盖茨．当代市场调研（第四版）[M]．范秀成译．北京：机械工业出版社，2000．）

事实确实如此，调查的项目可以设计得很好，数据也是经过精心的收集，并通过复杂的统计分析方法进行分析，然后得出了重要的结论。但是，如果项目没有有效地进行报告，那么，前面所有的努力都可能付诸东流。因此，在市场调查人员完成了某个项目的市场调查工作之后，要将市场调查报告有效地报告给需要此结果的企业（或其他使用者）。那么，一份合格的市场调查报告应该包括什么内容？如何撰写市场调查报告？

第一节　市场调查报告的内涵

一、市场调查报告的作用

书面调查报告的作用体现在以下三个方面：

1. 调查报告是市场调查工作的最终成果

市场调查是一个有始有终的活动，它从制定调查方案、搜集资料、加工整理和分析研究到撰写并提交调查报告，是一个完整的工作程序，缺一不可。所以，调查报告是市场调查成果的集中体现。

2. 调查报告是市场调查工作从感性认识到理性认识飞跃过程的反映

调查报告比起调查资料来，更便于阅读和理解，它能把死的数字变成活的情况，起到透过现象看本质的作用，由感性认识上升为理性认识，便于更好地指导实践活动。

3. 调查报告是为各部门管理者、社会、企业服务的一种重要形式

一份好的调查报告，能对企业的市场活动起到有效的导向作用，同时对各部门管理者了解情况、分析问题、制定决策和编制计划以及控制、协调、监督等各方面都能起到积极的作用。

要撰写一份出色的调查报告，必须了解调查报告的特点，掌握整个调查报告的撰写步骤和方法，使调查报告在实际工作或理论研究中发挥应有的作用。

二、市场调查报告的概念与特点

（一）市场调查报告的概念

调查报告是对某项工作、某个事件、某个问题，经过深入细致的调查后，将调查中收集到的材料加以系统整理，分析研究，以书面形式向组织和领导汇报调查情况的一种文书。对于市场调查报告内涵的了解，应从以下几个方面展开：

1. 调查报告的目的明确

调查报告的写作者必须自觉以研究为目的，根据社会或工作的需要，制定出切实可行的调查计划，即将被动的适应变为有计划的、积极主动的写作实践，从明确的目的出发，经常深入到社会第一线，不断了解新情况、新问题，有意识地探索和研究，写出有价值的调查报告。

2. 调查报告要以事实为基础

调查报告要讲求事实。通过调查得来的事实材料说明问题，用事实材

料阐明观点，揭示出事物的规律性，引出符合客观实际的结论。调查报告的基础是客观事实，一切分析研究都必须建立在事实基础之上，确凿的事实是调查报告的价值所在。因此，尊重客观事实，用事实说话，是调查报告的最大特点。写入调查报告的材料都必须真实无误，调查报告中涉及的时间、地点、事件经过、背景介绍、资料引用等都要求准确真实。一切材料均出之有据，不能道听途说。只有用事实说话，才能提供解决问题的经验和方法，研究的结论才能有说服力。如果调查报告失去了真实性，也就失去了它赖以存在的科学价值和应用价值。

3. 调查报告要观点鲜明

调查报告的主要内容是事实，主要的表现方法是叙述。但调查报告的目的是从这些事实中概括出观点，而观点是调查报告的灵魂。因此，拥有大量材料，不一定就能写好调查报告，还需要把调查的东西加以分析综合，进而提炼出观点。对材料的研究，要在正确的思想指导下，用科学方法经过"去粗取精，去伪存真，由此及彼，由表及里"的过程，从事物发展的不同阶段中，找出起支配作用的、本质的东西，把握事物内在的规律，运用最能说明问题的材料并合理安排，做到既要弄清事实，又要说明观点。

4. 调查报告的语言要简洁

调查报告的语言简洁明快，这种文体是充足的材料加少量议论的、不要求细腻的描述，只要有简明朴素的语言报告客观情况。但由于调查报告也涉及可读性问题，所以，语言有时可以生动活泼，适当采用群众性的生动而形象的语言。同时注意使用一些浅显生动的比喻，增强说理的形象性和生动性。但前提必须是为说明问题服务。

（二）市场调查报告的特点

市场调查报告主要包括以下几个方面的特点：

1. 针对性

针对性包括选题上的针对性和阅读对象的明确性两方面。首先，调查报告在选题上必须强调针对性，做到目的明确、有的放矢，围绕主题展开论述，这样才能发挥市场调查应有的作用；其次，调查报告还必须明确阅读对象。阅读对象不同，他们的要求和所关心的问题的侧重点也不同。例如调查报告的阅读者是公司的总经理，那么他主要关心的是调查的结论和建议部分，而不是大量的数字分析等。但如果阅读的对象是市场研究人员，他所需要了解的是这些结论是怎么得来的，是否科学、合理，那么，他更关心的就是调查所采用的方式、方法，数据的来源等方面的问题。针对性是调查报告的灵魂，必须明确要解决什么问题、阅读对象是谁等。针对性不强的调查报告必定是盲目的和毫无意义的。

2. 逻辑性

调查报告离不开确凿的事实，但又不是材料的机械堆砌，而是对核实无误的数据和事实进行严密的逻辑论证，探明事物发展变化的原因，预测事物发展变化的趋势，提示本质性和规律性的东西，得出科学的结论。

3. 时效性

市场的信息千变万化，经营者的机遇也是稍纵即逝。市场调查滞后，就失去其存在的意义。因此，要求调查行动要快，市场调查报告应将从调查中获得的有价值的内容迅速、及时地报告出去，以供经营决策者抓住机会，在竞争中取胜。

4. 科学性

市场调查报告不是单纯报告市场客观情况，还要通过对事实进行分析研究，寻找市场发展变化规律。这就需要写作者掌握科学的分析方法，以得出科学的结论，适用的经验、教训，以及解决问题的方法、建议等。

三、市场调查报告的分类

市场调查报告属于应用型报告。根据不同的标准，市场调查报告可以分为多种类型：

1. 综合性报告、专题性报告、研究性报告、技术性报告

按调查范围和内容不同分类可分为综合性报告、专题性报告、研究性报告、技术性报告。

综合性报告即能够全面、系统地反映调查对象市场运作基本情况的调查报告，其主要目的是通过详细地记录和调查，较系统地描述调查对象。

专题性报告即就某一个专门的市场问题进行调查与预测而撰写的报告。其主要目的是及时了解和反映急需解决的具体问题，并根据调查和预测的结果提出建议和对策。

研究性报告实际上也可以看成是某种类型的专题报告，但是学术性较强，需要进行更深入的分析研究。

技术性报告是对调查中许多技术性问题进行的说明，如对抽样方法、调查方法、误差计算等问题的说明，以反映调查结果的客观性和可靠性。

2. 书面报告、口头报告

按调查的表达形式分类，可分为书面报告、口头报告。

书面报告即用文字、数据和图表等表达出来的调查报告。随着当今科学技术的发展，书面报告以无纸化形式表现出来的情形日益多见，如电子版的报告、互联网上的报告等，尤其是互联网上的报告。一方面，企业希望其员工能看到调查结果，分享数据和信息，故借助公司内部网登出报告；另一方面，企业也可以通过网络信息技术来设计问卷、实施调查、分析数据，并以陈述的形式分享结果。

口头报告即将调查的结论和建议用口头方式陈述给报告使用者。事实上，除极少数比较简单的调查结果只需口头报告外，大多数调查报告在书写的同时，也要进行口头陈述。

第二节 市场调查报告的写作要求

市场调查报告的基本要求是使每位与调研结论有关的人相信并信任调研的结论。不仅如此，好的调查报告还要能引起阅读者的兴趣，报告中的建议能给人启发，对于营销决策有帮助等。具体来讲，一份好的调查报告应该具备以下特征：

1. 具有清晰的结构

市场调查报告有其特定的结构，应该按照有关规定与格式撰写，层次清楚，结构清晰。

2. 准确地书写与陈述

书写准确、陈述清楚完整是所有文章的基本要求，市场调查报告更是应该做到这一点。不准确的书写与陈述可能会误导管理者做出不准确的营销决策，给企业的经营活动带来损失。

3. 直观的图表应用

用图表来表达信息往往更直观形象，有更强的表述力和解释力。市场调查报告中经常会有大量的数据资料，这些数据资料是枯燥乏味的。图表的使用能在很大程度上减少枯燥感。

4. 提供清晰的管理摘要

摘要能使阅读者对于报告中的主要信息一目了然，能使其更好地把握调研的主题、研究的重点和本报告的主要价值。因此，清晰的管理摘要是一份好的调查报告应该具备的要件。

5. 充分的解释与详细的结论

解释要充分，结论要详细，这是提高市场调查报告说服力的具体要求。市场调查报告是提交给报告使用者的，是为其决策提供决策依据的。

充分的解释与详细的结论，有助于使用者准确地决策。

6. 相关的建议

好的调查报告应该能为使用者提出某些行动建议。当然，这些建议应该是建立在对于资料的充分分析基础上的，是研究结论的逻辑性推论或者是研究结果的自然结论。具有可靠性和可行性的对策性建议是市场调查报告具体价值的重要表现之一。

第三节　市场调查报告的撰写程序

撰写市场调查报告，是指将市场调查分析的结果用书面形式表达出来，为企业的市场营销决策提供书面依据。

市场调查报告一般包括：选题、资料整理、拟定提纲、撰写成文和修改定稿五个阶段。

一、选题

选题即确定市场调查报告的主题。主题是调查者对全部调查资料价值（意义）的准确概括，它是报告的核心问题。选题通常表现为市场调查报告的题目，选择一个好的题目是报告成功的一半。

选题的途径一般有上级布置、客户委托和自选这三种情况。不管选题来自哪一种情况，一般选定的题目都是本企业急需解决的问题或是市场上的热点问题，但题目不宜过大；同时，其所需要的调查资料的取得应该较为容易，方法可行，并且报告的题目与市场调查的主题应一致。

二、资料整理

资料整理即对市场调查与预测取得的资料进行整理。市场调查与预测报告的特点是用大量的调查与预测资料来说明观点，确定选题后，报告撰写者就必须围绕主题有针对性地筛选资料。一般来说，可供取舍的资料主要有以下几大类：

1. 典型资料

即具有代表性的资料，往往具有深刻的含义和较大的说服力，是能表现调查对象本质和发展趋势的资料。

2. 综合资料

即面上的资料，它能够说明调查对象总体的概貌和发展趋势，有助于认识整体、掌握全局。运用综合资料时须注意处理好与典型资料之间的关系，使主题更具有深度和广度。

3. 对比资料

运用历史与现实、成功与失败等对比资料进行横向和纵向的比较，可以使市场调查报告的主题更加突出，给人深刻的印象。

4. 统计资料

事物的质是通过量表现出来的，真实、准确的数字有较强的概括力和说服力，在市场调查基础上取得的原始数据资料经过统计分析，可大大增加报告的科学性、准确性。

5. 排比资料

即用若干不同的资料，从不同的角度、不同的侧面多方面说明观点，可以使报告观点更加深刻有力。

三、拟定提纲

拟定提纲即报告撰写者根据市场调查与预测报告的内容要求对其框架进行设计，也是对调查资料进一步分析研究的过程。它可分两步完成：

（一）初步描述

即报告撰写者在脑海里对调查与预测对象内在关系的初步描述，如顺序有没有乱、内容有没有重复、逻辑关系有无错置等。

（二）列出提纲

在完成选题和资料整理并进行初步描述之后，基本上对市场调查报告的撰写有了一个轮廓或框架，将它列出来，即形成报告的提纲。拟定提纲实际上是围绕着主题，集中表现出报告的逻辑框架。表现形式主要有以下两种：

1. 条目提纲

即从层次上列出报告的章、节、目；如果只列到章和节，则提纲比较粗糙。如果确定了章和节之后，再对有关部分进行进一步充实，细化到目或更深层次，则在撰写报告时思路就会比较清晰，比较顺手。

2. 观点提纲

即列出各章节要表述的观点。如果说条目提纲主要是确定了报告的层次，那么观点提纲则是将每一章节要表达的主要观点列出来，进一步细化了条目提纲。

由此可见，提纲的拟定可以使报告的内容避免重复、零乱和结构失衡，从而使报告结构严谨、层次清晰，还可以发现调查过程中存在的问题或不足。因此，拟定提纲是撰写市场调查报告必不可少的环节。

四、撰写成文

撰写成文即按照拟定好的提纲撰写市场调查报告。在撰写的过程中，除按照提纲要求认真提炼观点、选择例证之外，还要注意以下几点：

1. 资料准确，分析深刻

应在资料完备或对原始资料分析透彻的情况下开始撰写，确保引用的资料和数据的代表性、准确性及出处的可靠性，并深入研究，掌握关键点，进行深刻的分析。

2. 通俗易懂，针对性强

在撰写的过程中，资料的取舍和表达等要考虑使用者的特点，要用对方看得懂的文字，使用大众化语言，通俗易懂。切忌借用"大名词"，彰显学问，或滥用图表。

3. 文字生动，形式多样

虽然不能使用不当的华丽词语，但市场调查报告同样要求用词要生动活泼，形式灵活多样。如用适当的表格和图形（如饼状图、柱状图、流程图、照片、地图等）来弥补文字叙述的单论证形式。

五、修改定稿

修改定稿，即对撰写好的市场调查报告进行修改和审定。将市场调查报告撰写成文，只是完成了撰写的初稿，并非大功告成。要能最后定稿，还须先对初稿的内容、结构、用词等进行多次审核和修改，确认报告言之有理，持之有据，观点明确，表达准确，逻辑合理。修改定稿后，报告可以提交给报告使用者。

第四节　市场调查报告的具体内容

不管市场调查报告的格式或外观如何，每个调查报告都应该有一些特定的议题，即报告本身在结构安排和写作手法上必须能够及时、准确和简洁地把信息传递给决策者。在撰写报告时必须考虑到企业的中高层决策者工作的繁忙性，这就要求所撰写的报告应该尽量的简洁，特别应该避免使用晦涩的文字，还要恰当地安排汇报资料的结构。市场调查报告的结构一般是由题目、目录、摘要、正文、结论和建议、附件等几个部分组成。报告的结构不是固定不变的，不同的调查项目、不同的调研者或调查公司、不同的用户以及调查项目自身性质不同的调查报告，都可能会有不同的结构和风格。

一、题目

题目包括市场调查标题、报告日期、委托方、调查方等。一般应打印在扉页上。标题必须准确揭示报告的主题思想，做到题文相符。标题要简单明了，高度概括，具有较强的吸引力。

1. 公文式标题

这类调查报告标题多数由事由和文种构成，平实沉稳，是反映调查意向或指出调查地点、调查项目的标题。如《关于知识分子经济生活状况的调查报告》；也有一些由调查对象和"调查"二字组成，如《知识分子情况的调查》。

2. 一般文章式标题

直接阐明作者的观点、看法，或对事物做出判断、评价，直接揭示调查报告的中心，十分简洁，如《本市老年人各有所好》《对当前的需求不旺不容忽视》《高档羊绒大衣在北京市场畅销》。

3. 提问式标题

以设问、反问等形式，突出问题的焦点和尖锐性，吸引读者阅读、思考，如《"人情债"何时了》，这是典型调查报告常用的标题写法，特点是具有吸引力。

4. 正副题结合式标题

这是用得比较普遍的一种调查报告标题。特别是典型经验的调查报告和新事物的调查报告的写法。正题揭示调查报告的思想意义，副题表明调查报告的事项和范围，如《保护未成年人要从规范成年人入手——关于中小学生出入电子游戏厅的调查》《北京人的梦中家园——对北京居民住宅择向的调查报告》等。

二、目录

提交调查报告时，如果涉及的内容很多，页数很多，为了便于读者阅读，把各项内容用目录或索引形式标记出来，使读者对报告的整体框架有一个大致的了解。目录包括各章节的标题，包括题目、大标题、小标题、附件及各部分所在的页码等。具体内容如下：

（1）章节标题和副标题及页码。

（2）表格目录：标题及页码。

（3）图形目录：标题及页码。

（4）附录：标题及页码。

三、摘要

摘要是市场调查报告中的内容提要。摘要包括的内容主要有为什么要调研；如何开展调研；有什么发现；其意义是什么；如果可能，应在管理上采取什么措施等。摘要不仅为报告的其余部分规定了切实的方向，同时也使得管理者在评审调研的结果与建议时有了一个大致的参考框架。

摘要是报告中十分重要的一部分，写作时需要注意以下几个问题：一是摘要只给出最重要的内容，一般不要超过2~3页；二是每段要有个小标题或关键词，每段内容应当非常简练，不要超过三四句话；三是摘要应当能够引起读者的兴趣和好奇心去进一步阅读报告的其余部分。

摘要由以下几个部分组成：一是调查目的，简要叙述为什么对这个问题（工作、事件、人物）进行调查。二是调查对象和调查内容，调查的时间、地点、对象、范围、经过及采用的方法；调查对象的基本情况、历史背景以及调查后的结论等。这些方面的侧重点由写作者根据调查目的来确定，不需要面面俱到。三是调查研究的方法。例如，问卷设计、数据处理是由谁完成，问卷结构，有效问卷有多少，抽样的基本情况，研究方法的选择等。

四、正文

正文是市场调查报告的主干和核心。这部分主要写明事实的真相、收获、经验和教训，即介绍调查的主要内容是什么，为什么会是这样的。主体部分要包括大量的材料——人物、事件、问题、具体做法、困难障碍等，内容较多。所以要精心安排调查报告的层次，有步骤、有次序地表现主题。调查报告中关于事实的叙述和议论主要都表现在这，是充分表现主题的重要部分。

调查报告的正文部分主要由以下几部分组成。

（一）引言

引言主要就调查问题的背景、调查问题的必要性进行简要的说明，以引起决策者与调查人员的关注。这部分的内容主要是由"文献法"获得，即搜集、查阅有关报刊资料、政府报告及公布的统计数字等，这个工作本身是市场研究的一部分，是在正式市场调查前的问题分析进程之中进行的。主要背景资料大概可以包括以下几个方面的内容：

1. 未来发展趋势

某区域内整个社会经济发展的状况及在一定时期内的趋势，人们生活水平正在和即将发生的变化，特别是与企业的营销有关的各经济部门和人们生活的特定方面的状况和未来走向。

2. 与企业相关的政策法律情况

主要是分析国家及地方政策及可能发生的变化，从而看其对当前市场情况的影响和预测可能的影响。政策和法律既包括全国性的，也包括同级的地方政府的，这完全根据本企业生产及营销活动的范围来决定。

3. 当地自然地理状况

自然地理状况常常对市场的分布和发展产生重要的影响，道路、交通等也是要考虑的要素。

4. 人口情况

企业的营销总是面对一定的人群，某一区域内的人口状况作为市场背景的重要组成部分应加以重点注意，它包括总人口数、人口分布、年龄结构、教育结构及家庭规模、家庭构成、收入水平、消费结构等。

5. 社会与文化背景

特定市场区域内人们的风俗、习惯、忌讳、兴趣及其可能发生的变化，它们严重影响企业的经营及市场研究的方式。

以上这些背景情况，不可能也没有必要在报告中面面俱到，事实上只需选择与本次调查有主要关系的加以简要介绍。

（二）调查方案设计

对调查中运用的调查方案进行详细的描述，包括采用的调查技术、组织形式、需要搜集的二手资料和原始资料、调查表的设计或调查问卷的设计、抽样技术设计、调查资料质量控制措施、资料的整理方法等。本部分旨在说明调查中所用的调查方案是科学有效的。但是，为了保证易读性，应尽量避免使用专业性技术语言描述。其主要内容包括以下几个方面：

1. 选择调查方法

是问卷法、量表法、测验法、观察法还是文献法，或是多者的结合。

2. 确定样本

是概率抽样，还是非概率抽样，为什么？需要多少样本？如是概率抽样，那么是使用简单随机抽样、分层随机抽样、整群随机抽样，还是多阶段抽样？为什么选择这种抽样方法？具体抽样实施的过程如何？

3. 抽样评估

即抽取的样本是否符合最初的研究要求和抽样需要，样本的代表性如何。

4. 选择问卷法

具体采用何种方式收集问卷资料，是调查员入户访问，还是邮寄调查或电话调查等。另外还包括在使用这些方法中的一些具体情况，如调查员的回访率、电话询问的资料、信件的回收率等。

5. 调查问卷整理与分析

问卷资料汇总、整理、分析的具体工作进度及采用的方法，使用这些方法的理由。

（三）数据分析

数据分析部分应充分使用在市场调研的过程中得到的信息，包括事先分析的资料和通过其他调查方式获得的资料，但分析说明的线索却是清晰的，即围绕整个市场研究的主题展开。

这一部分在整个调查分析报告书中所占篇幅最大，集中了调查中所获得的几乎所有资料和数据及对其的分析，这一部分既是分析，又是原始资料。感兴趣的阅读者可以对此部分进行再一次的分析和说明，所得结果也可能出现差异，这来源于不同分析者水平的差异——有人也许会发现别人所忽略的地方，正是由于此特点，这一部分是整个调查分析报告最有价值的部分。

（四）调查结果及其评价

这是正文中最主要的部分，也是占用篇幅较大的部分。提出的调查结果包括市场总体调查结果、市场分组细分的研究结果和关联性分析结果，内容应紧紧围绕调查内容和目的，按照一定的逻辑顺序进行安排。

对调查结果的评价主要是对本次调查的局限性进行一些必要的解释，

如调查受到调查时间、经费预算、调查组织的种种限制，调查结果可能存在一定的误差。对调查结果的评价应客观谨慎，否则会降低报告的使用价值。

五、结论和建议

结论是调查报告分析问题、得出结论、解决问题的必然结果。不同的调查报告，结尾写法各不相同，一般来说，调查报告的结尾有以下五种：

（1）对调查报告归纳说明，总结主要观点，深化主题，以提高人们的认识；

（2）对事物发展做出展望，提出努力的方向，启发人们进一步去探索；

（3）提出建议，供领导参考；

（4）写出尚存在的问题或不足，有待今后研究解决；

（5）补充交代正文没有涉及而又值得重视的情况或问题。

六、附件

附件是指调查报告中正文包含不了或没有提及，但与正文有关、必须附加说明的部分。它是正文报告的补充或更详尽的说明。内容包括如下：

（1）调查问卷；

（2）技术细节说明，如对一种统计工具的详细阐释；

（3）其他必要的附录，例如调查所在地的地图等。

 **本章小结**

调查报告是对某项工作、某个事件、某个问题，经过深入细致的调查

后，将调查中收集到的材料加以系统整理，分析研究，以书面形式向组织和领导汇报调查情况的一种文书。调查报告是市场调查工作的最终成果，也是市场调查工作从感性认识到理性认识飞跃过程的反映，同时调查报告是为各部门管理者、社会、企业服务的一种重要形式。

市场调查报告一般包括：选题、资料整理、拟定提纲、撰写成文和修改定稿五个阶段。市场调查报告的结构一般是由题目、目录、摘要、正文、结论和建议、附件等几个部分组成。报告的结构不是固定不变的，不同的调查项目、不同的调研者或调查公司、不同的用户以及调查项目自身性质不同的调查报告，都可能会有不同的结构和风格。

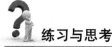

练习与思考

1. 简述市场调查报告的作用。

2. 市场调查报告的内容主要包括哪些？

3. 市场调查报告的撰写程序是什么？

4. 选择你所熟悉的某种日用商品，对其在本地的市场销售状况进行市场调查，写出一篇小型市场调查报告。

5. 案例分析。

××市家用汽车消费情况调查报告

随着居民生活水平的提高，私车消费人群的职业层次正在从中高层管理人员和私营企业主向中层管理人员和一般职员转移，汽车正从少数人拥有的奢侈品转变为能够被更多普通家庭所接受的交通工具。了解××市家用汽车消费者的构成、消费者购买时对汽车的关注因素、消费者对汽车市场的满意程度等，对汽车产业的发展具有重要意义。

本次调研活动共发放问卷400份。分析如下：

一、消费者构成分析

1. 有车用户家庭月收入分析

表 16-1　有车家庭月收入

家庭收入	比重（%）	累计（%）
2000 元以下	28.26	28.26
2000~3000 元	33.70	61.96
3000~4000 元	10.87	72.83
4000~5000 元	18.48	91.31
5000 元以上	8.69	100.00

目前该市有车用户家庭月收入在 2000~3000 元的最多；有车用户平均月收入为 2914.55 元。与该市居民平均月收入相比，有车用户普遍属于收入较高人群。61.96% 的有车用户月收入在 3000 元以下，属于高收入人群中的中低收入档次。因此，目前该市用户的需求一般是每辆 10 万~15 万元的经济车型。

2. 有车用户家庭结构分析

表 16-2　有车家庭人员构成

家庭结构	比重（%）	累计（%）
夫妻	36.96	36.96
与子女同住	34.78	71.74
与父母同住	8.7	80.44
单身	17.39	97.83
其他	2.17	100.00

Dink（Double income no kid）家庭，即夫妻二人无小孩的家庭，占有

车家庭的比重大，为 36.96%。其家庭收入较高，负担较轻，支付能力较强，文化层次高，观念前卫，因此 Dink 家庭成为有车族中最为重要的家庭结构模式。核心家庭，即夫妻二人加上小孩的家庭，比重为 34.78%。核心家庭是当前社会中最普遍的家庭结构模式，其比重较高不足为奇。联合家庭，即与父母同住的家庭，仅有 8.70%。单身族占 17.39%，这部分人个人收入高，且时尚前卫，在有车用户中占据一定比重。另外已婚用户比重达到了 81.5%，而未婚用户仅为 18.5%。

3. 有车用户职业分析

调查显示有 29% 的消费者在企业工作，20% 的消费者是公务员，另外还有自由职业者、机关工作人员和教师等。目前企业单位的从业人员，包括私营业主、高级主管、白领阶层仍是最主要的汽车使用者。而自由职业者由于收入较高及其工作性质，也在有车族中占据了较高比重。

4. 有车用户年龄及驾龄分析

在我们所调查的消费者中，年龄大多在 30~40 岁或是 30 岁以下，所占比重分别为 43% 和 28%，也有 23% 的消费者年龄在 40~50 岁，仅有 6% 的消费者年龄在 50 岁以上。可见，现在有车一族年轻化的趋势越来越明显，这是因为大多数年轻人没有太多的家庭负担，正处于购买力和消费需求旺盛的时候，而越来越低的购车门槛，也给了他们足够的购车理由。

二、消费者购买汽车时关注的因素分析

调查显示，消费者在购车时关注的因素首先还是汽车的价格和性能，所占比例分别达到了 19% 和 16%，因此，性价比越高的汽车越受到消费者的青睐。其次消费者对汽车的关注因素中排在前列的还有油耗、品牌和售后服务等几项，所占比重分别为 14%、13% 和 13%。由此可见，汽车自身的品质与经销商所提供的售后服务保证是同等重要的。因此，在对消费者最终选购汽车起主导作用的因素中，油耗经济性好、性价比高、售后服务好这三项占据了前三名。

三、用户使用情况特点分析

本次调查中男性用户的汽车品牌排名前三位的分别是：捷达、宝来、本田，所占比例分别为 37%、14% 和 11%；女性用户的汽车品牌前三位的分别是：宝来、本田、捷达，所占比例分别为 44%、13% 和 13%。由此可见，该市家用汽车市场上消费者使用的品牌前三位毫无疑问的是捷达、宝来和本田，所占比重分别是 33%、20% 和 11%。而消费者所认为的该市家用汽车市场上数量最多的汽车品牌前四位也分别是：捷达、宝来、本田和丰田，这与实际情况也较为相符。由此可见，目前最受有车一族青睐的无疑是经济车型。

四、用户满意度分析

目前该市家用汽车消费者使用最多的三种品牌分别是捷达、宝来、本田，这三种品牌的汽车到底具有哪些优势呢？通过比较发现：捷达车用户对本车最满意的地方在于车的性能和燃油经济性，所占比重分别是 53% 和 30%，捷达车的动力性和品牌知名度也是比较令他们满意的因素；宝来车的用户对本车最满意的地方在于车的舒适性、品牌知名度和燃油经济性，所占比重分别是 34%、24% 和 24%，该车的动力性和整体性也较出色；而本田车最令用户满意的地方除了舒适性、品牌知名度、性能外，还有车的外观，这几项所占比重分别是 30%、20%、20% 和 20%。由此可以看出，消费者较为满意的车型除了经济舒适外，还必须具有较高的品牌知名度。

思考：

试分析以上调查报告的不足之处，并加以完善。

参考文献

[1]（美）Alvin C. Burns, Ronald F. Bush. 营销调研［M］. 梅清豪等译. 北京：中国人民大学出版社，2001.

[2]（美）David A. Aaker, V. Kumar, George S. Day. 营销调研（第七版）［M］. 魏立原译. 北京：中国财政经济出版社，2004.

[3]（美）Mcdaniel C. Jr., Gates R. 市场调研精要［M］. 范秀成等译. 北京：电子工业出版社，2002.

[4]（美）齐克芒德，巴宾. 营销调研精要（第4版）［M］. 应彬，王虹等译. 北京：清华大学出版社，2010.

[5]（美）小卡尔·迈克丹尼尔，罗杰·盖茨. 当代市场调研（第四版）［M］. 范秀成译. 北京：机械工业出版社，2000.

[6]［美］P. M. 奇兹诺. 营销调研［M］. 乔惠存译. 北京：中信出版社，1998.

[7]［美］V. V. 布鲁尔. 市场营销理论与实务［M］. 于华民译. 成都：西南财经大学出版社，2000.

[8]［美］阿尔文·C. 伯恩斯，罗纳德·F. 布什. 营销调研［M］. 梅清豪，周安柱译. 北京：中国人民大学出版社，2001.

[9]［美］保罗·海格. 市场调研：计划、方法与评估［M］. 张天赐译. 北京：中国标准出版社，2000.

[10] 陈启杰. 市场调查［M］. 北京：高等教育出版社，2001.

［11］陈友玲. 市场调查——预测与决策［M］. 北京：机械工业出版社，2009.

［12］戴亦一，赵鑫全. 市场调研［M］. 北京：朝华出版社，2004.

［13］樊志育. 市场调查［M］. 上海：上海人民出版社，1995.

［14］范伟达. 市场调查教程［M］. 上海：复旦大学出版社，2002.

［15］风笑天. 现代社会调查方法［M］. 武汉：华中科技大学出版社，2005.

［16］龚江辉. 商业调查事务［M］. 北京：经济科学出版社，2000.

［17］韩德昌，郭大水，刘立雁. 市场调查与市场预测［M］. 天津：天津大学出版社，2004.

［18］何国栋，吴同光. 市场调查和预测［M］. 北京：中国商业出版社，1993.

［19］胡介埙. 市场营销调研［M］. 大连：东北财经大学出版社，2008.

［20］胡旭呈. 市场预测方法百种［M］. 北京：首都经济贸易大学出版社，2000.

［21］黄丹. 市场调研与预测［M］. 北京：北京师范大学出版社，2007.

［22］贾俊平，杜子芳，汪洪涛，宋雪清. 市场调查与分析［M］. 北京：经济科学出版社，1999.

［23］简明，金勇进，蒋妍. 市场调查方法与技术［M］. 北京：中国人民大学出版社，2004.

［24］蒋萍. 市场调查［M］. 上海：上海人民出版社，2007.

［25］柯惠新，丁立宏. 市场调查［M］. 北京：高等教育出版社，2008.

［26］雷培莉，姚飞. 市场调查与预测［M］. 北京：经济管理出版社，2004.

［27］李桂华. 市场营销调查：理论、方法、案例［M］. 北京：企业管理出版社，2002.

［28］李少华，雷培莉. 市场调查与数据分析［M］. 北京：经济管理出版社，2001.

［29］刘德寰. 市场调查［M］. 北京：经济管理出版社，2000.

［30］刘秋华. 市场调查与预测［M］. 北京：中国社会科学出版社，2004.

［31］马连福，张慧敏. 现代市场调查与预测［M］. 北京：首都经济贸易大学出版社，2009.

［32］马连福. 现代市场调查与预测［M］. 北京：首都经济贸易大学出版社，2006.

［33］欧阳卓飞. 市场营销调研［M］. 北京：清华大学出版社，2007.

［34］邱红彬，杨汉东. 营销调研（第2版）［M］. 武汉：武汉大学出版社，2010.

［35］孙国辉. 市场调查与预测［M］. 北京：中国财政经济出版社，2000.

［36］孙全治. 市场营销案例分析［M］. 南京：东南大学出版社，2004.

［37］孙文生. 经济预测方法［M］. 北京：中国农业大学出版社，2005.

［38］孙忠群. 营销调研：理论与实务［M］. 北京：工商出版社，2001.

［39］田志龙. 市场研究（修订版）［M］. 武汉：华中科技大学出版社，2000.

［40］王静. 现代市场调查［M］. 北京：北京经济学院出版社，2000.

［41］吴杨. 市场调查与预测［M］. 合肥：中国科学技术大学出版社，2009.

［42］谢邦昌. 市场调查实战手册［M］. 广州：广东经济出版社，2002.

［43］杨静. 市场调研基础与实训［M］. 北京：机械工业出版社，2011.

［44］易丹辉. 市场统计学［M］. 北京：中国人民大学出版社，1995.

［45］于萍. 市场营销调研［M］. 大连：东北财经大学出版社，2004.

［46］郁广建. 市场调查与预测——方法和实例［M］. 北京：中国国

际广播出版社，2000.

[47] 张梦霞，郭抒. 成功的市场调研［M］. 北京：石油工业出版社，2000.

[48] 赵轶，韩建东. 市场调查与预测［M］. 北京：清华大学出版社，2007.

[49] 郑宗成，陈进. 市场研究实务［M］. 广州：中山大学出版社，2002

[50] 中央电视台信息部. 商务调查［M］. 北京：经济科学出版社，1999.

[51] 谭荣波，梅晓仁. SPSS统计分析实用教程［M］. 北京：科学出版社，2007.

[52] 谢家发，徐春辉，姜丽娟. 统计分析方法：应用及案例［M］. 北京：中国统计出版社，2004.

[53] 薛薇. 基于SPSS的数据分析［M］. 北京：中国人民大学出版社，2006.

[54] 贾俊平. 统计学基础（第四版）［M］. 北京：中国人民大学出版社，2016.